寶島大劇場

目睹之現狀與怪現狀

邱坤良 著

目錄

輯二、空間與政治悲喜劇

輯三、國民演藝

輯四、天機可洩

輯五、跨越M型文化

【自序】社會是劇場，戲院像教室

凡事莫當前，看戲何以聽戲好；
為人須顧後，上台終有下台時。

這是經常出現在古今表演舞台上的對聯，它所反映的不僅是演員、觀眾心理，亦可視為社會百態的描繪，內容雖屬老生常談，但在現代的政治、社會、文化環境之中，醒世意義並未消失，而且歷久彌新。

每一個時代都是變動的時代。如何於變動不居的時間長流中，在它的乍止與流逝間，擷取當下感受，進而反芻為一種觀點，使它成一種社會力量，是值得深思的課題。

上世紀的二戰後至七〇年代，台灣執政者標榜「承東西之道統，集中外之精華」的王道文化，實際是重西方／現代，忽視本土／傳統，這種觀念與現象的形成，由來已久，而對「本土」與「傳統」的觀念又有不同，有台灣本土的傳統，也有國民政府官訂的傳統，後者是官僚、文人階層樂於接觸的古文物、書畫、國劇、國樂，或其他中華文化「大傳統」；台灣本土自發性的戲曲、音樂、原住民樂舞，民間美術、建築、手工藝以及剪黏等展演文化，則被視為「小傳統」，長期處於自生自滅的狀態。

於此同時，國際政治詭譎，原來以中國正朔自居、在聯合國保有安理會常任理事國席次的中華民國，因國際外交節節敗退而陷入困境；另方面，台灣卻又因經濟「起飛」，思想、文化方面也出現反省的聲浪。鄉土文學銜接黨外運動而崛起，文化傳統重新受到檢驗，藝術生態環境為之丕變，不再執著於追隨西方現代化的腳步，也不用「大傳統」壓制「小傳統」，建立文化主體性逐漸成為大部分人的認知。然而，在歷經長時間的外來殖民統治，以及大中國意識與歐風美雨思潮籠罩下，台灣主體的核心價值究竟為何？並未有較清晰的論述與觀點，卻又一路走向二十一世紀。在貌似開放的文化思維中，許多國外的典章制度與文化政策紛紛被引進，但在台灣的推行常有「橘逾淮而枳」的錯亂。

在政治肅殺、思想禁錮的漁村成長，我的十至十五歲，差不多過著戲院像教室的生活；天天以戲院為家，以及這個「家」與吃飯、睡覺的「家」的動線與空間關係，從它觀看市井行業的興衰起落，也見證了東西冷戰時期，台灣的農業社會轉變成工商社會的軌跡，尤其台北市及四周城鎮工業發展、各地加工出口區設置所帶來的城鄉人口大移動，以及經濟繁榮帶來的投機、功利的社會心理，深深影響大眾文化走向。

我無法從農經政商角度剖析社會的變遷與發展，只能從自身的生活經驗出發，透過戲院和劇場映演的日本片、國語片、台語片、美國片或新劇、歌仔戲、布袋戲、歌舞劇團觀察社會，以及它所產生的文化現象。一九七〇年代戲院的全面潰散，所反映的，不單是表演文化變遷，也是社會型態轉變的具體例證。對戲院、廟會演出，社團活動及其空間環境的體驗，成為我了解台灣社會文化史的方法。

如果有人說我是目前全台灣「最」熟悉一九五〇至七〇年代大眾劇場的人，我不會否認，這不代表我真的「最熟悉」，而是比我更了解的人多半沒有機會升學，早就出來為生活奔波；要不就是大學唸理工農醫，不大寫這類文章。至於劇場、電影史或社會史、藝術史學者，學有專精，與大眾劇場也有牽連，但他們應沒有像我一樣，經由街頭、戲院廝混做社會「全面」參與觀察吧！

社會是劇場（戲院），生活就是表演，它存在的空間有如大的表演舞台，有職業的、業餘的、坐場的、出陣的、看電視、聽廣播劇……。劇場若為具社教功能的學校，舞台的表演本身就是教育課程。從大舞台進進出出的眾生相，「或為君子小人、或為才子佳人，登場便見；有時歡天喜地，有時驚天動地，轉眼皆空！」

也許是從小不用功，只知道潛入戲院看演出，功課一直不好，卻也養成不喜歡墨守成規的性格，不大相信某一國家的制度文化，可以直接搬來台灣複製，這樣的視角就反映在《寶島大劇場——目睹之現狀與怪現狀》一書中。

正如當代德國哲學家華登菲（Bernhard Waldenfels，1934～）所指出，在思考者本身所處的世界產生讓他驚奇的刺激時，反思活動於焉啟動。在台灣流動的大舞台，每一場演出，無論公部門政策、庶民生活一隅，甚或云云眾生的言語與行動，對佇足的觀看者而言，皆能產生巨大刺激，並於隨之而來的反思活動中，根據個人生活經驗與價值觀取向，轉化為個人的主觀評價。

書中蒐錄的百餘篇，皆曾刊登在《文訊》〈人文關懷〉、《聯合報》〈名人堂〉、《中國時報》〈時論廣場〉及「風傳媒」，中時、聯合的專欄已在去年結束，《文訊》、「風傳媒」仍在持續中。

對作者而言，出現在這本書每篇文章都認真書寫，字斟句酌。然而，語言有其多義性，觀點也必有「視域剩餘」(surplus of seeing)之處，需要其他參與者的對話，才能創造更寬闊的思維空間，《寶島大劇場——目睹之現狀與怪現狀》的文字、內容、觀點也可受公評。

輯一、人間無條件

樂生院替台灣上了一堂課

新莊通往桃園龜山的縱貫線上，樂生療養院靜靜地散落迴龍的山坡上，林木蒼鬱，隱密又神祕。一般人驅車經過，不會察覺這個醫療聚落，就算知道，也不想多看一眼，彷彿多看一眼，眼睛都會得癩病似的。七十多年來，這裡收容來自台灣各地的痲瘋病患，他們失去健康，也被奪走了尊嚴，每個人背後都有一段被污名與身心折磨的悲慘故事，連家人都因而受到歧視，血淚斑斑，堪稱醫療人權史上的白色恐怖。

雖然隨著社會的發展與醫療的進步，漢生病不再被視爲洪水猛獸，但社會大眾刻板印象已成，民眾一旦罹病住院，要重返社會困難重重。通常在病情獲得改善之後，主動或被動選擇以樂生院爲家，一住就是數十年，同爲天涯淪落人，相依爲命，每個人的生命記憶與情感生活，散布在這一片與世隔絕的聚落空間。

以往鮮少有人關懷的樂生院，如果不是捷運新莊線工程引爆爭議，恐怕樂生還是樂生，漢生還是痲瘋病，樂生院也只是迴龍一個治療特殊疾病的醫療聚落而已。

回顧一九九〇年代初期捷運新莊線開始規畫，樂生院成爲捷運機廠預定地，舊有院區房舍必須拆除，院民則安置到新的醫療大樓。當時希望在老院區安享天年的院民曾經表示抗議，但聲音微弱，並未引起外界注意。說來諷刺，外界對樂生院的第一波關懷行動還是以搶救院區老樹爲訴求呢！而二〇〇二年六月因配合新莊機廠開工，一百多棟樂生房舍被陸續拆除，也未引發文化界的強烈反彈。二〇〇四年以後，學生、社運團體的介入，院民的聲音才逐漸變成怒吼。

原籍花蓮，年已古稀的自救會李先生十幾歲就被送來樂生院，一轉眼已經過了半世紀。他被推選爲自救會會長，經常代表樂生院民到處陳情、抗爭，他無奈地自我解嘲：「食老了，才出癖！」在他眼中，出面抗爭應是年輕人的事，像出痲疹一樣，小時候就該「出」，那有一大把年紀才「出」的道理。不過，爲了爭取卑微的願望，再艱苦的事也得做，念過初中的他，現在連枯燥的文化資產保存法條文都能琅琅上口了。

文化資產保存與公共工程建設皆屬國家有形或無形的資產，從空間到動線，不難建構一條既具人文意涵，又能彼此呼應的脈絡。從文化角度，樂生院見證台灣公共衛生發展的一段滄桑史，不但不應成爲以歷史人文傳統聞名的新莊地區之負面場景，反而能爲當地添增一處文化資產。保存樂生院，不僅保存歷史空間記憶與醫療人權紀錄，也爲社會保留反省與進步的空間。

還原樂生院事件始末，整個社會或許就是一個共犯結構，很難只歸罪於哪個機關團體或哪些人。如果捷運新莊線在確定工程基地、路線的關鍵性時刻就能注意文化資產問題；如果機廠設在原先規畫的輔大附近而非樂生院區；如果捷運局早一點肯就工程技術問題研究保存樂生院區的可行性；如果地方民眾對漢生病患多一分同情與了解；如果媒體、專家學者、國際醫療、人權團體及早關注樂生院；如果捷運規畫案完成之初，台北縣政府能不計地方壓力，完成樂生院古蹟審議……

甚至，「樂生青年聯盟」之類學生、社運團體，不是遲至二〇〇四年以後才成立，在二十世紀末就像現在一樣「代天巡狩」，當年工程單位豈能一意孤行？樂生院事件又豈會演變到這步田地？讓原本就嚷吵不安的台灣社會，在政治、族群、意識型態的對立之外，又多了一層公共利益與歷史空間、醫療人權之間的衝突！學生與社運團體聲援樂生院，誓死保衛家園，三重、新莊市民也在地方首長、民意代表領導下，強烈呼籲拆除樂生院，讓捷運早日通車，甚至帶著已搬進醫療大樓的部分樂生院民出來陳情，與另一批死守樂生院區的院民勢同水火。

二〇〇五年十一月新版文化資產保存法正式施行，文建會代替內政部，成爲古蹟之中央主管機關，並於十二月將樂生院「暫定古蹟」。依照規定台北縣政府應在六個月期限內審議完成，並指定公告，必要時得延長半年。台北縣文化局召開古蹟審議委員會時，與會委員雖一致認爲樂生院是具歷史價值的古蹟，但只作成會議結論，並未完成程序。另外，台北縣政府與台北市捷運局針對樂生院區做出41.6％的保存方案，並報陳行政院備查，完成行政程序。

當社會大眾愈來愈關心樂生院事件時，41.6％的保存方案已無法被樂生院民與社運團體接受，就結果論來說，樂生院一旦遭到拆除，青史成灰，再也不能回復。因此，不論事件的演變過程多麼複雜、曲折，改變捷運工程計畫有多麼困難，保存樂生院幾乎已成文化界、社運界的共識，抗爭行動愈演愈烈。

樂生院事件積累近二十年的爭擾，時空交錯，層層疊疊。文化界「旁觀者清」或「旁觀者輕」之士頻頻出面分析、評論樂生院事件，並提供各種錦囊妙計。然而，事件豈是如此單純，否則，那位曾以文化立委著稱的台北縣文化局長，不知道應該完成樂生院的古蹟指定、公告程序？相對地，曾因處理寶藏巖事件受到批評的直轄市文化局長卸任之後，突然英明起來，大聲指責各級政府處置不當，不知其任內曾否就這個事件在市府會議向捷運局提出建言？

文化資產對古蹟的認定有一定的流程，但徒法不足以自行，倘若文建會從嚴認定台北縣政府沒有「作爲」，進而召開審議委員會代行，以現在的僵局，能有專業的討論空間？而在古蹟指定之後，必須重新就指定範圍研判捷運工程變更、技術可行性、通車時程等問題，不會激化衝突，演變成無限期的爭議？

文化資產保存法的立法基礎建立在社會各界皆具文化概念，把古蹟、歷史空間、文化景觀視爲國家資產，共同維護。面臨古蹟保存與重大工程興建衝突時，才能透過一定的審議程序，讓文化資產保存得到最妥適的解決。而非各自站在本位，把法律當作攻防的工具，只想從行政程序與文資法條文尋求對自己最有利的部分。

爲了保護文化資產，也爲了避免加深院民與地方的衝突，一向「弱勢」的文建會苦撐待變，以台北縣政府所提現有院區41.6％保存方案爲基礎，委託專業工程公司與專家學者研究，希望能在不影響捷運工程進度、不增加太多經費的情形下，尋求最大共識，而有所謂保存現有院區90％的

「文建會版」方案出現。

藉著這個平台，承擔各界壓力的行政院蘇院長最近展現魄力，責成公共工程委員會與捷運工程單位協調，就90%的院區保存方案進行專業評估，並爲以往政府政策的粗糙向院民道歉，事情總算有了轉圜的空間，文建會也將在適當時機啓動機制，讓樂生院區得到妥善保存。不過，面對新莊、三重地方首長與民眾可能的抗爭，「協調」工作仍然是一件艱鉅的「工程」。

樂生院事件十餘年的發展過程慘烈，爲台灣社會上了一課，每個人都獲得教訓，也得到學習的機會，包括最近發出正義之聲的文化清流，固然顯現社會進步的動力，又何嘗不是反映社會文化的荒謬與無奈呢！文建會作爲文化資產中央主管機關，對於樂生院的保存責無旁貸，面對外界的期許與批評也概括承受。事件還在進行中，期盼最後能圓滿落幕。透過事件的過程與結果，如果能讓社會大眾理解文化資產保存的眞正精神，學習到人文關懷、在地創意與相互尊重，便是樂生院事件爲台灣社會所提供的最偉大啓示了！

（原載《中國時報》，二〇〇七年四月十八日）

生命中的老師

美國華裔舞蹈家王仁璐日前來台，曾就「俞大綱先生與我」，在北藝大做一場演講，回憶四十三年前二十出頭的花樣年華，在俞大綱先生影響下，爲台灣現代舞首次發聲的過程，仍然令人感動。這位當年在美國醫學院受過專業醫師訓練，卻又在瑪莎葛蘭姆舞團發出光芒的年輕舞蹈家，從美國回香港探親，因事在台北逗留，而有機會跟俞先生見面。文史學者、戲劇家皆鼓勵她爲台灣的現代舞做點事，理由與瑪莎葛蘭姆給她的啓示相同：傾聽祖先的腳步！

俞先生爲王仁璐在耕莘文教院舉辦爲期四週的現代舞講座，談她親炙瑪莎葛蘭姆的經驗，並示範現代舞表演技巧。課程進行到第三週時，俞先生「額外」要求王仁璐做演出，讓台灣觀眾面對瑪莎葛蘭姆與現代舞。於是，戰後台灣一場極重要的現代舞公演就這樣在台北市中山堂演出，節目內容包括《白娘子》、《眾相》，皆由王仁璐自編自舞，並結合作曲家（許常惠）、國樂家（莊本立）、劇場藝術專家（聶光炎）、年輕舞蹈家（陳學同）與京劇演員，是一次難得的跨界演出。

王仁璐那一場現代舞講座及演出，對台灣舞蹈界影響甚深，但「現代舞是什麼？」批評聲音也不少。當年的台灣仍處於威權、封閉的年代，走過日治時期、曾至東京學舞歸國的台籍舞蹈家（如蔡瑞月），早已被邊緣化，而以教民族舞蹈、芭蕾舞爲生。「正統」的中華藝術，跟台灣藝術互不統屬，與受現代主義影響的文學、電影、戲劇……，也沒有太多交集，藝術文化界各有發展脈絡與因應政治高壓的生存之道。

俞先生在關鍵的年代扮演關鍵的角色，他思想開放、態度積極，在台北市館前路的小辦公室大門永遠敞開，上課的研究生以及前來請益的藝文界人士絡繹不絕。在那個政治意識掛帥，幾個人在一起「讀書」都可能被羅織入罪的年代，出身名門的俞先生（兄長俞大維、姊夫傅斯年、表兄陳寅恪），每天大部分時間都在跟後生晚輩談文論藝，他以親切、自然的身教言教，鼓勵年輕人勇於嘗試，從創作中累積能量。透過館前路這個小小藝術沙龍，台灣的傳統藝術有存活契機，現代藝術也有發展的環境，新舊之間更有不少對話、合作的機會。

人的一生能否幸遇「貴人」或良師，可遇不可求，「貴人」教人避凶趨吉，把握功名利祿，良師未必有富貴之道，卻能發人深省，成爲社會文化進步的推手。六、七〇年代的台灣，像俞先生這樣的學者、藝術家並不多見，三十年來尤其稀少。俞先生不是舞蹈學者、更不是舞蹈家，但王仁璐能爲台灣現代舞寫下新頁，起因於兩人的巧遇。當年還在政大新聞系讀書的林懷民從王仁璐的講座與演出中受到啓發，幾年後創辦雲門舞集，俞先生更是關鍵人物，此所以王仁璐至今對俞先生懷念不已，也是林懷民與所有曾跟他接觸過的我輩念茲在茲的原因。

（原載《聯合報》名人堂，二〇〇九年十一月二十八日）

一生為台灣的外籍人士

最近，原籍瑞士的布素曼修女（Sr. Martinella Bussmann）病逝，教友、志工及民眾齊聚台東市馬蘭聖若瑟天主堂，爲她舉行告別式，許多人淚流滿面，不捨她的離世。布素曼修女是在一九六三年來台，從此與台東結下不解之緣。她長期在關山聖十字架醫院爲病患做醫療服務，也深入山區，默默照顧弱勢族群，並定期到台東泰源監獄從事牧靈工作。七十五歲的人生，布素曼修女有四十七年是在台東度過，直到生命終了。

在台的天主教、基督教宣教史或社會福利、醫療史上，像布素曼修女例子並非絕無僅有。台灣歷史不同時空的大城小鎮與窮鄉僻壤，皆不乏外籍宣教士留下行蹤。從廣爲人知的馬雅各、甘爲霖、馬偕或蘭大衛夫婦……，到去年過世的「喜憨兒之父」葉由根神父，及前述布素曼修女，外籍人士爲台灣奉獻一生的故事不勝枚舉。

從近代歷史觀察，天主教、基督教在東亞的宣教史，幾乎與西方帝國海外殖民歷史同步展開，至遲十七世紀就有宣教士隨西方船艦來到台灣及附近海域，興建教堂、傳播「福音」，當時許多橫行東亞海域的海盜（如鄭芝龍）都成爲天主教徒。宣教士宣揚基督教義，也帶來包括醫療、教育、人權觀念在內的西方近代文明，對台灣社會具有啓蒙作用。相對地，在基督信仰中心論底下，原住民的祖靈信仰，或漢人社會的祖先與神祇崇拜，都被視爲愚昧無知的迷信與陋俗，台灣各族群的傳統文化與價值觀受到衝擊，民族自信心也難免受到影響。

台灣的宣教史雖未曾像中國、日本一樣，發生過重大教案或民教衝突，若從台灣本土立場來看天主教、基督教的宣教過程，仍讓人五味雜陳。在基督文化已成爲台灣本土文化重要環節，信仰自由與國際交流也成爲普世價值的當下，許多外籍傳教士、醫師或教育、社會工作者，因爲信仰的堅持，從其母國千里迢迢地來到台灣宣教，有的創設醫院，有的興辦學校，從事藝術教育或創立藝文團體。他們長期貼近台灣土地與人民，能操流利的國語、台語（包括客語或原住民語言），不少人甚至終老台灣。他們的事蹟在多元多變、擾攘不安的今日台灣，不啻是最感動人心的故事，也是激發社會向上的一股力量。

前不久來自蘇格蘭的音樂創作者羅賓戴爾（Robin Dale），呼籲政府應爲許多貢獻卓著的外籍醫生、傳教士設立文物館，以免他們的事蹟湮滅不彰。羅賓戴爾強調其祖父、父親都曾長期在台灣行醫，他繼父祖的腳步，留在台灣，也希望台灣人不要遺忘他們。

其實，台灣是個知足感恩的社會，對於外籍人士的付出銘感五內，有些縣市（如台中縣）早已委託專家進行境內外籍人士的田野調查，並出版套書；亦有民間非營利組織（如財團法人台灣公益組織教育基金會）設置數位紀念館，保留外籍人士的台灣行腳。幾年前埔里基督教醫院曾利用舊的小教堂建築空間，作爲「偏遠醫療宣教歷史見證文化館」，展示埔里基督教醫院的歷史與南投縣內偏遠醫療概況。

與虛擬的數位紀念館或地方小型文化館相較，整合資源、成立位階較高的外籍人士文物館，更能藉建築空間環境與專業的文物典藏、展示規畫，發揮展示主體的象徵意義與社教功能，彰顯外籍人士的貢獻。但成立文物館並不容易，需要足夠的人力物力，以及永續經營的發展策略與營運計畫。前述埔里基督教文化館就因資源不足，展示內容及營運功能受到限制。

成立外籍人士文物館計畫是否可行，政府單位可仔細評估，相關的軟硬體規畫，包括組織定位、建築空間、展示對象與主題、典藏內容、營運機制及人力配置、財務分析都須一併思考，俾能更清楚文物館計畫能否具體落實，如果確實可行，便應積極推動。

（原載《中國時報》寶島大劇場，二〇一〇年二月十日）

奇人辛奇

不久前赴日參加紀錄片研討會，回來才知辛奇導演已在前幾天過世，家屬也辦了告別式，未能及時送他最後一程，惆悵莫名。

辛奇是艋舺人，曾就讀日本大學藝術科，長年在台灣近代影劇與表演中心——大稻埕走動，很清楚台北大小劇場、電影院，與包括鐘聲與星光在內的重要新劇團活動。戰後初期的辛奇曾與李武曲、楊文彬、陳學遠等人合組台灣藝術劇社，還直營GGS舞蹈團。在一九四七、四八年台灣劇場的幾檔重要演出，包括簡國賢編劇、宋非我導演的《壁》、《羅漢赴會》，以及陳大禹編導的「香蕉香」，辛奇都是舞台設計。這幾齣戲曾引起情治單位注意，後來簡國賢被槍決，宋非我與陳大禹亡命中國，辛奇也一度潛逃海外，而他平常避人耳目的方法，就是不斷地跟隨戲班四處流動。

一九五〇年代初期，辛奇任職台灣省地方戲劇協進會，創辦《台灣地方戲劇》月刊，並兼任總編輯，這份刊物至今仍是研究近代台灣戲劇最重要的資訊。一九五六年拱樂社的《薛平貴與王寶釧》大賣，掀起台語片風潮，辛奇也投入台語電影圈。以鐘聲劇團爲班底的第一部時裝片《雨夜花》，由辛奇編劇，而後他進一步執導演筒，拍過不少膾炙人口的台語片，如《後街人生》、《地獄新娘》，並曾一度赴香港電影界發展，是台灣近代電影發展史的重要見證人。

辛奇一生跨足戲劇、電影與電視三界，從資料蒐集與研究的角度，他在劇場史的重要性特別凸顯，因爲當代能談論台語片狂飆年代，或電視圈生態的人極多，卻沒幾個人有過日本時代與戰後初期的劇場經驗。尤其早前台灣劇場既無影像資料，也乏劇本與相關文物，少了辛奇這位「活」字典，現代戲劇史脈絡就更加隱晦不明。今日台灣知道他的人不多，就算聽過辛奇或辛金傳的名字，大概只曉得他曾是台語電影導演。然而當年台語影片良莠不齊，把「台語片導演」與他畫上等號，其實是一種侷限。辛奇最大的特色是博學強記，且有保存資料的認知與習慣。我從八〇年代初認識他以來，對於戲劇史、電影史一些人事物的了解，往往來自其現身說法，如因「反日」罪名被捕，日本投降前夕死於獄中的詩人兼新劇家歐劍窗，以及太平洋戰爭期間，統制劇團活動的台灣演劇協會主事松居桃樓，文獻與田野材料均極缺乏，辛奇因曾與他們相處，其人其事娓娓道來，格外鮮活。

晚年的辛奇身材依舊高眺偉岸，愈活愈有生氣，他把所藏影劇書刊與影片史料捐給國家電影資料館典藏，並積極參與台語影人資料保存與口述歷史工作。即使多年前罹患大腸癌，經常進出醫院，始終保持樂觀。縱觀辛奇八十六年的人生角色，充滿文化傳奇。說他是近代本土文化界最具代表性奇人之一，並不爲過。他的辭世，也反映結合日治時期本土舞台與現代影像經驗的世代正式走入歷史。

（原載《聯合報》名人堂，二〇一〇年十一月十七日）

電話人情記事簿

1.

有一次從台北市區搭乘計程車到三芝郊區，司機老大哥興致高昂，先從天氣開始哈啦，再聊交通、景氣，接著談政治議題，喋喋不休地說個不停。往常我樂於聽聽司機老大哥口中的國計民生與人情世事，不巧這一天有些累，只想好好休息一下。司機談得起勁，不好意思叫他別說話，於是司機談他的，我唯唯諾諾地應付。接著我閉目假寐，不再回話，他一個人照樣侃侃而談。最後不得不請他別再講話，讓我安靜一下。司機馬上住嘴，稍過片刻，才幽幽地說：「如果現在跟你講話的人是一個『大頭』，你會說你想休息一下，不理睬他？」司機說完這句話，就不再講話，直到我抵達目的地，付錢下車。

我回想司機的話，不無道理，人的確看高不看低，每個人心目中皆有樂於親近的「大頭」，這是人情之常。遇到「大頭」召喚，立即丟下手邊的工作與眼前正在交談的對象，匆忙「應召」，也是人性的現實面，不足爲奇。即使講求眾生平等、慈悲爲懷的宗教團體，內部的階層概念依然嚴密，看到「大頭」同樣肅然起敬。「大頭」任何時間打電話來永遠不會失禮，普通人打來的時間不對，也許就招來責罵。只是，現代社會多元化，高官巨賈有人逢迎拍馬，卻也有人棄若敝屣，每個人對「大頭」的定義、標準不同，你的「大頭」，在別人眼中，可能只是「豎子」而已。

那天計程車上喋喋不休的人換上我的「大頭」，就算再累再睏，我也會深感榮幸，洗耳恭聽吧！不過，誰是我的「大頭」？卻又不易說清楚，檢查多年來使用的電話本，發覺裡面的人物多屬「白丁」，沒有幾位高官、巨賈、鴻儒。如果「大頭」是指最想親近的人，許多「民間」父老應該就是我的「大頭」，幾十年下來，我從他們身上學習很多，受益無窮。

2.

人的一生大多是在不斷與人互動、交往中度過，不是高官顯貴才廣泛接觸人間賢達，各行各業、甚至無業也會碰到形形色色的人。在手機還不流行的年代，電話記事本已如同鑰匙，是許多人隨身攜帶的物件，本子不過巴掌大，老一輩的人叫他「手指簿」，不是放在口袋，就是丟在皮包裡，體積雖小，卻機關無數，差不多等同一本人情簿。有些人的電話號碼經常更換，電話本內的資訊隨時更新，塗塗改改，加上不斷有「新人」加入，每隔幾年總得重謄一遍。新電話本派上用場，舊本像退除役官兵，被擱在一個角落，這些手掌般大小的舊電話本放在一起，像個退輔會似的。一般人除了擁有電話本，多半還有名片簿，放置排列整齊、琳瑯滿目的名片，什麼名堂、頭銜都有，當初可是從他們本人手中接過來的。名片簿沒有人帶在身上，多放在家裡或公司行號，當作公關資料，或萬年曆之類家庭雜物，查閱機會不多，因爲常聯繫的人，其電話號碼早就被記在腦海裡，或登錄在電話本了。

以前電話本只記人名、地址及其電話號碼，還特別用（O）、（H）代表辦公室、家裡電話。而後出現了BB call、大哥大號碼；慢慢地，手機一枝獨秀，長達十位數的號碼，比普通電話號碼多出兩、三號，不好記住，記憶好的人，腹中藏了無數密碼，一般人則非查電話簿不可。後來手機裡的通訊錄查閱快速、使用方便，電話本的重要性每況愈下，差不多只剩下「備查」的功能。交遊廣闊的人，電話本必然又厚又重，人名落落長。電話本或手機裡通訊錄排列的人名，有時依筆畫或拼音，有時隨意排名，由上而下，一串人名好像政黨不分區立委或中常委名單，排第一名者，儼然最有「行情」。如果長時間不聯繫，名不副實，這個不分區立委或中常委第一名地位難保，在電話本重編改組時，很可能會被「降」移到後面，甚至被除名了。

3.

在學校教書雖然也有聘任與退休制度，但相對一波一波進來、離開，如潮水般起起落落的學生，老師較像沒有去路、永遠守護校園的人。教授教導學生，誨人不倦，同樣需要很多人的指導。我平生教學資料有大半由田野觀察、訪談而來，街頭巷尾到處是我的老師，他們不是黨政高官，亦非鴻儒巨賈，而是熟悉地方掌故的尋常百姓，或在戲場、道場討生活的民俗藝人。我與這些市井老師交往，未曾給他們帶來什麼好處，反而經常調查戶口般，問東問西，探人隱私，問完問題，還順便叨擾一餐，有一位已過世的老藝人晚年還把他使用多年的一本破舊「手指本」送我呢！

我通常在連續問了一籮筐疑難雜症之後，或因忙著別的研究議題，或基於私人理由（如出國做研究），未再跟這些老師聯絡，逢年過節也疏於問候。直到下次需要他們提供資料才展開另一波密集的叨擾，正是俗話所謂「生雞蛋無，放雞屎有」。這些師友「手指簿」有我的電話號碼，不太主動聯繫，卻不計較我的疏漏與失禮，隨時歡迎我的無事不登三寶殿，然後不憚其煩地為我講解任何問題。

隨著時間的推移，有些「忘年之交」經不起幾年的斷絕音訊，再見面時往往人事已非。近年腦際常浮現許多久不通音訊的「老」友，猛然驚覺自己都已「還曆」，論年紀，他們更非「耄耋」一詞所能形容了。本應立即打個電話，或登門拜訪，卻恐萬一其人駕鶴西歸，不知如何面對，躊躇再三，終至時光流逝。由此體察人生，缺憾不只發生在官場商場情場，也未必起因於人際之間的爭權奪利或強烈的愛恨情仇，凡夫俗子人情世事一時的疏失，同樣有著無可彌補的遺憾。

4.

存放在我書櫃裡的五、六本舊電話本，每一本的人名反映當年交遊的情況，也代表一個階段的成長故事。有許多朋友的姓名、電話號碼，出現在每本電話記事本，有的是從小玩到大的「總角交」，有的是曾經共歷患難的老朋友，至今仍經常聯繫，彼此掛念。這些電話記事本扉頁已有些捲曲變形，顏色也剝落，顯現它的主人缺乏敬惜字紙的傳統美德，這沒冤枉人，從中小學時代一群同學同時領收教科書，學期中別人的書本仍然新噹噹，我的書本早已污損不堪了。

年輕時朋友間一天到晚通電話，不只談狗皮倒灶的生活瑣事，聊起正經八百的道德文章也虎虎生風。年紀漸大，與朋友講電話愈講愈簡單，很少天南地北地「空中」聊天了。有些年齡相近的朋友拿起電話仍然熱情不減，威力四射，一談就是兩個小時，佩服之餘，直覺他們已具「講話」類的民俗藝師資格了。有時免不了想著某些曾經熱線聯繫的朋友，後來如何淡淡地、默默地疏遠了，甚至從新的電話簿中消失了？仔細思想，好像沒什麼特別緣故，單純只是人與人之間的緣分不再了。也有些曾在同單位共事，朝夕相處，惺惺惜惺惺，離開職位或工作環境之後，彼此的關係卻如船過水無痕，不再往來，原來昔日不過是功能性的交往，屬於行政倫理的一部分。

人生幾何？反芻前半生的際遇與經歷，「犯小人」可以一笑泯恩仇，對有恩情於我的人，則心存感激、努力回報。所謂「回報」，對一些長輩、老友來說，也不過是常打電話，找他們聊天，繼續「請教兼食午（飯）」而已。

（原載《文訊》第三〇五期，二〇一一年三月）

不一樣的最佳女主角

我觀看影展頒獎典禮時，常因某位自己喜歡的導演、演員獲獎而高興，不過，也僅止於此，畢竟他們是遙遠的明星，與我有一段距離。這一屆台北電影節陳湘琪獲得最佳女主角卻讓我有所感動，許多北藝大師生也與有榮焉，興奮之餘，直呼這是給湘琪一個公道。

台北電影節與金馬獎是國內目前最受重視的電影節，歷史悠久的金馬獎參展對象包括台灣、中國、香港、新加坡的華人電影，眼光宏遠，卻也常因得獎者多為中、港、新電影，本地電影相對弱勢而出現各種雜音。

天龍國官方主辦的電影節，創立於一九九八年，分成國際青年導演獎與台北電影獎兩大獎項，前者獎勵年輕導演第一個作品，不分國籍，後者獎勵台灣本土電影，並以培養新秀作為重要目標，參賽作品都是年度的台灣影片。

電影節本來就應凸顯電影的重要性，榮耀電影工作者，但若干縣市的電影節，多半在宣傳首長政績，為了影展逗鬧熱，常找有話題性的明星來造勢，往往忽略電影本身的價值。相較之下，已建立獨立評審團制度的台北電影節與金馬獎，口碑極佳，得獎作品也廣受各界注意，尤其前者，對於年輕、基層、幕後的電影工作者，產生莫大的鼓勵作用。

出身北藝大戲劇系的湘琪，能在舞台、銀幕發出光芒，主因在於她的演員特質與敬業態度，能充分展現藝術的亮度。來北藝大兼課的電影導演楊德昌對這位貌似奧黛莉赫本的清秀佳人印象深刻，安排她在《牯嶺街少年殺人事件》（一九九一）當場記、兼演一名不起眼的小醫師娘，這是她從舞台走上銀幕的第一步，而後的《獨立時代》（一九九四）湘琪擔任女主角琪琪——一位廣告公司員工，一炮而紅。不久，她遠赴紐約大學（NYU）深造，獲得戲劇與教育碩士，並進入當地電影表演學院（New York Film Academy: School of Film and Acting）以及方法演技表演學校（HB Studio）、觀點表演工作坊學校（SITI Company）學習。這段時間湘琪也跟著蔡明亮拍戲，並成爲蔡導重要班底，先後主演《河流》（一九九七）、《你那邊幾點》（二〇〇〇）、《不散》（二〇〇三）、《天邊一朵雲》（二〇〇五）、《黑眼圈》（二〇〇六）與《沉睡在黑水中》（二〇〇八）、《臉》（二〇〇九）、《郊遊》（二〇一三），其中《不散》和《天邊一朵雲》皆曾入圍金馬獎最佳女主角獎。

二〇一一年短短半年內，湘琪雙親不幸陸續過世，這是事親至孝的她生命中難以承受的痛，她推掉所有的電影、舞台演出，直至二年後，經不起蔡明亮與錢翔的遊說，才又回到電影圈。

在《天邊一朵雲》中，湘琪扮演一位在故宮展場服務的公務員，朝九晚五，回家藉看A片聊以排解生理需求與寂寞。在這樣的劇情中，湘琪展現了豐厚而多變的表演能力，與西瓜的一場遊戲，刻畫了少女思春情懷。湘琪幻想與李康生交往的情境，導演用寶塚式載歌載舞的手法，表現角色的底層狀態，劇終前湘琪情欲表演幅度之深廣，肢體韻律感與喜感情韻，把角色複雜心境發揮得淋漓盡致。湘琪演過的電影常在國際影展得獎或獲得極高評價，但她始終未曾獲得個人獎項，一直到與新導演錢翔合作，才在《迴光奏鳴曲》（二〇一四）中，因演一位進入更年期的中年媽媽，丈夫長年在中國、女兒北上念大學，剩下她在家照顧婆婆，榮獲台北市電影節的最佳女主角。

銀幕上湘琪是感性的，銀幕下卻極富思想力與批判力，她很清楚表演者的身心靈皆需開放，讓角色進駐，任其產生有機性。一如她這次得獎作品的最後一個戲劇動作——飛蛾撲火般去撞門，以致造成脖子和肩脊受傷。湘琪在表演專業上，正確地體驗，並表演角色，系出史坦尼斯拉夫斯基體系，擅長以想像力處理情感轉移的李史特拉斯堡（Lee Strasberg），也給予最好的方法訓練，使她能在電影中發揮開創、冒險精神。

十年前湘琪回到學校教書，當時擔任校長的我，非常歡迎這位傑出校友返校服務，先以講師聘任，在劇場設計系上課並兼作學校行政工作。原希望在一、二年內，連人帶缺，進入她的母系——戲劇系。然而，系教評會因某個表演專長大老極力反對，堅持戲劇系並不缺表演老師，讓湘琪回不了家，卻便宜了劇場設計系，她的加入，使劇場設計與表演的脈絡連結更加清楚。

現實生活中的湘琪是虔誠的基督徒，學生眼中的天使老師，她的教學活潑有方法，很受學生喜愛；她平常不與人爭辯，但與學生權益有關的議題便會挺身而出。劇設系同學從湘琪身上接觸到表演的肢體、神韻與劇場精神。北藝大電影系二〇〇二年成立時，原希望把具電影表演經驗的湘琪挖角過來，但她只願在電影系兼課，本職仍在劇設系，表現了她惜情、感恩的人格特質。

電影界是個極具誘惑力，也最現實、殘酷的行業，以往國人都把電影演員稱為「電影明星」，不少影星汲汲營營，抓住任何機會，希望名利雙收，永遠保持「紅星」的光鮮亮麗。湘琪熱愛戲劇、電影，個性卻極為淡泊，近乎孤僻。她沒有太強烈的企圖心，一切與表演無關的社交、應酬，盡量不參與。她至今不用手機、FB，也不太拍廣告，仍無經紀人，可謂今之古人，更是電影圈的異數。

另方面，她不斷找機會進修及創作，很快升等助理教授，目前正在準備升副教授中。在許多外國導演、演員心目中，湘琪是極少數具有複雜特質與純眞眼神的台灣女演員。她的生活態度宛若《傲慢與偏見》中那位美麗、自主、智慧、勇敢的伊莉莎白，對許多事都有主見，而不屈服世俗的概念。湘琪屬於茱麗葉畢諾許或梅莉史翠普、茱蒂福斯特這類可以演一輩子戲的人物，可惜，沒有她們幸運，因為台灣電影沒有太多的角色給她。

任何電影節獲獎的最佳影片、導演、男女主角，皆歸因於他們電影藝術的具體表現，與其為人處世是否圓融，長相是否甜美、「愛國」無關。湘琪的得獎，不是因為她的品格、美德，而是表演專業上的成就。然而，觀眾觀察湘琪走過歲月的深沉，卻未隨歲月流動而懈怠，把「美」這個抽象概念，落實在人格特質與生活、藝術實踐之中。品格高尚、永保純眞的人獲得電影最佳女主角的大獎，格外令人敬重。

（原載「風傳媒」，二〇一四年七月三十一日）

註：陳湘琪以《迴光奏鳴曲》獲得第五十一屆金馬獎最佳女主角。

那位叫貞葳的舞者

從影像上看到許久不見的貞葳，美麗依舊，電話中我問她有沒有一百七，她說差一點，一六九，那就算一七〇好了，她說不，一六九！印象中的她瘦瘦高高的，影像中的她身材一樣高䠷，只是臉部略顯豐腴，我好奇地問：「妳體重多少？」她呵呵地笑，就是不肯回答，她說：「體重是女人的祕密。」

貞葳走上舞蹈這條路，是小時候看到媽媽朋友的小孩參加蘭陽舞蹈團演出，主動要求學舞，因爲個人條件，她在蘭陽舞蹈學校被編入芭蕾舞班，後來進入羅東國中舞蹈班，畢業後經過激烈的競爭，考上北藝大七年一貫制的舞蹈系。

貞葳十多年來有明顯的轉變，少女時代單純地像朵花，安靜、漂亮，略帶保守，這幾年參加國際著名舞團，變得活潑開朗，充滿自信，也更具想像力，有顯著的藝術家韻味。

最近貞葳回國參加鈕扣計畫，這是爲優秀的台灣旅外舞蹈家與國內舞蹈界所建立交流的平台，是舞蹈家何曉玫於二〇一一年創立，已連續辦了四年。計畫名稱係取 New Choreographer（新編舞家）的諧音。貞葳第一年就參加鈕扣，今年第二次，參加的舞者還有張建明（英國侯非胥謝克特舞團舞者）、張藍勻（前香港城市當代舞團舞者）、葉博聖（德國科堡芭蕾舞團舞者）。在演出資訊中，每個舞者都有親友談他們的心路歷程，貞葳的媽媽身著出家人的袈裟，侃侃而談寶貝女兒如何在以色列巴希瓦舞團從第二團，進入第一團，還說貞葳從小就希望能出國參加舞團，但自己沒有這個能力，帶著歉疚的心情向女兒解釋，她當下失望、難過地哭了起來……

這一小段影像談話不多，但令人動容，而對了解貞葳成長背景的人，必然難以忘懷這段話語背後的心酸，以及幼年喪父，母親出家的貞葳是如何站起來，在國際舞台展現風采？

貞葳一九八五年出生在宜蘭冬山鄉一個殷實的家族，祖父是土地代書，還經營過冬山戲院，六個子女中，貞葳的父親傳信排行第五，在台電宜蘭營業處當主任。我跟貞葳的姑姑、姑丈、伯父都是幾十年的老朋友，有一次姑姑偶然間聊到姪女就讀北藝大，並大概說了大她兩歲的小哥，也就是貞葳的父親，當年發生意外的陳年往事。

一九九一年貞葳的爸爸準備攜帶妻女出國，護照核發下來那天，龍德工業區變電所有一工程需要台電支援，負責帶班的同仁因父喪作頭七，傳信前往代班，任務結束後等車回家，不知何故，又突然爬上二樓，結果觸碰了三萬六千瓦的高壓電而殞命，享年僅四十一歲。傳信驟逝，原本和樂融融的家庭，瞬間土崩瓦解。

貞葳的父母感情甚篤，爸爸常爲媽媽梳理頭髮，出事後，媽媽堅持要看爸爸的腳踝，以確定是不是他本人，她兩天前才爲丈夫剪腳趾甲，很清楚他的腳踝長得什麼樣子。

父親過世時，貞葳年僅六歲，姐姐景揚也不過十歲，不懂人間愁苦。媽媽母代父職，加上阿公阿嬤、伯父姑母的照顧，貞葳的成長過程並未感受到跟其他同齡孩子有何不同，也不曾特別羨慕有爸爸的小孩，她僅記得父親跟母親一樣疼她。貞葳一直到成年之後，才驚覺三十六歲守寡的媽媽是如何走過這段孤獨與悲苦的人生。她問媽媽：「我與男朋友分手，都傷心難過不已，爸爸突然間消失了，媽媽怎麼這麼勇敢地活下來？」事實上，媽媽的喪夫之慟久久未能平復，但爲了兩個女兒，必須堅忍地走下去。

知道貞葳的經歷之後，我找了舞蹈系幾位老師，想多了解她的學習與生活狀況，她們的看法是貞葳身材極佳，擁有優良的條件，但學習上卻缺乏企圖心。現任舞蹈系主任，也是鈕扣計畫主持人的何曉玫對貞葳的印象是，雖然心裡有些話想透過舞蹈表現，卻又顯得怯懦。她曾經略帶生氣告訴貞葳，爲何不勇敢一點？那時候的貞葳只是楞楞地看著老師。

我也約了貞葳來我辦公室，十九歲的貞葳端正的坐在沙發上，我問一句，她答一句。這一年她媽媽在宜蘭五結開心門出家，這個佛教團體在淡水有個弘法的據點，媽媽常來，貞葳也常去看她。貞葳後來告訴我，在學校時只喜歡芭蕾與現代舞，其他興趣缺缺，她不喜歡遵循老師教導的形式與內容，最想自己挑戰自己。

貞葳在二〇〇八年得到北藝大獎學金，跟一群同學到美國舞蹈藝術節（ADF）見習，之後短暫停留在紐約，期間參加美國舞團的甄試，並有機會成爲舞團的一員，但她還是去她最想去的地方——歐洲。二〇〇九年初，貞葳在瑞典斯德哥爾摩參加巴希瓦（Batsheva）現代舞團團員甄試，這個以色列舞團團址在台拉維夫，但常在國際巡演。巴希瓦的藝術總監歐漢・訥哈林（Ohad Naharin）看過她的外型與肢體動作之後，表示要予以錄取，不知天高地厚的貞葳回答：「我回去考慮考慮。」而後透過網路資訊，才知道這是個世界頂尖的舞團之一。

貞葳近年在國際舞台的表現十分亮眼，許多大報的舞評人，毫不吝嗇地給予她極高的評價，訥哈林也曾在報刊撰文指出，貞葳是他見過最有吸引力的舞者，風趣、眞誠、學習能力強，充滿創意。二〇一〇年，貞葳隨著巴希瓦舞團來台北國家戲劇院公演，她的媽媽也號召了不少穿著袈裟的比丘尼前來觀賞。

貞葳在巴希瓦舞團已待了五年，她對這個工作感到舒服、滿意，尤其參加舞團後，學習到Gaga 的身體表演方法，這是訥哈林結合現代、芭蕾，訓練舞者即興、隨意演出，引導其想像力，並不講究特別技巧。雖然在巴希瓦舞團收穫豐碩，還不到三十歲的她仍準備離開這個享譽國際的舞團，理由是想接觸更多表演團體、體驗不同的動作與形式。

幾年來，舞蹈對貞葳來說，就像吃飯睡覺上廁所一樣，已成爲生活的一部分。她能想像一個情境，幫助自己的表演能量，以及多變的可能性，就像是一隻貓，有溫馴，也有攻擊性的動作，也像鱷魚，可以慢慢爬行，又可在瞬間快速移動。她也能想像蜂蜜緩緩從嘴唇、胸口往下流，有著厚實，卻又不輕易流下的過程。

貞葳很喜歡參加鈕扣計畫，一來，在國外只能跳別人的作品，回來則可跳自己編的舞，再者，可讓家人以及喜愛她的師長、學生，能近距離觀賞她的演出。她第一次的作品〈光明面〉，比較單純思考如何以身體做媒介，如何利用身體呈現情緒的不同面相。今年的作品〈黑盒子〉，光看舞碼就令人充滿神祕、怵目驚心，貞葳希望觀眾跟她一起對類似飛航記錄器的物件，進行推理，共同完成作品。

舞台上她著白色長襪、白色長袖舞衣，帶著若干物件，一進場就在舞台不同角落，隨興地尋覓幾位觀眾即興配合。一位在座位上搖手風琴製造音響，一位分配到剪刀，一位拿手電筒爲貞葳打光，另兩位坐在地板上，手持裝彩色墨水的水槍。

台上台下的互動，活潑有趣，接下來的是貞葳獨舞，讓人感受她所展現的深沉情感。她口咬線線，行進間逐漸纏住雙手，接著，持水槍的觀眾不停地向她身上噴灑，她的臉、衣服、襪子頓時變成紅綠白交雜，最後，再由持剪刀者剪斷線線……。整支舞看似單純、嘻笑，卻又令人感動而難以捉摸。

對貞葳的親人、長輩來說，最感高興的，應該是這個從小看到大的女孩，她的創作沒有悲情，而是以開朗、積極的態度躍動於舞台，挑戰各種可能性。

（原載「風傳媒」，二〇一四年八月十三日）

毒素與元素

十六世紀西方帝國主義與東方海盜（海商）掀起的東亞海上風雲，揭開台灣近代史的序幕。來自四面八方的逐鹿者，在台灣島嶼上進進出出，潮起潮落，彷佛已成自然定律。

如果把台灣視爲一座劇場，它所表演的內容，五彩繽紛，少有大型管弦樂團的演出，舉目所見，多屬流動戲班、賣藥團的落地掃，不論舞台型式、前場後場，因陋就簡，有時甚至就地作場，舞台配備不足，但窮則變，變則通，導演舞台調度活潑，演員腳步手路伶俐，這個劇場處處充滿傳奇與驚奇。

歷史上的台灣像極命運乖舛的孩童，不同時期，有不同的認養者，每個認養者都有一套管教方式，也供給他養分，這些養分，在另一個認養者眼中，往往視爲毒素。幸好孩童命大，把吃苦當吃補，也自然而然產生以毒攻毒的免疫力，並且長大成人。

在中日戰爭之前，日本政府對殖民地台灣的傳統習俗採取寬容的態度，台灣人在中國文化的基礎上，連結南島文化與西洋、東洋近代文明。戰爭期間，日本帝國企圖切斷台灣的中國文化背景，傳統的漢文、信仰、戲劇都被禁止。爲了加速「皇民鍊成」，許多符合日本軍國主義目標的「新文化」被揠苗助長，皇民化戲劇也因應而生。

這場實驗至多八年，因爲日本戰敗投降而中止，台灣歷經一場噩夢。戰後接收台灣的國民政府，對台灣的日本經驗有所顧忌，於是把去日本化、再中國化，列爲重要施政目標，努力消除日本奴化教育的餘毒，希望台灣沒有這一段過去。

對台灣人而言，甲午戰爭與乙未割台是歷史的不幸，「皇民化」也不是自己的選擇，這一段歷史已然走過，也已進入台灣的文化元素之中。因爲中日、新舊的混用，藝術創作風格可作大膽的實驗，台灣文化多了不同的形式與內容。這不是日本帝國的「德澤」，而是台灣人面對艱難，保存元氣的方法。

從結果論而言，今日的明華園與霹靂作爲當代台灣大眾文化的代表之一，殆無疑問。其創作風格，既有傳統中國戲曲的根柢，又有現代劇場概念，帶點日本色彩，並運用影像科技技巧。進一步分析其創作脈絡，很難說與皇民化運動的戲劇實驗無關。換言之，如無皇民化運動時期的「禁鼓樂」，迫使歌仔戲藝人改演新劇，把傳統戲劇裡的皇帝、宰相改成董事長、總經理，打開歌仔戲荒誕的創作手段，就不會有戰後明華園的演出風格，這是廈門歌仔戲或漳州薌劇未曾有過，也做不出來的經驗。

沒有皇民化時期以新人形劇取代傳統偶戲的毒素，戰後台灣不會在傳統布袋戲之外，看到中國大陸所無的「金光沖沖滾，瑞氣千條」的黃俊雄「金光戲」，更不會有後來被網路票選爲「台灣意象」的霹靂布袋戲了。

戰後的台灣文化充滿後現代現象，有人曾用「島國心態」形容台灣的故步自封與偏執孤僻。這種原屬國際形容英、日帝國主義的負面形象，運用在台灣「本土」，應出自民主化過程的統獨爭議吧！

其實，拋開政治思維，很難想像終日面對大海的島嶼人民，會心胸狹隘、目光如豆？

回首台灣的歷史，十七世紀閩粵沿海窮苦人家或亡命之徒，九死一生來到這個海上孤島，胼手胝足，建立家園。相對台灣官吏、仕紳與駐軍從邊陲遙望朝歌，移民世界天高皇帝遠，自助天助，以祭祀結合戲曲、社火，整合社群情感，成爲民間社會的主流活動，並形塑台灣文化的庶民性格，敞開胸襟，吸納不同元素，讓生活文化不斷再現，連西洋管樂隊都成爲迎神賽會的陣頭。

有史以來，實際治理台灣島上的是政府（帝國）、豪門雅士，有人心懷斯土，努力經營，有人「生雞蛋無，放雞屎有」。不談昏庸的統治者，一些信誓旦旦要與台灣共存亡的忠臣孽子、文人雅士遇到急難關頭，逃之夭夭，驚魂甫定，再回頭吟弄風月，感慨一番者，大有人在。往昔的經驗，只有在地辛苦耕耘的平民百姓才會把台灣當作安身立命的地方。

用心看台灣，更能體驗「台灣」這個島嶼空間的文化韌性與包容力，也看到持續前行的脈絡與方向。

（原載《中國時報》寶島大劇場，二〇〇九年二月十五日）

街頭講經說古

偶然在電視上看到一個講解三教經典的節目，主講者姓李，是一位年約八旬留著白髯的光頭長者。他有時穿著台灣衫，有時一襲素色海青，對著鏡頭，用教鞭指著書寫在黑板上的經文，逐字逐句講解，全程用福佬話，即使是艱難拗口的字句，也一氣呵成，毫不遲疑。我常會不自覺地停下來聽他講解一段經文，與其說爲了了解內容，倒不如說是想看他如何用台語表演經文。另一個原因是我已一眼認出，他是我年少時期的街頭講古仙，如今「空中」相會，也有一種難以言喻的時空流轉之感。

當年的我常在家鄉的廟口、街道、港岸看江湖藝人唱歌變魔術、打拳頭賣膏藥。電視上這位李先生經常在媽祖廟口就地作場，尤其是夏秋無雨的夜晚，廟前廣場一群人圍成圓圈，有人站著，有人蹲著，有人坐在自備的板凳上，或乾脆就坐在地上，場子中間懸掛一面錦旗，上面寫著「萬國道德會宜蘭分會宣道師」。李先生當時的打扮跟今天差不多，只不過年輕四、五十歲，光頭下的短鬚還是黑色的。他講的不是四書五經或佛道經文，而是「講古」，但也不是封神榜、列國誌、三國誌或彭公案、施公案這類「講古」師常講的內容，多半是勸善懲惡、因果報應的故事。他當時為何不說經書，只講「故事」，是怕「討海人」聽不懂經文，還是本身道行還不深？

李先生透過麥克風講述「故事」，不疾不徐、抑揚頓挫，十分清晰。我至今仍記得他講的兩段故事。其一是雲林麥寮一位婦女意外死亡，不久復活，但講話語調大變，彷彿換了一個人。她自稱是金門人，姓朱，因坐船翻覆而溺斃，冥冥之中覺得有人救起她，結果變成另外一個人。這個「借屍還魂」的故事曾傳誦一時，李先生當時還出示報刊雜誌的報導做「佐證」。

另一個故事發生在屏東，一個對下人刻薄寡恩的地主發現放在桌上的錢不見了，懷疑長工偷拿，嚴加責問，長工雖然一再辯稱清白，但地主一口認定，並聲稱將送官法辦。可憐的長工不甘被誣，又怕被屈打成招，當夜上吊自殺。隔天地主才知丟掉的錢是被內弟拿走，冤枉了長工，鬧出人命，卻又不肯向家屬賠罪補償。幾天之後，地主突然暴斃，而長工家裡的母牛正好臨盆，生下來的小牛背後筋脈浮現地主的姓名……

李先生「講古」講到一個段落，就會稍事休息，喝杯水，沒有趁機賣藥或推銷產品，只有信徒或志工模樣的人捧著放置梅餅的圓盤子在觀眾面前走過，拿起梅餅的人，順手放上一、兩塊錢，算是贊助金。我混在觀眾群中「白」聽李先生講的神怪故事，發覺自己是唯一的小孩，有時慫恿同伴來「試」聽，但他們往往聽到一半，就意興闌珊地溜走了。

我年紀愈大愈不信「靈異」，早已忘掉這段廟前聽古的經驗，對這位很會說故事的講古仙也沒印象了，不意隔了近半世紀，又從電視螢幕認出李先生，引發我昔日蹲在廟口聽他講古的陳年往事。他也從廟口的講古、講道師，變成運用電子媒體宣經講道的「勸善」大師了。

現在的李先生有信徒爲他鋪設網站闡述理念，內容以傳統儒道與佛家思想爲主。網路特別標榜李先生以宣揚倫理道德，淨化人心爲職志，不收費，不募捐。我不知道他「談道不談錢」，又不接受金錢供養，如何維生？網路上也有一些攻擊李先生的言論，不過，多籠統指責他是屬於某一教派的「邪魔歪道」，並無騙財騙色的指控。有人信仰，有人攻訐，或許可視爲一種行情吧！

清初學者劉獻廷在他的《廣陽雜記》卷二討論讀書人與庶民的知識道德。他說讀書人有詩、書、易、禮、樂與春秋「六經」，庶民大眾也有小說、卜卦、戲劇、歌謠做爲「六經」，此六經與彼六經內容互異，但功能相同。李先生不是傳播庶民的「六經」，而是一本正經地爲眾生講解讀書人的「六經」以及佛道經文，數十年如一日，光憑這一點，就值得尊敬了。

（原載《中國時報》寶島大劇場，二〇〇九年六月十七日）

老松舊夢

最近有一則萬華老松國小的新聞出現在生活版，當年學生數高達一萬兩千人的老松，已銳減到七百七十八人。該校老師緬懷過去的輝煌，對照今日的冷清，不勝唏噓，而我這個非艋舺人、非老松人，看了這則報導，同樣有滄海桑田之感，因為我「做囝仔」的時代，心目中最偉大的學校就是老松，而老松之所以偉大，就是因為學生人數世界冠軍。

在我念小學的年代，台灣的教育已處處教人追逐第一，每天接受的資訊與考試題目常比高比大，所以台灣人口密度「榮獲」世界第二，就曾讓我引以為榮。當時老師告訴我們：全世界最大的國小是台北市萬華的老松國小，第二名是西門國小。

老松學生多，質從量中求，升學率也高，學生慕名而來，造就老松的黃金年代。我就讀的鄉下國小全校學生數一千人，算是小型學校，看到「繁華都市台北」的世界紀錄，欣羨不已，夢想有一天能轉學到老松，如果轉不成，西門也好。寫作文「我的家庭」時，不知道祖先在台灣的第一個落腳處，乾脆寫下：「我家是從台北市萬華搬來……。」

巨大、神聖的老松國小何時在我心中失去「重」量，已無印象，畢竟幾十年下來，社會各界對學校環境與教學品質念茲在茲，學生人數多、班級大，早已失去光彩。九年制義務教育實施之後，新學校增建，老松部分學區劃歸別的國小，加上後來華西街紅燈熄滅，人口流失，學生數不斷萎縮。老松的世界最大國小「榮銜」在一九六〇年代中拱手讓人，先後被中和秀朗國小、板橋新埔國小追上，新的「冠軍」大多產於六〇年代中南部移民湧入的台北市近郊鄉鎮的國小，但三不五時就換人做做看。不過，再怎麼風水輪流轉，也難想像創立於一八九六年，「精彩」一一四的老松，怎會凋零至此？

隨著電影《艋舺》炒作議題，萬華歷史、商業與暴力錯綜複雜的空間形象被強力行銷，新聞不斷。聚落的歷史、特殊行業、餐飲小吃一一被點名，創造商機，也帶動人潮。然而，「三艋舺」作爲冶遊與生活消費的聖地，不適於現代人居與兒童成長的刻板印象也加深。近日靠近愛國西路的中華路兩邊街道同時推出豪宅，每坪價格差一大截，只因：萬華中正，一邊一國。

台灣近年國中小學的人數都不多，一來教學講求小班級，再則學齡兒童銳減，台北市學生數較多的小學不過二千出頭。現任「冠軍」新莊光華國小，也僅四千五百多人。許多國小班級少，人數少，是因爲學區人口外流嚴重，招不到學生，像我的母校——南安國小就潰不成軍，僅剩二、三百人而已。世界上學生最多的國小不再出現於台灣，不代表數大是美的觀念不再。締造「金氏紀錄」仍是許多台灣人嚮往的目標，煙火施放最久，蜂炮最長，關公媽祖神像最大，萬人一起吃早餐、寫春聯、包最大肉粽……每天都有人動腦筋，搶第一。

（原載《聯合報》名人堂，二〇一〇年四月十四日）

方便的創意

人類文明史上，廁所常被視爲追尋靈感，發洩文學、藝術創作欲的另類空間，多年前還有歐洲藝術家拆下老舊廁所門板，連同上面的塗鴉圖文作爲創作主軸，因爲意象強烈，備受矚目。不過，廁所塗鴉猶如廁所鬧鬼，終究過於陰森，難登大雅之堂。現代公共場域的廁所早已走向精緻創意路線，有些甚至兼具畫廊性質，或作爲公共藝術的創作空間。

這些年台灣許多公家機關、學校或百貨公司、商場常在廁所裡擺置小卡片，上面寫些腦筋急轉彎、小笑話、人生雋語，或動植物、城鄉景觀介紹，讓方便的人舒緩身心，暫時忘記工作的勞累與人間愁苦。尤其男士與旁人並駕齊驅，一起面對方便池，讀讀卡片上的圖文，就不會仍有與人一較長短的念頭。這種創意，少說已流行十餘年了，儼然已成爲現代廁所文化的一部分了。

我曾在一所學校的男廁所，看到一張「自殺的危險訊號」，內文條列：重大壓力事件、感情不順、罹患憂鬱症或其他精神疾病；情緒或行爲的改變，感到沮喪、無力、低自我價值感，明確表示自殺意念，分送個人物品、立遺囑，……或說出諸如「要去很遠的地方旅行」、「你們再也不必擔心我了」「有聲音告訴我要去死」之類的話……。這大概是學校生活輔導組的傑作，提醒大家關懷周邊有自殺傾向的人，用心良苦。不過，宣導的場所需要斟酌，因爲方便時看到這般嚴肅的誡語，心情更加沉重，就不太方便。方便之門如要放張小卡片，最好還是多些花卉、植物的圖文，讓如廁環境顯得清新暢快，要不然，貼個小笑話博君一粲，也是好主意。

教育部二樓男廁所有一張小卡片，我有機會到教育部時，都樂於看看這張小卡片，讓自己輕鬆一下。小卡片這樣寫著：有一次福爾摩斯與華生去露營，帳篷搭好後，兩人就鑽進去睡覺。睡到半夜，福爾摩斯突然搖醒華生，指著滿天星星說：「華生，你看著星星，有何感想？」華生看了星星一眼說：「看這滿天星星，使我覺得人類眞是渺小……我們應該珍惜生命，造福社會，爲世界盡一份力。福爾摩斯，你呢？」福爾摩斯瞪著滿天星星說：「華生，你看了那麼久，難道都看不出我們的帳篷被偷走了嗎？」

福爾摩斯與華生這段對話有幾種版本流傳，記得有一個版本寫華生被福爾摩斯搖醒之後，望著星空感慨地說：「我看到幾百萬顆星星，就算這些星星之中只有少數行星，很可能裡面有跟地球類似的行星，一旦有了跟地球相似的行星，上面就可能有生命……。」相較之下，還是教育部版本具趣味性，符合教育官僚生態，也跟習慣長篇大論，卻把簡單事情複雜化、教條化的教育行政官員開了小玩笑。

教育部這則廁所趣談至少已經放置五、六年，也許應該汰舊換新了，不過，汰換時最好請原來挑選這則笑話的「策展人」，再度策展，讓大家開開心吧！

（原載《聯合報》名人堂，二〇一〇年九月二十二日）

流俗的創意與創意的媚俗

電視螢幕那位體形瘦長，穿著白袍、戴眼鏡的中醫師面無表情、眼神閃爍地指著身旁穿著清涼的女模特兒，用台語一字一字吐出：「健生中醫關心您的坐骨神經痛，坐骨神經痛就是腰部椎間盤移位，或是腰部椎間盤疾患，造成腰痛或是肢體疼痛……。」乍聽不知所云，因爲尋常人少用台語吟念人體部位與疾病名稱。他念診所的免費電話號碼「〇」字不讀「零」而讀「控」，這一支電話就「控八控控控九二控控控」地「控」個不停。

台灣電視廣告在九〇年代曾經生機勃勃、創意無限，廣告畫面講求構圖、語意內涵與聲光影像效果，也頗能與在地人文特質結合，相較早前口語直接介紹藥品的廣告，實不可同日而語。然而，最近幾年隨著市場經濟規模西移，本土廣告市場萎縮，廣告業也浮現結構性的問題。目前的廣告業主多希望以最低的預算拍攝出「俗又有力」的效果，頂多找個名人代言而已，電視廣告生態似乎又有回到六〇、七〇年代，甚至廣播時代的趨勢，很難再像一、二十年前一樣，能從多采多姿的廣告看到台灣的企業文化。

「健生中醫」廣告比上世紀六〇年代的電視，或更早的電台廣告還要「俗」；既無「狗標」的活潑：「汪汪！（播放狗叫聲），聽到狗聲，想著狗標，延平北路消防組對面算來第九間，狗標服裝行、狗標服裝行，汪汪！」，也沒有宣稱「查甫人講到做到」的「鳥頭牌愛福好」那麼富戲劇性。這支廣告最初可能因男主角（業主）自我感覺良好，堅持播放，還曾變化造型（醫師袍改西裝），一播數年，而後出現反諷式的娛樂效果，同類型模仿秀此起彼落，連若干偶像歌手也軋上一角，客串「中醫師」，無形中哄抬了廣告的氣勢，讓它愈播愈紅。

論功行賞，最早對這支廣告獨具慧眼的，應是電視模仿秀藝人郭子乾，他把廣告裡「中醫師」的肢體動作、說話語氣、內容，變成具有趣味表演元素，使「中醫師」俗又有力的另類形象被凸顯，甚至有機會揚名國際；有一位叫大衛的英國網友用台語模仿「中醫師」，「關心您的坐骨神經痛」，傳上了YouTube；日本也有眼鏡妹依樣畫葫蘆。「全民」掛的模仿秀藝人更是樂此不疲，不斷翻演「中醫師」指著十八銅人Kuso。流行音樂大師劉家昌最近也說，他爲兒子創作的新歌〈唸你〉靈感來自「健生中醫」，而他對這支廣告的第一印象是：恨不得給他一巴掌。

相形之下，新聞媒體日前大肆報導的某刺青師傅模仿「健生中醫」所製作的廣告，比較讓人不解。

刺青師站在比基尼紋身女模特兒旁，正經八百地拿著伸縮棒指著清涼女模特兒胸口、臀部、大腿等處刺青，女模還瞬間繃開內衣扣，秀出美背。媒體特別強調這支由名導演掌鏡的刺青廣告引起網友巨大回響，還有人爲之「噴飯」。網路世界無奇不有，刺青師製作廣告屬於創作自由，如果真的像媒體所報導：刺青版受到熱烈歡迎，那麼，所謂「民意如流水」，就一點也不虛假了。其實，刺青師的廣告能在電視新聞與平面媒體中受到廣泛報導，無論出於刺青師或導演的良好媒體關係，或屬於置入性行銷，皆無太大的新意，尤其刺青本身已具強烈的視覺意象，刻意模仿「健生中醫」的模式做廣告，反而失去了自身的價值。

回顧近年「健生中醫」的廣告及其傳播效果，它反映台灣社會文化現象：再稀鬆無奇的內容都可能做各種變臉與裝飾，並產生莫名的、巨大的效果；但被炒熱的話題，一味仿效，卻也容易變得流俗，甚至媚俗。

倒是拍這支廣告而聲名大噪的男主角張姓中醫師，「成名」之後並未自我膨脹，他曾低調表示不願上節目接受訪問，以免破壞「專業」形象。這支「陽春」廣告因而維持獨特的風格，它所蘊含的庶民趣味性也不致因外界過度張揚而立即破功。回頭再看看張醫師在電視上面無表情的廣告畫面，不得不「讚」一下他的篤定與自信。

（原載《中國時報》寶島大劇場，二〇一一年八月二十四日）

台生與灣生

以往看到有人的名字是中國、台灣的地理名詞，總感覺有趣，也很想探究何以會指地爲名。我以前一位助理名叫「武昌」，原以爲他不是出生在台北市武昌街，就是祖父曾參加武昌起義或喜歡登臨黃鶴樓。結果都不是，武昌說他的伯父叫廣東，叔父叫福州，名字都跟粵榕毫無關係，是「亂取的」。另一位也當過助理的女生叫「安徽」，她姓曹，不知當初家長取這個名字，是否爲了追念原籍安徽亳州（沛國譙人）的遠祖曹操？不過應該不是，若照這個邏輯，她的哥哥會叫「許昌」（曹魏國都）。

一九五〇年代末的中國大動亂，跟隨國民政府撤退來台的許多黨政軍與平民百姓，不乏娶台灣女子爲妻者，特別是中低階軍人，家有「台妻」更是普遍，生下來的子女，不少叫台生，頗有台灣製造（MIT）的意味，亦有以縣市命名，例如在宜蘭出生的，取名蘭生或直接叫「宜蘭」，我初中就有一位女同學「宜蘭」。

有許多「台生」，卻少見「灣生」這個日治時期常見的名詞。當時是指日本人在台灣所生的小孩。除了「灣生」，當時在台工作的日本官吏爲「灣吏」，迎娶的台灣妻子爲「灣妻」。戰後數十年的物換星移，除非專門研究日本殖民史或台灣史的學者，現代人大概都對「灣生」相當陌生。我認識「灣生」，也是在念研究所以後，從若干日治台灣研究中看到這二個字，在此之前，一無所知。

最近台日混血的年輕作家田中實加（陳宣儒）出版《灣生回家》，這本書兼帶小說、散文，田野記錄或口述歷史性質。本身就是「灣生」後裔的田中，因爲尋求曾爲「灣生」的管家爺爺及外婆在台灣的根，十二年之間來往台灣及日本，追尋、記錄昔時移民村灣生的故事，場景與人物聚焦在花蓮港廳吉野（今吉安鄉）移民村的日本人，其中不少人戰後被「引揚」（遣返）回日。

「灣生」是特定時空針對特定族群的稱呼，與「內地」一樣都是紛亂時代的歷史產物。在明鄭之前，相對澎湖自古屬於中國（元代在此設巡檢司），一六八三年康熙皇帝消滅明鄭，「自古不屬中國」的台灣收入大清版圖，成爲屏障東南各省的邊陲小島，帝國則是台灣官紳所謂的「內地」。日清戰爭後的乙未（一八九五）年，清朝割台，台灣成爲日本帝國第一個海外殖民地，「內地」又轉爲扶桑三島。

領台之初的日本人對台灣充滿期待，一來日本人喜好甜食，每年都得花費大筆外匯從外國進口蔗糖，有了產糖的殖民地，等於搖身一變成爲產糖國，舉國爲之雀躍不已。再者，台灣氣候與九州、四國相近，適合人口過多的日本人移居於此。當時日本看中的是台灣的土地與農產，而非住在這裡的人，所以統治者還「開明」地讓台灣人自由內渡回中國，二年期限一到，「打死不走」的，就算是日本帝國統治下的子民了。沒想到，除了極少數富豪或具漢民族氣節的文人，絕大部分的台灣人都選擇繼續做台灣人，打壞了日本的美夢。

當時殖民地管理階層都是日本人，一些「內地」的官員、警察、通譯、教師來台工作，有的一待就是數十年，生產不少的「灣生」。一九一〇年之後，爲解決日本本地人口過剩、耕地與糧食不足等問題，日本殖民政府開始實施對台移民政策，在全台灣設置十幾處的移民村，主要分布在當時的台東廳、花蓮港廳、台中州、台南州及高雄州，其中花蓮港廳吉野村是第一個官營移民村，移入的人口中，最多的是來自四國德島縣吉野川沿岸，故名「吉野」，曾被視爲模範移民部落。

日治時期移民村並非完全以農業墾植爲主，亦有以漁業爲主者，二十世紀一〇年代初期建港的南方澳，有來自九州宮崎、大分、四國高知、愛媛的移民，我老家所在的南興里舊名就叫「移民仔底」，就是當時日本人（含琉球人）的聚落，他們帶來的漁船造型與鏢魚技術，至今仍是南方澳漁民文化的重要部分。

不同於台生、蘭生這些名字取自父母，灣生是日本人、台灣人對在台灣出生、在台灣成長的日本人取的「綽號」，帶點輕蔑、憐憫的意味。「灣生」多半操著台灣腔日語，膚色也較「內地」人黝黑，而且大多未曾看過「內地」的櫻花與白雪，很難被本國人認同，而當時的台灣人，也常把這些灣生當做統治階層的共犯結構，灣生的尷尬身分可想而知，這也使我聯想菲律賓的「出世仔」。二十多年前，我執行兩廳院委託的南管演出計畫，來自菲律賓的師傅特別帶了一位擅長噯仔（小嗩吶）的年輕「出世仔」來當後場。所謂「出世仔」是華人（主要是閩南人）到菲律賓討生活，與當地土著結婚，所生的小孩，當地華人戲稱「出世仔」，同樣帶有調侃、鄙夷的意思。

不過，日治時期的「灣生」，也出現不少活躍於文壇、劇場的菁英，著名的中山侑就是一例。他的父親是一名乙末年來台的警察，曾在南庄、大科崁、桃園、新店、羅東、深坑等地服務，中山侑就是在深坑出生的灣生。另外，以《請問芳名》聞名、在日本戲劇、藝文界占有一席之地的菊田一夫，自襁褓時期即隨養母來到台灣生活，一直到十二歲才返回日本，也可算是有頭有臉的「灣生」。

日治時期的灣生被遣返之後，成立若干聯誼會團體，並有聚會活動，緬懷昔日時光。田中實加這本以灣生為中心的專書，不是有關移民村與灣生的第一本著作，但她以人物為中心，用感性的筆調，點出日治時期移民村與灣生的問題，述說大時代夫妻、情侶、母女被迫台日分隔的悲劇情境，讓現代台灣人、日本人得以看到昔日移民村、灣生出現的時空環境，以及糾葛不清的歷史糾結。

（原載「風傳媒」，二〇一四年十月十日）

消逝的田野

1.

幾年前因爲參與《台北縣志》〈戲劇篇〉的撰寫，我經常在大台北的城鎮與農漁山村走動，搜集、記錄庶民大眾的戲劇經驗。這自然不是我第一次跑田野。十八年前，我也曾經在大台北相同的區域做過相同的田野調查，感覺轉幾圈就像戲台上苦守寒窯的王寶釧，時空流轉了十八年。

大台北的確不斷在變化，新市鎮計畫一波又一波推出，交通要道永不停歇地闢建中。十八年前的台北縣已與戰後五〇年代的台北縣呈現不同風貌，外縣市移入的人口壓過本籍人口，傳統以社祭爲中心的戲劇傳播網絡衰微，舞台演出的鄉鎮戲院消失。新台北縣移民可能帶來的多元文化尚未凝聚成「新台北縣文化」之前，老台北縣的戲劇生態已然渙散、模糊。十八年前如此，今日再度站在這片田野觀看，也只能用一句「於今爲烈」來形容了。尤其，近年詐騙集團猖獗，田野工作多了一層困難，要對陌生人詢問一些戲劇五四三，總要先花點時間，證明自己不是「騙子」。

包括台北縣市在內的大台北戲劇，有傳統的戲曲，也有現代的劇場。對一個田野工作者而言，戲劇文學、現代劇場較易掌握，因爲這是精英的創作與演出活動，創作者的理念、作品內容、舞台呈現或演出評論、報導，有較多的文字與影像資料。相較之下，有前後場的「戲曲」田野涉及層面最廣，也貼近民眾生活，既需掌握戲劇的本質（如劇本、演員、曲牌、唱腔、表演、舞台），亦需了解演戲與寺廟祭祀圈、民間社團的關係，及社會變遷所帶來的戲劇形態，尤其嚴重的，它的演出活動與田野資料正在消失中。

在台灣戲劇與戲劇史未被重視的年代，要解讀不同時空的台灣戲劇活動，必須仰賴散落各處的劇團、藝人以及有經驗的民眾，透過參與觀察，逐漸建立戲劇發展脈絡與演出生態環境。最好的田野戲劇報導人不需要最好的「子弟先生」或編導、演員、樂師，但必須對戲劇（至少是某一類型戲劇）內行，且有良好的記憶與傳述能力，知道哪個鄉鎮、哪個角落流行何種戲曲，有那些戲院、劇團，演過什麼戲？

有良好的田野環境與報導人，也需要有具備基本戲劇史與表演概念的田野工作者，能大致分辨劇種（如北管與南管，西皮與福路），或演出型態（如子弟團與「陣頭」），熟悉拗口的戲劇專有名詞、了解劇團與地緣關係，才能與訪談對象有所互動。這種戲劇田野知識與經驗，很少來自大學課堂，亦非一蹴可幾，需要身體力行，才能累積田野經驗。

十八年前，民間的戲劇生態已然改變，但仍有不少資深藝人、地方父老能就所屬村莊以及鄰近鄉鎮的戲劇活動娓娓道來。十八年後再度訪尋、檢視各鄉鎮戲班、子弟團與演出環境，很清楚地察覺戲劇田野逐漸變調。當年的老藝師不是往生，就是年老體衰，記憶力也大不如前，彼此交談都很困難。大多數新認識的地方頭人、戲曲子弟年輕、熱情，也有行銷經營概念，但對戲劇的了解，以及所能掌握的資料，都很難與前輩相較。

這一陣子對大台北戲劇田野的觀察，感覺它正面臨三個困境，而且問題愈來愈嚴重：

一、「內行」報導人難尋，多數報導人只了解當下、當地「陣頭」情況。這也難怪，現在六、七十歲的民間子弟、藝人，一出生就是大東亞戰爭，禁鑼鼓的年代，戰後至四〇年代台灣戲劇最後一波興盛期，他們仍是青少年。而後戲曲沒落，他們也士農工商，各自爲生活打拚。五、六十歲從工作崗位「退休」，又繼續「子弟」，多屬半職業性質，以「陣頭」在婚喪喜慶場合出現，與傳統的「子弟」在屬性上已不盡相同。

二、在這次的田野工作中，常看到一些年輕人認眞地做戲劇資源調查，這是好現象。但其田野方法訓練明顯不足，問卷設計者或訪談者似乎不太了解戲曲的表演體系，分不清楚子弟團與歌仔戲的關係，忽略各鄉鎮劇團、藝人技藝歷史、演出情況與地方互動各自不同，其重要性亦不能一概而論。田野訓練不足，誤以爲《秋香打洞》即《唐伯虎點秋香》，無法根據訪談對象做機動性深層挖掘，或誇大現在的「陣頭」，猶在餘事，若根據表象的「量化」，「統計」民間的表演團體、藝人數量，以及他們所擅長的技藝項目，就令人擔心了。

三、目前戲劇生態所呈現的怪異現象，莫過於政府一面大聲疾呼保護傳統藝術，也編列大筆預算，擬定推廣、保存戲曲計畫，寺廟、學校、社團積極號召年輕人學習南北管或歌仔戲。然而只要鑼鼓一響，街坊鄰居要求環保署取締噪音的抗議聲就不斷。文化機關如何針對問題，提出具體可行的解決辦法，妥善規畫訓練與演出場所，讓民眾對於社區鑼鼓聲與有榮焉，實爲當務之急。

二〇〇九年短短三、四個月之內，就送走了一老一少，兩位藝師兼最佳田野報導人。老的是九旬高齡的永和老藝師「添師」林添盛，「添師」近年臥病在床，行動不便，家人早有心理準備；「少年」的是七十歲的板橋頂溪州「武當社」前任社長王洋一，他逝世前一天還來北藝大傳統音樂系教課，並在電話中與我哈拉了半天，沒想到當晚一睡不起，令家人、親友錯愕不已。

比起「少年」的洋一師，「添師」可謂資深的「國寶」，家族四代從事布袋戲表演，他從小跟隨其父親戲班四處演出，未滿二十歲即創立「明虛實」。「添師」本人與王炎、李天祿、黃海岱輩分相當，但因長年在台北縣鄉鎮演出，名氣不如常在台北市活動的「亦宛然」李天祿、「哈哈笑」王炎以及中南部的「布袋戲王」黃海岱，但年前「紅岱仙」過世之後，「添師」差不多已是全台第一高齡的布袋戲藝師了。

抵達告別式會場之前，我聯想李天祿、黃海岱喪禮的場面，原以爲這位演了一輩子布袋戲，曾經榮獲民族藝術薪傳獎的「國寶」告別式必然冠蓋雲集，備極哀榮，可能連總統、院長都會親臨弔祭吧！沒想到抵達設在永和河堤邊臨時搭起的告別式場，發覺場面冷清寥落，不但未見當朝文化大臣，連縣文化局、國立傳統藝術中心這些最直接的「有關單位」都未見派人弔唁。文化主管機關在「國寶」喪禮中缺席，可能因「未接獲通報」，所以無法處理。看來老藝人能否享受「國寶」級待遇，除了本身的經歷與技藝之外，還需要一些機緣，例如有媒體大肆報導，透過報導，吸引文化單位的注意，而後層層通報，當權者馬上就列入「行程」了。

2.

國家三級古蹟新莊慈祐宮二〇一一年十一月中旬慶祝建廟三三五年，將舉行五朝福成圓醮，由年逾八十的樹林「雷晉壇」老道長黃清龍（鼎道）主醮。我初識老道長時還在念大三，不安於教室，常與各地頭人、道士、工藝匠師、演員交陪，半路認老師，學習一些「鄙事」。對這位容貌清臞的道長第一印象就是年紀很大，後來一算，他那時不過四十出頭。

道士可謂民間社會最重要的「神職」人員，執行的「業務」與庶民生活息息相關。無論是新竹以北的正一派、以南的靈寶派，也不管屬於正一派中的劉厝、林厝，台灣道士多源出中國南方天師正一道派，重齋醮符籙。道士平常作息十分入世，結婚生子，葷素不拘。信眾雖然接近道士，卻對道法習而不察。相對地，台灣社會各界對道教一直存有刻板印象，出現在新聞報導與電視劇裡的道士，不是裝神弄鬼，就是詐財騙色，完全不是金庸小說全真七子或武當派正氣凜然的形象。在民間宗教禮俗、藝術不受重視的年代，資深道長都是靠自己的道行、技藝與對人情世事的理解，在民間建立「口碑」。他們的道法經驗及其保存的資料彌足珍貴，也成爲研究者「無可取代」的請益對象。

黃老道長出身道士世家，屬於正一派中的劉厝派，專做齋醮吉事，或爲信眾收驚治病，但不辨喪禮，與靈寶派既做齋醮吉事，也做超渡功德的性質不同。老道長一生行走江湖，曾多次主持寺廟重大醮儀，不但嫻熟道教科儀，也精通戲曲音律，擅長後場的任何樂器，曾參與民間子弟團，並成爲子弟先生，是大台北地區廣受尊重的老道長，本身就是一部民間禮俗與戲曲技藝的活歷史。我雖非道教專門研究者，認識老道長之後，常去「雷晉壇」找他聊天，或到他主持的道場，看科演道法二門。遇到山醫命相卜，以及戲曲、禮俗掌故，有孔無榫的疑難雜症，第一個請教的對象多是黃老道長，長久以來，他堪稱我田野工作最重要的導師之一。

一九七〇年代注意台灣道教的學者不多，且偏重道藏文獻，研究存活於民間社會的道教者更屬鳳毛麟角。近三十年道教研究風氣漸開，許多學者依賴田野資料研究道教科儀、祭祀結構與發展脈絡，成果可觀。另方面，當代戲劇、舞蹈、音樂、美術創作者也建立與道教對話的管道，反映多元的藝文創作、展演生態。不過，對資深道長的生命史，及其技藝脈絡，仍缺乏有系統的調查與紀錄。

二〇一〇年底在「雷晉壇」看到的黃老道長氣色很差，喉部還做了手術，他說沒什麼病，只是醫生誤診，白白挨了一刀。言談中老道長對身體不以爲意，香菸一根接著一根，卻關心慈祐宮的五朝大醮。幾天之後，我在某個場合遇見新北市文化局官員，主動建議他們盡快記錄老道長的道場科儀與口述歷史。這位官員劍及履及，很快就完成行政程序，研商有關老道長資料保存的方式，並公開招標。

一切都還在進行中，老道長卻在外界都還不清楚其病況的情形下，於二〇一一年春天遽然往生。其實他去年已罹患癌症，「歹物件」轉移全身，家人不忍告知，他也不知情（或故作不知情），平平靜靜地走完八十三年人生。無法主持慈祐宮五朝大醮，應爲老道長生前最大的缺憾，準備爲他拍紀錄片、寫傳記的人措手不及，必然惋惜感嘆，而我這個與他相識四十年的「老」友，更是感懷不已。

（原載《文訊》第二八〇期，二〇〇九年二月）

黑色軌跡：追尋吳松谷先生

1.

最近幾年我常想起吳松谷先生，腦際總是浮現一個高大、微駝的身軀與慈祥的面龐。圓滾滾的白色五分頭，在陽光底下，瞬間轉成金黃色，閃爍耀目，煞是好看。他操著老艋舺人慣有的口音，輕聲細語中有著自信與堅定。

我認識松谷仙是在一九七〇年代初，但在八〇年代中前後四、五年常出國做短期研究與田野調查，沒有到他家中探望，也沒寫信問候，僅打過電話給他，卻沒有回音，愈是後來，愈不敢找他。這種經驗於我已非第一次，昔日經常拜訪、請益的長輩，一時失去聯絡，後來要再找他，算算他的高齡，總是躊躇再三。

多年來我一直以失去松谷仙的音訊爲憾，明知他應早已遠離人世，仍曾再去其舊宅探望，無奈人去樓空，街坊鄰居也不知他的去向。問過一些因黑色青年聯盟事件而知道「吳松谷」的文化界朋友，或與他同屬某個「忘年會」的長輩，得到的答案多是：「不知道，已經過世很久了吧！」

最後只好行文請戶政單位協助查尋，不到二個星期，台北市民政局寄來的公文寫著：

「吳松谷先生已於民國七十九年八月十七日死亡。另為維護當事人權益，本案本局業已函轉當事人家屬，請其自行考量是否與查尋人聯繫或提供吳松谷先生之戶籍資料。」

2.

認識松谷仙時我剛在大學教書，帶文化大學戲劇系一群大學生參與民間社團的戲曲活動，經常在各地寺廟前演戲，發行《民俗曲藝》月刊，同時促成台北靈安社社長、撒隆巴斯公司老闆施合鄭先生成立民俗文化基金會，並擔任基金會總幹事。松谷仙常來看戲，也看我們的雜誌，就像一般常在廟口出現的長者，並未引人注意。有一回他留了一封信給我，對大學生的表演讚譽有加，還附了兩篇文章，我才知道他就是吳松谷先生。當時台灣研究風氣未開，民間的戲劇活動更乏人問津，松谷仙在《台北文物》發表過不少與萬華相關的文章，包括〈艋舺的業餘樂團〉、〈艋舺古行號概述〉、〈艋舺古社團〉及〈艋舺軼聞集〉，我早已拜讀，深受啓發，對作者也心儀已久。

看到松谷仙的書信，我立即打電話道謝，他邀我到萬華西昌街的家中作客，這是一棟老舊公寓的四樓，空間不大，擺設也極簡陋，牆壁牆角堆滿圖書。時年已七十出頭的松谷仙與夫人、女兒同住。夫人姓王，不識字，是台北加蚋（東園街）人，小他五歲。松谷仙宴客時，只顧陪客人談話、吃飯，任憑妻女忙進忙出，並未邀她們同桌用餐。而後每隔幾天，他就要我帶學生過去，邊吃飯邊談萬華南管、北管、京劇、布袋戲的變遷與發展，對老艋舺的五大業餘戲曲社團——新義軒、長義軒、合義軒、協義軒與三義軒，以及當年鬍鬚全（童全）與貓婆（陳婆）的布袋戲對台，更是津津樂道。

松谷仙發表的文章幾乎未曾用本名，大多用「吳逸生」筆名，部分用「吳春暉」、「春暉」署名，這是他第二個兒子的名字，偶爾也「冒用」長子「吳懷宇」之名發表文章。他不僅熟悉戲曲掌故，對於萬華的生活文化如數家珍，難怪在同儕間有「艋舺博」的稱號。專談民俗掌故的「吳逸生」、「吳春暉」三個字與我眼前的松谷仙合而爲一，以致無法聯想台灣黑色青年聯盟事件裡的「吳松谷」，也很難想像這位慈眉善目、慣常一襲素白衣衫的長者，年少時竟然曾與當時的無政府主義者一樣：穿著黑色服飾，揚言所有的罪惡、不正義皆歸因於權力，權力來自國家，抹殺自我，使人淪爲機械、奴隸，也產生支配者與被支配者，因此非消滅國家不可……

吳松谷成長的上世紀二〇年代是現代思潮交互激盪、紛至沓來的年代，有思想的文化人投入政治與社會文化運動，也成爲殖民地政府打壓、取締的對象。當時的台灣無政府主義（安那其）思想盛極一時，並與中日兩國的無政府主義者有所牽連。一九二六年日本千葉縣出身的勞動運動社成員小澤一結合台北、彰化兩地無產青年組成台灣黑色青年聯盟，不久即遭受檢舉，株連甚廣。成員周合成被迫害致死，遭逮捕的有四十四名，最後被定罪的有日人小澤一，台灣人王詩琅、吳滄洲與吳松谷等四人。

遭此「檢舉」之後，無政府主義運動並未因而消滅，孤魂聯盟在這個案件判決的同一年（一九二七），由日人稻垣藤兵衛號召成立，成員包括有「新劇第一人」之稱的張維賢。在當時左翼陣營中，無政府主義者與共產主義者分分合合，時有鬥爭，無政府主義者最終不是轉向共產主義，就是歸於平常。

3.

收到台北市民政局的回函不久，松谷仙的長子懷宇主動與我聯繫，約好某一個週日的上午在艋舺剝皮寮見面，他從小在艋舺成長，小學念西門國小，對剝皮寮一帶極為熟稔。這一天他帶著在研究機構上班的女兒宜純前來。父女倆對松谷仙生平的社交網絡與論述作品並不熟悉，也不知道松谷仙曾因台灣黑色青年聯盟事件坐過牢。我以前常去吳家，未見過懷宇，原來他一直在外做「黑手」。我們一起聊著我所不知道的松谷仙家居生活，懷宇父女也首次從外人口中聽聞自己所不知道的父親、祖父。

松谷仙一九〇五年出生於萬華西昌街和貴陽街附近「土地後」，所謂「土地後」意即土地公廟後面，滄海桑田，這裡早已被闢爲小公園。他童年時受過私塾教育，但公學校只念了兩年便中輟，而後在萬華的「新恆德」當店員，這是日治初期由吳金土與顏和尚兩人合資成立的百貨批發商號，以引進日貨爲主。一九二一年，吳顏拆夥，各自成立「吳恆德」、「顏恆德」，松谷仙繼續在「吳恆德」工作，直到黑色聯盟事件發生。當時他年僅二十二，被求刑三年六個月，最後判一年。

出獄後的松谷仙並未成爲共產主義者，或積極投入另一波的政治社會運動，也看不出繼續做一名無政府主義者的跡象，唯獨對於文學，他的興趣似乎與日俱增。不過，爲了生活，平常的時間多在賣衣服、雜貨。

一九三二年台灣文藝協會成立時，松谷仙名列發起人，這個文藝團體與在東京成立的台灣藝術研究會是當年出現的兩大文藝團體。後者以留日學生爲主力，台灣文藝協會則由台北文學青年組織，成員除松谷仙外，還包括郭秋生、黃得時、朱點人、王詩琅等人。他們的機關刊物《先發部隊》，內容以白話中文爲主，僅出版二期（第二期被迫改名《第一線》）就宣告夭折。在第一期卷首〈台灣新文學出路之研究〉特輯中，松谷仙發表〈文學的時代性〉，顯示他對台灣文學的觀照面。

一九三四年五月六日台灣文藝聯盟在台中成立，成員包括張深切、賴和在內的全台重要作家，松谷仙被選爲文藝聯盟委員。此外，一九四一年的《南方》雜誌曾有一場傳統詩與詩人的爭論，松谷仙也以「醫卒」的筆名，站在反對傳統漢詩的一方，加入論戰。

松谷仙成長的年代，投入社會、新文學運動的文化人，有的出身貧困家庭，亦有人出身地主鄉紳階級，多數留學日本，並常至中國遊歷，只有松谷仙一生幾乎都在台灣，沒有顯赫學經歷，卻在黑色青年聯盟事件中衝上第一線，成爲極少數被判刑的人之一。另外，他在新文學並無受人矚目的作品，卻能軋上一角，是因爲立場堅定，勤於奔走，還是對安那其主義或文學有深切的認識？翻閱日治以來相關文獻資料，極少提到松谷仙的生平事蹟，即使有之，也極爲簡略，大約就如與他同在艋舺長大、背景相似的王詩琅《台灣人物表論》的寥寥數語：

「吳松谷（中）（案：係指用中文寫作），筆名逸生，台北市人。隨筆、評論。台灣文藝協會同人。」

後來的台灣社會運動史或台灣文學研究者如對「吳松谷」三個字略有印象，亦僅此而已。

4.

松谷仙之所以在台灣歷史上留下姓名，在於他剛直的個性與好學不倦的精神，沒有剛直的個性，他不會投入社會運動；沒有好學的精神，經濟環境不佳的他不會有錢就買書，還常訂購東京、上海書店的書籍勤加研讀，並持續在萬華青山宮的私塾從師學古文。憑著漢文根柢深厚，書寫流暢，才能與文化人交往，與社會運動、新文學對話；而在當時的文化界談文論藝，也讓他擴大視野，並激勵自己更奮發向上。

我與松谷仙往來頻繁的年代，年紀尚輕，閱歷不足，雖然約略知道眼前的長者，曾經是一位無政府主義者與文藝作家，也曾在他家見過王昶雄、郭水潭等台灣文學前輩。但當時近廟欺神，不知利用機會對這位社會運動史的見證人請益。等到若干年後，因爲研究日治時期的新劇運動史，希望對當時的社會運動做進一步了解，尤其無政府主義在台灣二〇年代的新劇運動扮演重要角色，彰化「鼎新社」的陳崁、潘爐、周天啓與「星光演劇研究會」張維賢俱屬無政府主義者，驀然回首，發覺松谷仙也算是當事人之一，然而，他已離開燈火闌珊處了。

在戰前激越的年代，左翼青年提倡文學、新劇的同時，極力排斥傳統戲曲與民俗祭典，視爲妨害社會進步的陋俗，張維賢談起傳統戲曲更充滿鄙視。曾經誓言死在黑色青年聯盟黑旗之下的松谷仙何以對社會運動、文學懷抱熱誠，卻又雅好戲曲、鄉土民俗？難道是因爲一輩子爲生活奔波，與地方商號、寺廟、社團有頻繁的互動，對庶民大衆的文化多一層寬容與理解？

戰前的二〇年代，松谷仙爲何投入無政府主義運動，我不得而知；戰後松谷仙思想有何轉變，也尚未研究，但從以往接觸老人家的經驗，他就像閱歷豐富的文獻家、民俗學家，已感覺不到其血液中叛逆的因子。也因如此，松谷仙平淡卻又精采的人生經歷，反而提供後人對於當年新文學、新文化的本質，以及社會運動策略，另一層思考空間。

5.

松谷仙的大半人生家無恆產，又無固定的工作，撫養一家七口的壓力可想而知。一九四三年出生的懷宇是家中長男，松谷仙對他寄望之深不在話下。懷宇說父親最看重讀書人，希望子女當個讀書人，偏他好玩，只對機械有興趣，常挨父親的打罵，「不讀書就去撿紙擔屎」，這是松谷仙在家裡對子女常講的話。松谷仙五個子女，老大、老二是女生，後三個是男孩，除長女念完初中，其餘皆只小學畢業，好學的松谷仙對此應該有些遺憾吧！

懷宇國小畢業後就四處工作，幾十年下來，在機械、車床這一行業小有成績，但即使進入中年，仍然懼怕父親，父子相處時間很少，互動不多。他對家世的了解就是：祖先很有錢，今日建國啤酒廠的地曾是吳家所有，被性好遊治的阿公賣掉。他還記得松谷仙曾與友人合夥做建材生意，卻被惡意倒閉，家庭生計陷入困境。戰後初期，松谷仙經常在貴陽街幫好友何南海製作、販賣元宵燈飾和各式紙紮「靈厝」，也曾在儲蓄信用合作社、工礦公司、保險公司上班，有一段時間還在西昌街、貴陽街賣春聯。他看起來就像飽讀詩書的學者，字跡秀麗，還會為買方解釋聯句涵意，生意很好，晚年因手容易發抖，才不再寫春聯貼補家用。

一向嚴肅的松谷仙晚年與懷宇的關係明顯改善，凡事都會找他商量，宜純還每周回來跟祖父學書法。她說一九八六年祖母過世不久，祖父就搬到環河南路打鐵街生活。他身體一向硬朗，但一九九〇年中罹患腸胃炎，卻不肯接受治療，導致病情惡化，終於八月十七日過世。懷宇現已從

「黑手」退休，閒暇時喜歡賞鳥、攝影，也與一些同好往來頻繁，么弟則在幾年前車禍，拖了一段時間後過世。

懷宇在回應我「查尋」之前，大約已與朋友談過此事，跟我見面的第一句話是：「你爲何問吳松谷的事，有沒有『版權』的問題要談？」他說「賞鳥界」的教授朋友提醒他要注意「版權」。不過，他的個性直爽，在我回答與「版權」無關之後，便緩緩地追述起父親的一點一滴，愈談愈起勁，也愈有感覺。

在松谷仙逝世接近二十年的今天，有幸與懷宇父女見面，是一種緣分，也是對松谷仙的紀念，讓我對流失二十多年的松谷仙印象有了更清晰、完整的輪廓，感受父女倆對父祖溢於言表的懷念與孺慕之情，這應該也是他們願意出來與一個陌生人談談至親尊長的原因吧！

（原載《文訊》第二九五期，二〇一〇年五月）

眾聲喧嘩，也有人拈花微笑

人類文明史的戲劇，從來就不單純是一種表演的「藝術」，而是族群適應生活，傳遞文化的重要模式。幾個世紀以來，東西方劇場發展快速，出現不少優秀的劇作家、導演與演員，他們的作品在舞台呈現，蔚成現代劇場主流。然而，承襲族群傳統的戲劇（戲曲、歌舞），或反映社會、文化思潮的表演，依然各行其是，甚至成爲弱勢者保存元氣，反抗統治者、壓迫者的利器。

古往今來的劇場都以一般演員爲主，即使有肢體障礙、精神疾病的角色，亦由一般演員裝扮。換言之，劇場從來就被視爲「健全」者的天下，身體有缺陷者沒有置喙餘地。以聽障者爲例，他們的人生雖有缺憾，卻具有敏銳的肢體表達能力，他們沒有聲音，但不代表沒有屬於自己的故事。只不過，這一切在一般劇作家、演員主導的劇場面前，似乎被認爲不太可能，也從未被重視過。

一九七〇年代後期的台灣社會仍籠罩著一連串國際外交挫敗，以及長期戒嚴體制所形成的低氣壓，但另方面，隨著經濟的快速發展，以及社會的日趨開放，潛藏在沉悶氣壓下的各種政治、社會與文化新興力量，早已翻騰不已，蓄勢待發。以實驗劇展與小劇場運動爲中心的台灣現代劇場就是在這股社會氛圍中躍起，跳脫五〇年代以來僵化的戲劇教條。聾人在這一波戲劇風潮中，並沒有缺席，甚至更早發出「無言」的聲音。

一九七八年戲劇導演汪其楣帶領一群聽障者、聾人走上劇場，催生台灣第一個聾劇團。悲憫的人文關懷，以及對戲劇特質的了解，使她相信聾人雖有聽力與語言障礙，但視覺的觀察力與專注力不遜一般演員；甚至因爲習慣以臉部表情、身體傳達情緒，敘說故事，表演上往往比一般演員自然。她親自導演《飛舞的手指》、《雕龍記》，讓聾人演員與「聽人」演員在舞台上一起表演，除了共同的肢體動作與手語，「聽人」演員有台詞，扮演敘事者角色。素樸的演出，兼有敘事劇場疏離效果，與兒童劇場的純眞與活力。台北聾劇團因而開風氣之先爲台灣劇場開了另一扇窗，當時美國、蘇聯的聾人劇團也才剛剛起步，鄰近的香港則在千禧年方成立無言天地劇團，比台北聾劇團慢了二十幾年。

解嚴之後的台灣紛紛擾擾，政治黨派多如牛毛，新聞媒體百無禁忌，政論與叩應節目流行，每個人評論起政治、社會議題，頭頭是道。相對「眾聲喧嘩」的政治社團與民眾，戲劇界亦百家爭鳴，各擅勝場，劇場藝術發光發熱，戲劇美學與市場行銷同時發展。不過，面對日新月異的生活趨勢與紛至沓來的社會問題，戲劇的舞台卻逐漸缺乏著力點，也少了發聲的管道。

相形之下，默默無言的聾劇團，一路走來，還是默默無言，孤寂卻永不停歇，在汪其楣帶領下，一群聾人與「聽人」戲劇工作者繼續工作、生活、演出，並在原來的聾劇團之外，又成立了

「拈花微笑」劇團，劇目包括舊作《雕龍記》與新編的《無聲的榮耀》。《雕龍記》裡匠師所雕刻的小龍與台灣六個水潭建立空間與地緣關係，後者則特別爲二〇〇九台北聽障奧運會而做，希望透過舞台上的肢體表演與音樂的融合，讓別人看見聽障者的心路歷程。

不過，聽障奧運主辦單位與負責開幕藝文活動的「聽人」菁英似乎沒有感受「無聲的榮耀」，他們所規畫的表演節目仍然偏重「聽人」世界的熱門歌唱、戲劇、歌舞節目。眞正能反映聽障者「運動」精神的聾劇團在這場盛會中，只能像發DM的文宣隊，在各地巡迴闡揚聾人的表演能量，述說聽障奧運的內涵與在台北舉行的意義，雖然吸引本地觀眾，可惜無法爲來台的國際聽障行政高層、八十多個國家的聽障奧運選手及其親友所看見。

在眾聲喧嘩的年代，不同的聲音與「沒有聲音」皆代表一種聲音。今日的台灣社會顯然仍需要許多「拈花微笑」，持續與弱勢者一起發聲，才能讓更多人認識不同聲音的價値。

（原載《中國時報》寶島大劇場，二〇〇九年三月二十九日）

偉大的工程黯淡的月

中秋明月夜與詩文、神話的視覺與想像，讓傳統社會有一個最具畫面的節令，親朋好友不分遠近，「邀月」對話。然而，隨著太空科學一日千里，月娘的神祕面紗消褪。尤其近年全球氣候暖化，處於颱風季節的台灣農曆八月十五，天氣很難捉摸，如何過一個中秋佳節，愈來愈讓人無所適從。

半世紀前的中秋仍屬於嫦娥奔月與唐明皇遊月宮的年代，大部分中小學生在「中秋感懷」的應景作文上還寫著「吃月餅想起大陸苦難同胞……」的八股文。吃過月餅與團圓夜飯，剝開柚子，一邊食用，一邊把柚子皮放在頭上當帽子，還能在一片片的柚皮上插小竹桿，再拉幾條線，做成柚子船，放在水面漂流。重頭戲則是夜間擊盆救月的熱鬧場面。

中秋夜月亮遲遲未見，傳聞是被天狗吞噬，大小漢用各自方式猛敲油筒、臉盆，或其他可以發出音響的銅鐵製品，希望嚇退天狗、救回月亮。小孩興奮地到處敲敲打打，又吼又叫。民間子弟團則以龐大的樂團陣容，擺場扮仙，嗩吶、鑼鼓、鐃鈸齊鳴。通常在一陣陣狂風暴雨般的銅鐵聲響之後，月亮逐漸從雲霧中露出皎光，大人、小孩「救援成功」，喜不自勝。

擊盆救月的全民運動在哪年消失，不得而知。我原以爲是自己年紀漸長，不再注意這些民俗遊戲，但四、五十年來確未曾看過新一代的少年人有救月的熱情，即使不見月光的中秋夜，也聽不到擊盆的聲音。我懷疑是一九六七年阿姆斯壯在月球的「一小步」，讓台灣觀眾愈來愈有太空知識，知道月球表面凹凸不平，嫦娥奔月或吳剛伐桂純屬子虛，無法讓人聯想「碧海青天夜夜心」的傳奇。連「鼻屎大」的小孩都像「百萬小學堂」的神童，明白中秋月光隱晦，是月蝕自然現象，不再像「古人」那般無厘頭地到處敲打臉盆了。

無遠弗屆的人類太空科學，確實令人嘆爲觀止。二千年歷史的古老東方神話因阿姆斯壯的月球漫步，元氣大傷，中國的探月計畫則進一步讓華人社會僅存的節慶浪漫，變成理性的工程。日前中國探月工程首席科學家歐陽先生應邀來台，講演「神祕的月球與中國的月球探測—嫦娥工程」，這位傑出科學家解說「嫦娥工程」始末及遠景，並期待台灣加入探月的研究行列，讓國內科學界、企業界受寵若驚。

中國太空科學成就讓人佩服，但他們爲何把這項計畫取名「嫦娥工程」，主導研究計畫的歐陽先生還被尊爲「嫦娥之父」讓人不解，似乎有吃嫦娥豆腐之嫌。太空科學家的理性思維確非凡夫俗子所能及，在一般賞月者眼中，「嫦娥」工程簡直應稱「無嫦」工程嘛！

雖然節慶氣氛愈來愈淡，中秋節令一到，全國仍依例放假，百貨公司也趁機大作行銷，鼓勵顧客發揮「送禮」的優良傳統。多數人只是照例過節，親友團聚、吃月餅、柚子。然而，「那是黃昏月娘欲出來的時」，再如何「望你早歸」，皆已成了無意義的場景了。最近三十年，中秋夜流行烤肉，從都會街道到鄉村聚落，一攤一攤的燒烤賞月組合，使中秋成爲「全民烤肉節」，也造成髒亂。當時的行政院長夫人，還要求社會大眾注意環境衛生，「不要讓嫦娥笑我們髒！」夫人也許忘了，此時的嫦娥早已面目全非，身分難保了。中秋烤肉習俗流傳一陣子之後，已有環保專家警告，烤肉製造大量一氧化碳，污染空氣，對人體產生不良影響，「烤肉」的全民共識又開始動搖。

根據「嫦娥之父」的說法，不管兩億年前恐龍看到的月亮，或四、五億年前生物看到的月亮，都和今天一樣。站在月球上面對太陽，前面是攝氏一百八十度，背後是零下一百卅度……。有科學根據的話，聽起來仍有焚琴煮鶴的調調。中秋夜漸漸只剩黯淡的月了，地球上的平凡人所能做的，還是與家人團聚，殺個柚子、吃塊月餅。如能與遠方親友「但願人長久，千里共嬋娟」，相互關懷，也算是發思古之幽情了。

（原載《中國時報》寶島大劇場，二〇〇九年十月七日）

北新檳榔與中山渭水

朋友看上新店市區北新路與檳榔路交叉口的預售屋，基地一邊是二十米的大馬路，另一邊則是路面狹窄、彎曲的小路。朋友關心華廈的每坪價格以及建築質材、空間格局、交通便利性與停車位，也在乎它的地址究竟算北新路，還是檳榔路？我說這棟「不動產」實質位置不會改變，外人未來也只就區位、外貌與內部空間作評價，誰管它叫什麼路。他睜大眼睛：「這你就外行了……。」

新店市區的北新路，是連結台北市羅斯福路的通衢要道，有一定的身價；相反地，檳榔路感覺像勞動人口聚集的偏僻小徑。類似北新、檳榔兩條路緊鄰，卻有明顯價差的情形在台灣比比皆是，愈是高房價的都會愈明顯。台北市的大安區、中正區一般房價高於萬華區、大同區，而一條巷弄被編入仁愛路與建國南路，價格也可能因而不同。對一般民眾而言，房宅是身家財產，外觀、空間不以路名而變形，房價卻因路段而升降。房宅的戶籍所在地不僅是通訊地址，更牽涉實質的市場利益與世俗的觀感。民眾追逐房宅區位可以理解，但依附不同街道名稱而產生不同評價，卻來自人為的心理因素與刻板印象，以及房地產業的炒作。北新路與檳榔路有高下之別，對檳榔路不公平，但檳榔不會講話，無人理會，另一個發生在宜蘭市中山路 vs. 渭水路的例子，則更反映功利化的社會文化現象。

蔣渭水終身致力民族運動與殖民地的文化啓蒙，在台灣史仍屬禁忌的年代，他的事蹟曾湮沒不彰，近年撥雲見日，受到政府與社會各界尊崇，紀念活動屢見不鮮。然而，作爲蔣渭水故鄉的宜蘭市，幾年前卻把原來一條戒嚴時期即已存在的渭水路改成中山路二段，啓動這場更名爭議的卻是宜蘭縣政府。當時的縣府打算將原有的渭水路連同中山路一併改名渭水路，立意雖善，卻引發中山路居民反彈。縣府面對爭議，逕自啓動路名諮詢性公投，兩條路表決結果，中山壓倒渭水。相較渭水路多民宅及公家單位，中山路居民數較多，且以商家爲主。他們力保中山路名，明顯出於經濟利益考量，擔心這條宜蘭市最熱鬧的主要幹道一旦改名，戶籍與財產變更程序繁複猶在餘事，生意、房價、租金皆可能受到影響。他們言之鑿鑿地認爲「渭水」的台語諧音有帶衰之意，犯了商家大忌，而且路名更改，商家招牌、商品勢必重新包裝與廣告，因此堅決反對更改路名。有趣的是，渭水路的「原住民」也不怕戶籍更改手續，寧可放棄紀念鄉賢的舊路名，選擇與中山路居民站在同一條馬路上。

以文化立縣聞名的宜蘭縣因爲渭水路的消失而灰頭土臉，讓文化公共議題做了負面的呈現，顯示人文關懷遇上房事利益，就黯然失色，不堪一擊。不過，這件事也不能全怪民眾重利，當年的縣府以爲自己站在正義的一方，沒做好規畫與溝通，就貿然行事，也是主因，值得處理公共議題的行政機關、社團借鏡。

（原載《聯合報》名人堂，二〇一〇年十二月九日）

遣悲懷

記得兩則生活小故事：一則是某荷蘭漢學家告訴我的，他上世紀五〇年代在台南作宗教禮俗田野工作，時常到處找人閒聊，有一回看到幾個父老聚集在廟前聊天，他趨前用台南腔台語問候：「歐吉桑，食飽未？」原本健談的老先生沒等他把話說完，猛搖手說：「你講英語，我聽嘸啦！」歐吉桑看到洋人開口，直覺就是美國人說英語，不知爲不知，沒有「傾聽」的必要。

另一則小故事其實是齣戲文：質樸、憨厚卻又喜歡貪小便宜的王懷義，聽鄰居說市場有超「俗」的鴨爸拍賣，信以爲眞，急忙趕去，只見一位老先生要賣人做「阿爸」，結果便宜鴨子沒買到，卻帶回一位阿爸。懷義與妻子育有二子，一名金樑、一名玉柱，家境本不富裕，買來的老父要吃好穿好，懷義不敢違命，捉襟見肘，趣事橫生，最後憨人有好報，王懷義買到的是當今皇上。原來皇帝微服出巡，找尋民間賢能之士，一日來到某地，突然心血來潮，貼出公告，開出供養的條件，自願賣人爲父，街坊視爲笑柄，卻轉而開愛買「俗」貨的懷義玩笑，慫恿他搶購鴨爸，沒想到因而做了皇子，兩位金孫也成爲皇帝培育的國家棟樑。這個故事源自中國，但早已充分在台灣本土發揚光大。

台灣人對人愈多的地方愈顯現「鄉民」社會的好奇，看到有人大排長龍，第一個反應就是探聽有什麼「好康」的，以免錯失良機。吃一頓飯也對顧客稀少的餐館、小吃攤，缺乏信心，寧可在人潮洶湧的地方排隊等候，並遵守用餐時間限制，吃得忐忑不安，明知「吃到這艱苦，死好！」，卻仍樂此不疲。

也許台灣有史以來大半處於政治動亂與外敵即將入侵的恐懼中，以致一般人面對生存，早有一套自我抒解生理苦痛與精神壓力的方法，或秉持「飯可多食，話要少說」原則，避免惹塵埃，或發揮阿Q精神，從長篇大論中尋章摘句，創造光榮感，同時把握「台灣無三日好光景」的特質，在三天之內先搶先贏。或因多數台灣人看起來哀而不怨，輕鬆逍遙，一副「時到時擔當，無米煮蕃薯湯」的淡定，前不久才「榮獲」美國蓋洛普市調公司所公布的全球「負面經驗指數」調查最低第六名，在一百四十八國家，與中國一起「名列前茅」，勝過日本、韓國與香港。

以台灣當前社會環境，蓋洛普這項有關台灣人管控情緒能力的調查結果，似乎有點開玩笑，難怪媒體報導不多，民眾也半信半疑，認爲台灣人目前生活並不容易，所謂負面情緒低，多半是得過且過，或隱藏自己的感覺。而且，蓋洛普這項調查結束後，台灣社會風波不斷：油電雙漲、美牛瘦肉精問題，以及行政院秘書長索賄事件接踵而至，民眾怨聲載道，如果再度做負面情緒調查，結果必然不同。不過，說台灣人穩健、能管控情緒，不是壞事，而且還是美國大公司做的調查，就無須計較是否「蓋離譜」了。

（原載《聯合報》名人堂，二〇一二年八月三日）

上海世博的台灣展館

上海世界博覽會熱鬧登場，展區散布浦東和浦西。各國展館爭奇鬥豔，氣勢不一，冷熱有別。以城市環境與交通條件衡量，浦西遠較浦東便捷，但主辦者或有其區域均衡與新市鎮開發計畫，遼闊的浦東成爲展覽重心，國家館盡設於此，地緣空間因而炒熱。從浦東看浦西，彼岸的企業館與城市館反顯得偏遠。

台灣有三館參與盛會，浦東的台灣館規模不大，但位置不錯。展館主體是巨型玻璃天燈，中有LED球體，通電時呈透明狀，從館外能看見其圖像與光影變化，造型引人入勝，觀眾也絡繹不絕。不過，展示內容單薄，少了國家館的氣派，較像企業的形象館。觀眾站在空橋觀賞七二〇度劇場的「自然城市」影片，有如看一部3D動畫，假做眞時眞亦假，影片內容似乎適用於任何有山有海的國家。

天燈仍是台灣館的噱頭，通過點燈觸控台選擇祈福詞，畫面的天燈從LED球底部升起，有視覺趣味，但一個民俗題材消費太久，已無新意，也缺乏臨場感。一樓由竹片編織而成的大樹建構城市廣場意象，供觀眾「奉茶」，觀賞現場表演，臨走還能帶走「伴手」，十足感心，但觀眾流動的密閉空間，做流水席式的定點表演較爲辛苦。震旦館展出企業家蒐藏品，進場有女媧補天的3D動畫短片，或因位於浦西，參觀人數極少，但企業能在世博占一席之地，本身就是贏家。以城市爲主體的最佳實踐區，參展的中外城市多有明顯地標，並與國家館、企業館一樣，在官方出版的《中國二〇一〇年上海世博會官方圖冊》有專文配合圖片說明。台北市屬於「其他」案例的城市，只表列環保與無線寬頻的展示主題，並無圖文解說，顯得委屈了。

相較台灣館，台北館的外觀造型毫不起眼，不易感覺台北城市意象。在館內三百六十度3D影院搭坐虛擬的一〇一電梯上空，或因硬體設備不足，鳥瞰台北的效果並未到位，3D互動區也如國內常見的科技遊戲，不足以展現台北科技進步的風貌。還好侯孝賢的兩支短片支撐場面，吸引不少觀眾排隊，到台北館參觀，也像到普通戲院看著名電影。鏡頭下的故宮、雲門，以及夜市、魚市場、自然景觀、市民、學童的生活畫面呈現今日台北；而在「未來生活」影片裡，導演藉著各式光波、聲波，指明未來市民即使在實驗室，也能掌握家人出遊的狀況。最後一段舞蹈家許芳宜水中拍攝的舞蹈，彷彿在重視環保與無線寬頻時代的台北天空自由翱翔，充滿想像。

整體而言，台灣三館有一定的科技與質感，可惜軟硬體配合度不夠，缺少令人驚豔與感動的情境。不過，這次的參展仍能提供台灣若干省思：在這個幅員狹小、交通便捷、科技發達的島嶼空間，無論從文化觀照面，或國際競爭的角度，皆宜從城市國家的整體概念呈現，掌握內在的自然與人文元素，較能突顯台灣的創意與社會活動力。

（原載《聯合報》名人堂，二〇一〇年五月二十二日）

怪哉！世博台灣館標售事件

喧騰一時的世博台灣館標售案近日塵埃落定，新竹市以五點八億多新台幣買下台灣館主結構。原先來勢洶洶、志在必得的台北縣、台中市與義大企業最後都沒參加投標，苗栗縣則是虛晃一招，投出低於底標的價格。虎頭蛇尾、雷大雨小的標售過程，顯現主辦單位對台灣館空間文化概念模糊，又囿於「政策」，一味要把台灣館賣回台灣；而政治人物遇到熱門話題，不管青紅皂白，第一時間表態搶新聞的慣性動作，也在這個事件中表露無遺。

台灣睽違世博會已久，面對二〇一〇年上海世博更加鄭重其事。台灣館從籌建到呈現，承載台灣官商與人民的熱情，跨海「征西」，與上海世博會時空環境結合，並藉展館空間文化形式與世界各國有所互動，有一定的政商與文化意義。依世博會的傳統與慣例，展館多屬臨時性建物，各國也把重心集中在世博特定時間、空間的展覽活動。它的建築、陳設材質多盡量符合環保要求，除非獲主辦國選在原地保存，否則展期一結束，就可「卸甲」除役。

上海世博會於十月底落幕後，將在中國館之外，另選出最美麗的五個外國館予以保存。這份名單尚未公布，台灣館是否已預知因非「國家館」的政治因素，無緣獲得保存？如不能留在世博展區，爲何不能讓有意願的當地企業家、文化界人士買下，在上海重建、保存？就空間文化意義而言，台灣館最好的「下場」就是留在原址，繼續發揮教育、觀光與文化交流的功能，這也是許多參與世博的各國展館爭取原地保留的原因。台灣館若無法留在中國，遷回台灣也不是壞事，畢竟它曾經在世博現身，功成身退，具紀念性價值。但回台應非唯一的選擇，更不是最好的選擇。

「業主」外貿協會根據府院高層指示，把台灣館「遷」台奉爲重大政策，再採公開標售，在商言商，只考慮成本回收，卻又限制外資或具陸資色彩的財團法人參與投標，原因或藉此宣示「根留台灣」，避免落人「傾中」口實。然而，台灣館出現在上海早已脫離不了政治性，世博結束後，如能繼續留在上海，藉空間文化形式宣揚台灣，不是更符合馬政府自豪的國共和解，兩岸加強文化交流嗎？兩岸對話攸關台灣主體性，有所爲有所不爲，切忌豬頭不顧顧鴨卵（蛋），不重視設備齊全的廚房，卻斤斤計較碗筷飯匙，反而予人此地無銀三百兩之感。

台灣館果眞回台安奉，也應由「業主」外貿協會或贊助單位繼續接管，才能凸顯、延續它的空間文化特性。曾經在媒體「各言爾志」、嗆聲爭取的幾個縣市、企業體，除了台北縣平溪人文環境尚可謂與台灣館的天燈意象吻合，其餘皆難產生空間連想。「業主」聲稱台灣館擁有六、七十億附加價值，老江湖的台北縣府與執政黨新北市候選人抓住話題，唬弄半天，最後卻表明拼湊台灣館比新建一個天燈館還昂貴。反倒是「古意」的新竹市府莫名其妙標到這個現成貨，除了近六億元的標價，還須三、四億元拆遷、重建經費，未來的永續經營，更是問題重重。

也許新竹市長能得到企業界的奧援，把台灣館炒作起來，但既有能力募集、整合資源，爲何不用來挹注當地產業的創新與發展，以及改善新竹目前的藝文生態環境，強化市府所管轄的演藝廳、玻璃工藝館、影像博物館、眷村博物館、黑蝙蝠中隊文史陳列館、消防博物館的營運。這些創意產業、館所皆有極大加強與改良空間，好好經營，哪一個不能擁有產值與附加價值？但九九年度所編列之日常維護及藝文推廣預算，卻只有區區三千六百萬元。

新竹市接管台灣館所需要的人力物力，已不下於營造一個新建工程。但新建工程從可行性評估、先期規畫、細部設計到興建，有完整的研究、設計與執行步驟，並與專業人士、地方社團、民眾產生互動，凸顯在地文化特性。相較之下，從天而降的台灣館建築空間與在地意涵如何連結？重要性孰先孰後，地方首長怎能不知？

（原載《中國時報》寶島大劇場，二〇一〇年九月二十二日）

傳藝的蔣渭水紀念館

位居宜蘭五結的國立傳統藝術中心，有聚落空間與民藝大街，也有專作戲曲表演的演藝廳、戶外劇場，每年吸引大批國內外遊客，其中歌仔戲是台灣最具代表性的劇種，也是傳藝中心的重頭戲，加上宜蘭又被視為歌仔戲起源地，本地「老歌仔」成為活標本，這個傳統藝術保存與展演機構，不論文獻資料、影像蒐藏、劇場演出皆聞名國際。

二〇一一年底傳藝中心遵照馬總統指示，把園區的演藝廳，改名為蔣渭水演藝廳，台灣各界對這位日本殖民時期民族運動先驅的紀念，在既有的渭水路、蔣渭水高速公路之外，又多了一個國家級公共空間。

蔣渭水堅忍不拔的抗日精神，曾經隱晦不彰，上世紀的八〇年代以後撥雲見日，廣受各界尊崇。朝野兩大黨與民間皆對其事蹟宣揚備至，與他有關的紀念會、影像紀錄、展演活動不斷。這次傳藝中心為蔣渭水錦上添花，把演出歌仔戲為主的演藝廳與生前反對歌仔戲的蔣渭水連結，卻絲毫沒有針對當時的現代性、文化主體性與歌仔戲變遷史，有所批判或論述。透過媒體看到的，似乎只是馬總統突發奇想的一句話，國立傳統藝術中心奉命「改名」，行禮如儀而已。

今日歌仔戲已成爲台灣文化資產，但它的歌調、動作、情節曾被文化人批評爲淫蕩、低俗、膚淺。蔣渭水與林獻堂一起創辦台灣文化協會，積極推展文化啓蒙運動，鼓舞民眾「文化向上」，反對「落後」的封建與迷信，當時快速發展的歌仔戲成爲被批判的對象。無論是台灣總督府官方的《台灣日日新報》，或作爲文協、民眾黨民族運動喉舌的《台灣民報》，在報導這個從民間發展起來的劇種時，皆極盡攻訐之能事。

一九二七年文協分裂後，蔣渭水創辦民眾黨，面對歌仔戲在民間的風行依然深惡痛絕，而把「反對歌仔戲」列爲綱領，一九三〇年底修改黨綱時，由中央委員會追認，列爲社會政策第八條。

當年民族運動人士反對歌仔戲，有其時空背景，面對日本殖民主義與其帶來的現代性及經濟繁榮、建設進步、教育普及的表象，具台灣意識的文化運動者，憂心本土主體性逐漸喪失，而把歌仔戲視爲日本政府痲醉台灣民心，打擊、壓制新文化運動的工具，首當其衝，並列爲「頭號戰犯」。

今日重提歌仔戲的往事，無損蔣渭水與民眾黨先賢令譽，現階段文化環境也迥異於日治時期，但可以紀念蔣渭水的場所甚多，爲何選定歌仔戲劇場？如果有人以歌仔戲表現「渭水春風」，極具意義，但空間的紀念性不同，拿表演歌仔戲的場所紀念蔣渭水，又缺少文化上的辯證思維，就有亂點鴛鴦譜之嫌。觀眾坐在蔣渭水廳觀看歌仔戲演出，如何感受戲曲的藝術性？如何緬懷這位鄙視鄉土戲曲的民族英雄？

表彰先賢，必須適得其所，爲馬總統獻此策的人不懂台灣戲劇史與現代藝文生態，陷總統於不義，也失去紀念先賢的本意。

（原載《聯合報》名人堂，二〇一二年五月六日）

內門宋江陣

台灣各地民俗與節慶活動不斷推陳出新，一個比一個會做文宣，但具文化思維、抓得住空間特質者卻不多見。日前才由總統與高雄縣長手持刀斧，一身勁裝「宋江」打扮揭開序幕的內門宋江陣創意大賽就是一例。

今年主辦單位是主祀媽祖的順賢宮，這座由黃姓企業家斥資興建，擁有巍峨廟貌與現代化香客大樓的寺廟，坐落在荒蕪的山坡地帶，廟前小池塘中搭建了舞台，十一支大學生宋江陣在此展現「創意」，周圍有小吃攤，也有台灣製的衣襪鞋類展售會，麥克風迴音加上人聲吵雜、鑼鼓叮咚，主持人喋喋不休的串場不知所云。倒是當地文史工作者為外來遊客導覽大旗山地區歷史空間與地理景觀，讓人感受一些文化氣息。

台灣宋江陣原來只流行於南部農村，大部分台灣人對它極為陌生。單從宋江陣名稱，很容易讓人聯想水滸傳，其實農民持刀棍「作將軍、曹吏、牙直之號，執槍刀旗旛隊仗」的遊戲，在水滸故事出現之前即已流傳。台灣的宋江陣以百藝之神田都元帥（相公爺）為守護神，較妥切的名稱應是「相公陣」，表演者多只認識所持兵器，如雙鐧、雙斧與刀棍槍耙，被套上水滸人名多半是後人的聯想。它有時與舞獅、舞龍結合，而有宋江獅陣、宋江龍陣的表演形式。

高雄縣與台南縣以往俱以宋江陣聞名，民眾參與宋江陣，含有練武強身、守望相助的意味，亦具有爲社群祈福驅邪（如謝土）的儀式功能。四十年來農村人口外流，宋江陣瀕臨消失，近年拜政府重視文化資產、推動社區營造之賜，許多國小學起這項民俗技藝，各地宋江陣也紛紛復出。

內門的宋江陣原來皆以紫竹寺每年農曆二月十九日觀音媽祭典作爲展演平台，論宋江陣傳統與技藝人才，內門未必超過西港或茄萣。但高雄縣政府把「宋江陣」與「辦桌」一起營造內門意象，行銷策略十分成功。前幾年縣府委託紫竹寺主辦宋江陣創意大賽，今年改由各寺廟提案，結果由順賢宮取得主辦權。紫竹寺則把觀音媽遶境活動擴大爲「觀音文化季」，有與順賢宮互別苗頭之意，觀音佛祖與天上聖母也多了世俗的紛擾。

這次創意大賽的主辦單位善於行銷，但對於宋江陣的技藝與空間本質未必理解，或以爲選擇一個場地，插滿旗幟，鑼鼓喧天，便能吸引人潮。殊不知緣起於生活與祭儀的民俗技藝，有粗糙、有細緻，有的簡單易學，有的精深難懂，倘若脫離原生環境，便回歸技藝本質，有的憑其內容與技巧，猶能在藝術殿堂展現；有的則失去生命力，難以存活。宋江陣屬於表演層次不高的技藝，它所具備的儀式行爲也建立於社群生活，因此必須掌握其空間特質，反映地方特色，讓里社民眾認同，才能彰顯它的文化內涵與藝術價值。

就民俗文化保存的角度，大學生自組宋江陣，從傳統展現創意，值得鼓勵，但少了在地的空間特質與在地人的投入，創意活動不過是臨時性的喧鬧而已，尤其比賽最後一天，所有隊伍離開內門，移師至鳳山體育館做表演觀摩，並舉行頒獎典禮，令人不解。

目前的民俗與節慶活動，常形成兩種現象：一種是官員、地方頭人、媒體介入，擴大舉辦，吸引大批觀光客，爲商家、攤販帶來商機，但在喧鬧活動中，一般在地人反而找不到自己的位置。另一種就像這次的宋江陣創意大賽，偏遠的順賢宮熱鬧滾滾，內門街上卻一片寧靜，感受不到盛大的藝文活動正在鄉內舉行。

民俗節慶之所以具號召力，在地的空間特質是極重要的因素。宋江陣要成爲內門特色，必須注重在地性，加強與在地人的連結，充實空間文化內涵，讓「創意」與「傳統」在同一時空展現，外地青年「宋江」與本地「宋江」有更多的交流，進而使在地人以參與宋江陣爲榮。

不過，知易行難，這個簡單的概念，在政治掛帥、講求速效的今日社會，要能妥善規畫、做好目標管理，需要一點時間。

（原載《聯合報》名人堂，二〇一二年五月六日）

夜市改造

台灣傳統市場的形成與興衰，多與聚落發展與變遷有關，也與地方歷史、空間、人物產生聯結，堪稱大眾文化的縮影。每個地方都有形形色色的傳統市場，有的坐落於廟口，有的聚集車站前，也有的在車道中的圓環、三角公園或馬路兩側。遊逛市場是庶民的生活方式，也是一種生活態度，進入屬於傳統的空間，依循動線，一攤一攤的「逛」，品嘗飲食，購買物件，主客之間有親切的互動。

然而，攤販雲集的小吃市場也常因髒亂、阻礙交通受到詬病，尤其製作美食的手抓菜、拿刀鏟，順手兼數鈔票、找零錢，一旁等待洗濯的食具、食物隨意堆放，看在「高級」的人眼裡，很不衛生，自然望之卻步。

前一陣子台北新圓環夜市因設計失誤、功能不彰，飽受輿論抨擊。「圓環已死！」作家黃春明發出這樣的哀嘆，也說出許多人的心聲。畢竟，圓環夜市是台北人生活中的重要場景，也是外地人到台北工作、讀書、旅遊的「台北經驗」之一部分。更具體說，圓環夜市的形成與發展，是日治時期的老台北人、在台日本人，以及戰後以來，包括台灣外縣市、外省人在內的新台北人、國內外遊客共同營造的結果。

我初上台北的年代，圓環夜市仍然繁華鼎盛，有近百家攤商進駐，且擴張到寧夏路、重慶北路一帶，形成一個龐大的傳統商圈。大多數人「專程」來圓環吃喝一頓，有的是到附近的商家買特殊布料、機器零件，或到江山樓一帶尋花問柳，順便光顧夜市。

我後來才知道，我只是趕上圓環繁華史尾巴。七〇年代後圓環每況愈下，基本原因在於重慶北路拓寬，露天攤販被迫拆除，繁榮夜市的光彩漸黯淡，加上鄰近戲院、歌廳因電視普及、觀眾減少，相繼關門，加速圓環的沒落。

九〇年代後期，台北市政府請名建築師重新打造圓環夜市，在工程進行中，太平洋戰爭期間地下蓄水池意外出土，還被列爲二級古蹟。最後，一個具「創意」的黑色圓形建築物聳立在南京西路、寧夏路、重慶北路川流不息的車陣之中。與原來的圓環夜市相較，地點不變，人事卻全非。搬入新圓環營業的老字號不多，顧客也沒有意願穿越車道，進入新圓環消費，日治二〇年代以來就遠近馳名的圓環夜市，終於走上絕路。

我人生所見第一個傳統市場「死亡」的例子來自故鄉印象，以前漁港沿岸兩邊，各有數十個違建的飲食攤位，有賣麵、賣米粉、黑白切，也有豆漿、饅頭店與冰果店，提供漁民與外地人吃喝的方便，然而也造成髒亂，並且妨礙漁船停靠。後來地方機關整治攤販，興建鋼筋結構的三層樓商場，保留給原有攤位「合法」營業。雜亂的攤販清除，港區煥然一新，新商場卻乏人問津。

事隔三、四十年，當年的新商場早已老舊不堪，仍然只有一樓幾個攤位在營業，是個如假包換的「蚊子館」。

我至今還會懷念那段在港邊望海吃「點心」的歲月，而後出外的日子，就學、就業、遊玩，各地的市場仍是我喜歡蹓躂的地方。許多市場因整頓髒亂、改善交通或都市更新的理由被迫遷移，而最常見的政府「德政」，就是蓋鋼筋水泥大樓收容攤販，但「蓋」出來的大樓往往形式冰冷、動線不良，民眾「逛」市場的興味索然。

多年來台灣一些具特色的傳統市場常因遷移、翻修，一去不復回，而後再怎麼「重新開幕」，也像連根帶土供養的野生花草，就算插在豪華客廳最美麗的花瓶中，也失去原來的風華了。面對圓環夜市這樣的歷史空間與生活傳統，主管機關如能跳脫本位思考，多一點人文反省，也許一個保留大眾飲食文化與改善交通的雙贏計畫可能出現。

台灣人不見得非品嘗街頭小吃不可，不了解夜市也沒有社會責任可言。關鍵在於，如果對傳統市場文化不了解、甚至懷有刻板印象，卻又以主觀的生活經驗要為它進行改造，缺乏從「俗」的同理心，就太超過了。

（原載《中國時報》寶島大劇場，二〇〇九年四月二十二日）

媒體老闆

旺旺中時集團蔡總裁事業做很大，而且橫跨海峽兩岸，希望快點看到台海和平統一，但不喜歡人家說他「傾中」。「傾中」或「親中」，就如「忠實」、「財大氣粗」，外界對這些詞彙很難量化，往往只是「觀感」或「印象」。

《華盛頓郵報》上月下旬刊登資深記者安德魯・希金斯（Andrew Higgins）為蔡總所作專訪，文章特別點出中國「透過中時集團，在台灣製造親中的氣氛」。這篇報導引起六四天安門學運領袖王丹與澄社等公民社團抨擊，發起「若中時不忠實，拒絕中時」行動，也讓正在國家通訊傳播委員會（NCC）審議中的旺旺中時集團併購有線系統業者中嘉網路案，格外受到矚目。

蔡總認為《華郵》引述他有關「六四天安門並不是真的有那麼多人死掉」，「中國在某些方面很民主，一直進步，台灣進步非常緩慢」，「而陳雲林來台的A咖對C咖事件，撤換中時總編輯，是因為不只『冒犯』大陸人，也讓他受到傷害，報社同仁有批評的自由，但下筆要三思……。」云云，都是斷章取義、報導不實，曾去函要求更正，但《華郵》置之不理，希金斯對外只以「我們堅持我們的報導」簡單回應。

蔡總對此似乎憤慨，也有些沮喪，最後在《中時》刊登〈關心大陸民主，中時依舊忠實〉表明心志：「如果對於六四事件不幸受難的大陸同胞有不尊重，或有任何對不起台灣同胞的地方」願意鄭重道歉。他還特別提到《華郵》事件波及《中時》，「遭到無端抵制，我的內心非常難過」。蔡董事業成功，快人快語，毫不掩飾對時局的主張，他當然有說話的自由與權利，這句「企望兩岸永續和平，可以和『傾中』畫上等號嗎？」邏輯上也沒有錯，但他可能太用商場習慣看媒體角色，否則，哪有媒體老闆喜歡沒事對公共事務發表看法？

旺旺中時集團去年因與中國文化傳媒集團建立戰略合作關係，被北京《中國文化報》譽爲近年兩岸文化交流的重大成就。蔡總在享受殊榮的同時，或許也應反思，何以外界對他有「傾中」的印象？得過普立茲獎的《華郵》記者爲何要「套」他的話？最重要的，蔡總到底講了什麼？

蔡總《華郵》事件在台灣媒體間也產生對立與攻防，幾家報紙報導《華郵》事件，《自由時報》甚至刊登自稱「中時」記者的投書，但蔡總旗下的「中時」與「中天」電視頻道，隨後陸空聯合反擊《自由時報》造假抹紅，並對「拒絕中時」行動有所批評，「中天」更祭出「自由」創辦人早前有關賄選、炒地皮的爭議，以及郭雨新「虎落平陽」的陳年往事，頗有圍魏救趙與恐怖平衡的味道。

公民社團要求知識界拒絕在「中時」投書、登廣告、寫文章、不看「中時」……，直到「中時」恢復「忠實」，這是學界的自由，也代表批判的精神，但旺旺中時集團族繁不及備載，是以

「中時」祭旗，還是整個集團「一網打盡」？再則，被視爲「傾中」、誤導視聽的媒體豈只一家，彈此調的人（含高級將官）難道只是極少數，又該如何「處置」？

媒體是社會公器，一般人對「報人」、「媒體人」也有一份尊敬。就台灣藝文生態而言，媒體更是藝術家、文學作家、劇場工作者，闡述展演理念或發表創作與評論的重要平台，但有哪幾家媒體能如「中時」，長期提供大量藝文資訊，創作與討論空間？公民社團舉辦活動（如招生、展演）需召開記者會，是否也拒絕「中時」記者？如果把作家在「中時」寫文章、刊登消息，視同「卿本佳人，奈何從賊！」或解讀成爲了生計，被中時綁架，就過於簡化問題了。

媒體提供開放平台，接納不同的聲音，端視其是否言之成理，或具創作力道，而非爲作者掛保證。同樣地，在媒體發表作品、寫評論，內容自負，也受讀者公評，並不意味認同媒體老闆個人「品味」。相形之下，在媒體「上班」，捍衛「報格」與新聞自主的從業人員就辛苦、偉大多了。

（原載《中國時報》寶島大劇場，二〇一二年二月十五日）

輯二、空間與政治悲喜劇

趙子龍救阿斗

電視又在播放《三國》了，光是最近十年，就有不少版本的《三國》一演再演，反映這段歷史傳奇深入人心，讓人百看不厭。在影視、電玩、動漫、線上遊戲成爲文創內容的年代，三國人物將持續推陳出新，垂諸永久，而一般人在不同時空想像三國傳奇，也會有不同的體會。

三國英雄之中，關公驕矜、張飛魯莽，皆帶悲劇缺陷，唯獨趙雲智勇雙全，不論長坂坡、黃鶴樓，有他出現的場面，同情劉備的觀眾（讀者）大可安心。子龍不僅長坂坡救主，後來劉備「婚變」，孫尚香帶著阿斗潛回東吳，還及時「截江奪斗」，若說沒有子龍，就沒有阿斗，一點也不誇張。當初趙子龍單騎救主，面告劉備時，懷裡的阿斗臉無表情，彷彿已經夭折，子龍自責不已，片刻才聽到娃娃哭叫起來，劉備接過阿斗，往地上一摔，說：「爲汝這孺子，幾損我一員大將！」此時的阿斗頗有「囝男孩」的喜感，誰會想到長大之後，如此懦弱無能？

蜀漢五虎將關公敗走麥城，身首異處，悲壯慘烈，急兄讎遇害的張飛死得不明不白，亦具戲劇性。因長坂坡救主成爲千古美談的趙子龍怎麼死的，卻沒人注意。《三國演義》寫諸葛亮三伐曹魏之際，忽一陣大風，把庭前松樹吹折，眾皆大驚。孔明占一課，曰：「此風主損一大將！」諸將未信。正飲酒間，忽報鎮南將軍趙雲長子趙統、次子趙廣來見。孔明大驚，擲杯於地曰：「子龍休矣！」二子入見，拜哭曰：「某父昨夜三更病重而死。」孔明跌足而哭曰：「子龍身故，國家損一棟樑，去吾一臂也！」趙子龍英雄蓋世，最後由家人告知壽終正寢的訊息。同屬五虎將的馬超、黃忠更是不堪，他們的死只是一句話輕輕帶過。相較關張在世勇猛，死時壯烈，趙馬黃不知是幸，還是不幸？子龍逝世時，阿斗仍有孔明輔佐，不至於太過昏庸，子龍也「幸運地」沒看到鄧艾、鍾會分兵二路攻入西川，阿斗倉皇出降的慘劇，不過，他在天上應難想像被送到魏國當安樂公的阿斗，竟樂不思蜀！

依事後諸葛的角度，不管正史有無《長坂坡》、《截江奪斗》，沒有阿斗，三國史就會改寫。劉備繼承人將是其他皇子，包括哭祖廟的北地王劉諶，也可能因無孤可托，乾脆由諸葛亮繼承大統。搶救阿斗，徒然讓諸葛亮六出祁山拖老命，也壞了復興漢室的大業。然而現代人權思維，阿斗也是一條寶貴的生命，面臨危機，任何人都不能見死不救。但如被搶救的阿斗未來要當領導人，而且扶也扶不起，那麼，要不要救他，值不值得救他？恐怕讓人要大傷腦筋！

現代戰爭類似電影《搶救雷恩大兵》的情節可能發生，單槍匹馬在百萬敵軍中救出小嬰兒，只是古典神話。台灣大小選戰，都有死忠支持者，個個勇於趙子龍，出錢出力，大動作搶救他們的政治明星，結果救出蠢才或貪官，這個現代版趙子龍救阿斗，就讓人扼腕不已了。

（原載《聯合報》名人堂，二〇一二年九月八日）

羅馬悲喜劇，台灣上演中？

風雨飄搖的一九四九年是令人感慨悲歌、不堪回首的年代。數百萬中國軍民顛沛流離，隨著國民黨政府轉進台灣，倏忽已經過幾個世代。二〇〇九年正值許多官商、士兵、庶民「來台」六十週年紀念，難免激引人們對一甲子前塵往事的追憶與論述。

西方世界也有一則不易引人注意的小小劇場訊息，同樣走過六十年。瑞士劇作家迪特馬特（Friedrich Durrenmatt, 1921-1990）的成名劇——《羅慕路斯大帝》（*Romulus der GroBe*），一九四九年於巴賽爾劇院推出，上演羅馬帝國滅亡的情節，與兵敗如山倒的國民黨史實有幾分巧合。這齣戲六十年來從未在台灣演出，或許是另一種巧合。但在兩岸追求和諧的當下，它卻似乎一幕一幕正在台灣現實情境呈現。

《羅慕路斯大帝》中，皇帝羅慕路斯（亦譯羅姆魯斯）在日耳曼大軍壓境，到處瀰漫著「壞消息」時，仍然生活優閒、注意養生。他把精力放在養雞事業，並爲每一隻母雞，取一個羅馬皇帝、皇后的名字，每天早上必吃一顆雞蛋。皇后譏笑羅慕路斯本身就是一個日耳曼迷，皇帝不承認，他說：「亂講！我愛他們還遠不及愛我的雞呢！」

羅慕路斯認爲羅馬帝國之所以存在，是因爲有一位皇帝，爲了消滅羅馬帝國，才由自己做皇帝，所以治國的理念就是什麼事都不做。他從未離開宮殿，不知道帝國疆域到底有多大。內政部長、國防部長與大小官員跟著空轉，不知所措。騎士隊隊長十萬火急地從前線趕回羅馬，報告日耳曼即將入侵的消息，卻見不到這位宅男皇帝，只被交代要好好休息、睡覺。

褲子工廠老闆凱薩路魯夫向羅慕路斯建議讓人民改穿褲子，並成爲羅馬人應盡的義務，才能抵擋日耳曼人，因爲日耳曼人就是穿褲子才強大的。他還向羅慕路斯承諾，將以重金勸誘日耳曼首領退兵，條件是皇帝將女兒下嫁給他，因爲身爲商人，思考要合於器官功能，不然就會破產。這齣戲裡面還有兩位陪伴東羅馬皇帝伽利流亡的侍從，戲雖不多，卻十分逗趣，隨時提醒伽利言行進退要符合拜占庭的宮廷禮儀，例如開口就要先吟念成套的詩句與哀嘆調。

迪倫馬特在德語系戲劇界地位僅次於布雷希特，擅長以喜劇手法寫悲劇。他處理羅馬帝國滅亡的「非正式歷史劇」，充滿怪誕技法，卻又與一般荒謬劇常用難以了解的對話，凸顯人物角色荒謬性的手法不同。《羅慕路斯大帝》的人物性格與情節、對白都十分嚴謹，文詞也很講究，讀起來趣味盎然。但是劇作家筆下，帝國的滅亡終究不是悲壯史詩，而是帶著戲謔的鬧劇。

《羅慕路斯大帝》中，少數主戰派打算流亡到另一個小島繼續反抗，但他們後來不是死於海難，就是不知所終。戲劇的結局，日耳曼首領阿提亞克終於來了，他搶先向羅馬帝國投降，羅慕路斯驚喜之餘，任命阿提亞克爲義大利國王。阿提亞克隨即讓羅慕路斯得到一棟別墅及優渥年金後退休，羅馬帝國兵不刃血，「和平」結束。

羅慕路斯的悲喜劇與台灣的歷史、人物、事件毫無關係，台灣人難以想像一千五百多年前羅馬人在帝國滅亡時的心情，也不能拿台灣與羅馬相提並論。但《羅慕路斯大帝》的風格、節奏，以及無厘頭的人物、事件，卻讓台灣人有似曾相識之感。當中國迅速崛起，吸引全世界目光，且看今日之域中，竟是誰家之天下？台灣向中國傾斜，不管幾個 decade，終極統一似有時間表，國防、外交部門已可逐漸縮減或委外經營。這種結局也許符合中國民族主義，以及台灣少數人（如企業家、大中華主義者）的利益與期盼，然而整個過程其實就是民國「預知死亡紀事」。就戲劇性而言，就算台灣人能到「內地」或「京城」追求功名利祿，曾經呼喊「中華民國萬歲」或追求獨立建國的人突然失去目標，少了激情，自然也無含淚收割的喜悅。

數百年「帝國」歷史竟如黃俊雄布袋戲所說的：「一步一步踏上死亡的界線」，是看《羅慕路斯大帝》難以言喻的沉重。

（原載《中國時報》寶島大劇場，二〇〇九年十二月三十日）

國共歷史大戲隱諱的悲劇性

中華民國史有一大半是國共的鬥爭史，雙方之仇不共戴天，很難想像有朝一日能合演一笑泯恩仇的「國共論壇」戲碼。中共建國六十年的超級大戲風光上演，民國的百年大壽，國民黨政府也不落人後，積極展開籌備活動。兩岸建國大業的各自表述，彷彿已有共識。然而，數十年恩怨糾葛、血跡斑斑的鬥爭史，以小事大的國民黨如何論述，如何看待當年追隨來台的「不識時務」者，與留在中國大陸的「附匪」份子，值得玩味。

最近坊間出版岳南的《陳寅恪與傅斯年》，描述陳寅恪、傅斯年的一生際遇，這是繼陸鍵東《陳寅恪的最後二十年》後，近年來談論陳寅恪較重要的專書。陳、傅與書中另一要角俞大維三人是至親兼好友，相對傅斯年、俞大維在台灣曾任要職，一般人對他們較爲熟悉；陳寅恪雖名聞文史學界，台灣社會對他極爲陌生。然而，一九四八年底北京失守前夕，這位出身世家，曾經在日美德英遊學的大學者卻是國民黨最想「搶救」的對象。他躊躇再三，最後仍留在廣州嶺南大學（後併入中山大學），成爲「附匪」份子。其名著《隋唐制度淵源略論稿》、《唐代政治史述論稿》，雖在台北再版，作者卻叫做「陳寅」。

陳寅恪學貫中西，精通十多國語言，能背誦十三經與多部史書，學問之淵博被視為三百年僅見，也是學術聲譽最崇隆的學者。他中年以後視網膜剝離，導致雙目失明，憑著驚人的記憶力與毅力，在助手協助下，繼續研究、授課，直至文革時被批鬥至死，一生的傳奇與悲劇亦為現代人所難以想像。

中共建國之初，曾懾於陳寅恪的盛名，繼續給予優惠待遇，並安排出任全國人代會副主席，但他從未出席。陳寅恪對當時學術界以馬克思主義馬首是瞻，深惡痛絕。一九五三年中共當局要求這位篤信學術獨立與自由的「資產階級學者」北上，並主持中國科學院中古史研究所，他便表明不宗奉馬列主義、不學習政治，還要劉少奇、毛澤東具名保證，此人事案因而作罷，其個性的孤傲、堅持與純真，可見一斑。五七反右時，他「中右」的身分，尚能倖免於難，等到文革排山倒海而來，就難逃噩運了。

晚年的陳寅恪處境淒慘，眼盲又臏足，與有心臟宿疾的弱妻唐篔（唐景崧孫女）、三女默默地在大學校園生活，飽受紅衛兵凌虐，罰跪、背毛語錄。根據當時目擊者口述，紅衛兵常用高音喇叭點人出來批鬥、遊街，膽小的陳寅恪一聽見喇叭裡喊他的名字，就渾身發抖，尿濕褲子，最後竟活活給嚇死。他死於一九六九年十月七日，一個多月後，唐篔也離開人世。

陳寅恪死訊傳至台灣，引發一陣陳寅恪熱，俞大維等人的《談陳寅恪》喚起學界對大師的追憶。在「漢賊不兩立」的年代，對岸的人只有當「反共義士」或慘遭中共迫害，才能被台灣接納。一代大師其人其書因文革而解禁，令人感慨。文革期間不僅陳寅恪遭受迫害，傅俞兩家在中國大陸的親人也難逃一劫，傅家祖墳被毀，俞大維妹俞大絪、傅斯年堂侄傅樂煥皆含恨自殺。

《陳寅恪與傅斯年》二〇〇八年在陝西出版，半年前台北的出版社校訂原書引用文獻的「手民之誤」，重新發行。陳寅恪的孤傲、傅斯年的霸氣，在著者略帶主觀性與文藝腔的筆下，栩栩如生。讀者看到的是，亂世文人再怎麼才高八斗，再如何孤傲、霸氣，都逃不過政治的擺布。

國共江山易手之際，傅俞兩家追隨國民黨來台，陳家則「陷大陸」，三家命運不同，卻各具悲劇性格。才情洋溢的陳寅恪、傅斯年、俞大維俱往矣，其子孫輩當下最受矚目的，是三人的侄孫——當紅的太子黨核心俞正聲。依國共的傳統，所有被迫害、批鬥的對象即使後來給予平反、重新評價，不需要大道理，其中的荒謬也非建國六十年、百年這類政治宣傳劇著墨的重點。唯一的理由只是政治，國共歷史大戰的悲劇性也就在此。

（原載《中國時報》寶島大劇場，二〇一〇年三月二十四日）

光榮入伍

二十年之前的台灣仍然充滿戰鬥氣氛，一般人對國軍感覺錯綜複雜，軍隊到處移防，也爲民割稻、救災，頗有屯田備戰的氛圍。家有青少年，到了役齡就要當兵，當兵就得準備上戰場。現在上年紀的人應該有過清晨薄霧時分在車站，含淚送別親人入營的經驗，甚至本身就曾是披著「光榮入伍」彩帶，遠離父母、家人、愛人，茫茫然搭乘新兵專車，前往訓練中心的大頭兵。

當兵讓人恐懼，卻是許多人的成年禮。難得出外、少有異地朋友的鄉村青年，更藉此機會拓展人際關係。軍中的酸甜苦辣一輩子談論不休，還驕其妻女，回味無窮，如果到過外島前線，講話更加大聲，已然忘了當初抽中金馬離島，全家愁雲慘霧的景況。一般公司行號徵求人才常註明「男役畢」，以免謀職者未來因兵役而中斷工作，也不無藉此驗證新人身心曾受過軍事磨練的意味。

民間光榮入伍的傳統近年隨著台海情勢和緩變了調，反攻大陸、仇匪恨匪的軍事目標破功於無形。西線無戰事固爲國人所期盼，然而兩岸長期分隔，政治、社會環境不同，和平的背後依然詭譎多變。台灣繼續養兵，青少年仍要服役，只不過入伍已如下鄉、進工廠。最近電視台大拍新兵題材的偶像軍教片，螢幕上新兵接受鋼鐵般訓練，盡是爲賦新詞強說愁的浪漫，對照早前眞正的軍旅訓練，實有天壤之別。當前的大環境，國軍爲誰而戰，青少年爲何要當兵，也逐漸衍生疑問。

國防部日前爲慶祝建國百年，籌畫出版《永恆的輝煌：國軍建軍史話》漫畫版，詳述國軍從黃埔建軍、北伐、抗日、戡亂、遷台至今的歷程，以及包括兩位蔣總統、馬總統對建軍的偉大貢獻，洋洋灑灑，卻對李登輝、陳水扁兩位前總統隻字未提。此事經民意代表、媒體披露，引起各界撻伐，監察委員吳豐山並展開調查行動。國防部解釋係因篇幅有限，無法對歷任總統一一敘述。然而，兩百多頁的內容，不乏與國軍建軍無關的敘述，國防部隨後又聲稱現在的出版品只是「樣本」，馬總統也針對此事要求國防部「再版」時，須將遺漏部分納編。

既然號稱「國軍建軍史話」就代表有一定的學術性與客觀性，不能因個人好惡，對已然存在的事實故意疏略或扭曲，即便是漫畫版，亦應如此。吳監委日前完成調查報告，直批軍方的歷史偏見顯屬不智，「李扁加起來任期長達二十年，是台灣民主化過程中不容忽視的歷程，豈可一筆勾銷？」也因爲他的調查，國防部才應允在正式出版前修改。軍方認錯，讓吳監委讚曰「知恥近乎勇」，但背後顯現的誤謬，卻未能讓社會大眾釋疑，因爲這不是「手民之誤」的問題。

相較之下，威權時代許多因觸怒龍顏而犯下的滔天大罪，往往只是印刷廠把「中央」誤植「中共」，或導播操控不當，有蔣公的畫面出現「大哥不好了」的字幕，純屬粗心大意，並未涉及意識形態。《國軍建軍史話》卻是主事者根深柢固的偏見，且屬軍中主流「共識」，否則，偌大的國防部豈會無人了解歷史的寫作、編輯規範。這個事件引發輿論批評，仍有軍系立委表示應該進一步揭發李陳兩位前總統的「罪行」，並在外界質疑軍隊國家化走回頭路時，振振有辭地說：「如果軍隊不是已經國家化，早就把李陳抓起來了。」

傳統戲曲、說部傳奇描述離亂的社會，朝野聞鼙鼓而思良將，民眾亦能執干戈以衛社稷。國共誓不兩立的年代，今日看來固然有些荒謬，然而，小老百姓卻能義無反顧地相信政府、「光榮入伍」、把生命交給國軍。可惜近年的國軍逐漸失去社會信任，與軍事有關的新聞負面多於正面，不是軍紀渙散、將官扮演共諜，就是裝備不良、失事頻仍。日前退役將領赴對岸與共軍把酒言歡，倡言國軍共軍俱爲中國軍，輿論更是一片譁然。一葉知秋，鎮守台灣的國軍，一旦風雲變色、戰鼓頻催，會出現什麼光景，實令人難以想像。

（原載《中國時報》寶島大劇場，二〇一一年六月二十九日）

台灣的「內地」有不同的滋味

十餘年前開始，「內地」這個名詞悄悄出現在台灣一些人的日常言談中，電視綜藝節目的主持人、歌手、演員，更是開口「內地」，閉口「內地」。從字面看，「內地」一如內山、內陸，可以是中性的地理名詞。但在台灣歷史上，「內地」與內山、內陸語義用法迥不相同，不同時期的「內地」有不同指涉與政治、文化涵義。

甲午戰敗，台灣被割讓給日本，「內地」也換了位置。明治時代的通俗文學與新派劇中，台灣常被視爲癘疫肆虐、盜賊橫行的蠻荒地，且在主角與愛人生離死別、心灰意冷時，才會自我放逐到人人視爲畏途的台灣島。日治中期，「內地人」發現台北、台南、台中比「內地」一般都市還要進步，不過，等到日本「恩准」內台一體時，已是帝國崩潰前夕的決戰時刻。

戰後初期，台灣回歸中國，「內地」爲使曾被日本奴化的台灣人重沐王化，加強了內台交流。然而，幾年後，台灣躍升爲中華民國「中央」政府所在地，「內地」成爲匪區，這個名詞也消失於無形；直至兩岸開放交流後，許多人又想起「內地」。一九九七年香港回歸，隨著香港藝人的口語習慣，「內地」在台灣又流傳開來。

今日的台灣，每個人都能「各言爾志」，有人強調本土文化，有人稱中國爲「內地」，充分顯示自由開放的一面。

台灣作爲政治實體與地理、文化空間，有其主體性發展脈絡，也有在地化的實踐歷程。歷史上的「內地」不是殖民母國就是宗主國，以兩岸的現勢，如果中國大陸是「內地」，台灣不啻清廷乙未割台前那個邊陲的蕞爾小島，或與香港、澳門一樣，屬於「回歸中」的特別行政區，看在許許多多台灣人眼裡，難免五味雜陳。或因如此，台灣的政黨、政治人物、新聞媒體、政論名嘴，即使被視爲「親中」、「統派」者，也少有人敢公開用「內地」來稱呼中國。唯獨演藝界許多青春浪漫的藝人，講起「內地」理直氣壯，甚至視爲「政治正確」，似乎不太顧慮台灣社會的感受。

根據近幾年的政治、族群認同調查，台灣民眾主張獨立或維持現狀者占絕對多數，自認是台灣人的百分比也遠高於自認爲中國人者。若依這類調查，演藝界的「內地」中國說，可能引起爭議，然而，未曾聽聞有人因而批判或指責藝人。原因或是節目製作單位把觀眾群鎖定在沒有政治意識的年輕族群，以及「內地」的潛在觀眾；另一方面，對「內地」反感的人根本不看這類綜藝節目，或者，一看到「內地」從藝人口中出來立刻轉台。最近反中國「內地」的台灣人，意正辭嚴地指出，台灣的內地，在南投。

台灣藝人言必稱「內地」，究竟是出自政治認同、民族情感，還是約定俗成的習慣用語，令人好奇。從言論自由與節目製作的角度，藝人基於政治理念與意識形態，雖觸動許多台灣人的神經，但忠於自己的感覺，「雖千萬人吾往矣」，應予尊重。藝人如因迫於中共當局的壓力不得不稱中國大陸爲「內地」，也可理解，但對岸果眞在意「島內」是否用「內地」這個名詞？

語言、文字作爲溝通的重要媒介，卻常反過來阻隔人際間的交流。姑且不論心存冒犯的攻擊性語言，言者無心的習慣用語與表情、聲調，也往往因彼此感受不同造成誤解。現代文明人有表達意見的自由與權利，但應尊重別人的語言、習俗、禁忌與歷史經驗。基於大眾傳播媒體的公共性，及演藝人員本身所應擔負的社教角色，在電視節目中使用具爭議性的語彙需更謹慎。

（原載《中國時報》寶島大劇場，二〇一一年七月二十七日）

現代保釣劇

台灣東北部釣魚台海域是重要漁場，也是台灣漁民生計之所在。早前南方澳漁港的繁華大半來自釣魚台，漁民習慣稱它爲「無人島」，在這一帶海域作業，偶爾會與日本漁船相遇，但「一個無人島，各自表述」，雙方少有重大爭端。

每年春季五月至秋季十月，無人島海域進入鯖魚盛產期，南方澳數百艘漁船載著上千漁民，算準時間出海，經過龜山島，順著南流朝東北方向行進十幾個小時，到達無人島時多爲清晨時分，鯖魚紛紛出來覓食，漁民展開作業，往往滿載而歸，回程時因潮流關係，比來時費力，需要一天一夜。一般人只看到鯖魚季節的南方澳漁港大小船進進出出，拍賣、裝卸魚貨聲不絕、熱鬧滾滾，看不到漁民爲錢賭生命、海面做家庭的悲哀。

到釣魚台海域作業稱爲「拚」無人島，用「拚」字形容，不僅反映航程遙遠，捕魚工作辛勞，更因爲海上風雲莫測，充滿危險性，尤其遇到颱風季節，一旦天氣預報失準，結局就很悲慘。

上世紀七〇年代末，釣魚台海域發現蘊藏豐富的石油，成為列強覬覦的目標。日本堅稱擁有釣魚台列嶼（尖閣群島）主權，政府也毫不退讓，強調釣魚台為我國神聖領土，但大小聲有別。政府的態度，差不多是葉名琛的不戰不和不守、不死不降不走，且嚴禁漁民靠近釣魚台。南方澳再也無人能像以前一樣「拚」無人島，更無機會登島拾海鳥蛋、採海芙蓉了。漁船一旦靠近釣魚台海域，隨時會被日本軍艦驅趕。

日本占有釣魚台，海外的台灣知識分子展開保釣運動，向國際發聲，也在日本大使館前示威，並抗議政府軟弱無能，許多保釣人士護照被吊銷，成為無國籍人士，有家歸不得，他們因保釣而受苦，值得尊敬。同時期國內也有政府默許的保釣愛國活動，有點參加團康或戰鬥營的味道。

戒嚴時期政府公開或暗中支持的「自發性」多層次示威，還包括與日、美斷交時的群眾抗議活動。一九七二年九月日中「關係正常化」，外相錐名悅三郎來台北說明，一出機場便遭遇大批示威群眾。一九七八年十二月二十七日美國副國務卿克里斯多福銜命來台處理斷交善後，座車被群眾包圍、砸石塊、蛋洗。這兩件大事國人記憶猶新，當年參與者可能仍有人以經歷過這些愛國行動為榮！

日前世界華人保釣聯盟成員三人，搭乘一艘叫「全家福」的小船前往釣魚台，海巡署還派了五艘艦艇護航，保盟成員在距釣魚台零點八浬處，升起一面中國五星旗，對著釣魚台揮舞。海巡署護五星旗宣示主權，理由是「不管漁民或保釣人士，只要合法前往釣魚台，都有責任保護」。

而五星旗非違禁品，無法沒收。據官方說法：這是二〇〇八年以來，我國官方船隻再次進入釣魚台海域，言下之意，這項行動意義不小。

不過這則新聞甫一曝光，立刻招致各界質疑：爲何升起的不是「青天白日滿地紅」，而是五星旗？保盟成員解釋因出發太倉促，忘記帶國旗來。他們煞有介事地說：下次一定記得帶上。出現在電視畫面的愛「國」志士搭乘小船瀕近釣魚台，並沒有泅水上岸，連竿帶旗朝陸地像射標槍般拋擲，不意槍桿射出，五星旗卻蒙住頭面，扯下後再丟到海面，畫面有些滑稽。

這是年度最荒謬的行動劇，誇張的不是這些愛「國」人士，而是派艦護航的海巡署，以及心虛的官方說法。而且，這樣的保釣劇近年一演再演，差不多快成定目劇場了。

最近日本在釣魚台動作頻頻，中國採取更強硬立場，兩度派遣漁政船在附近海域巡弋，釣魚台主權歸屬變得更加敏感與詭譎。馬總統在「全家福」五星旗事件幾天之後，重申釣魚台爲中華民國領土，台灣船隻有權進入這個海域，政府不會與中國合作解決釣魚台問題，會以漁民權益爲優先考慮。我國是否已得到「友邦」的讚聲，不得而知。但突然神勇，讓人刮目相看。

台灣船隻果眞能自由進出宜蘭頭城管轄、郵遞區號二九〇的釣魚台？實在難以置信！

（原載《中國時報》寶島大劇場，二〇一二年七月十八日）

精采一〇〇怎麼論述中華民國

中華民國的百年，從早期沒有台灣、澎湖（一九一二至一九四五）到後來獨有台澎金馬（一九四九至今），其間的變遷極具戲劇性，百年時間好算，歷史脈絡與空間關係卻不易釐清。在慶祝民國百年的同時，總統大選熱烈登場，「建國一百年慶祝活動籌備會」結合黨政大員、民間精英組成，與「建國百年基金會」相互輝映。慶祝活動內容五花八門，有官方主辦的，有民間「加盟」的，從年頭到年尾，任何活動冠上「建國百年、精采一〇〇」，就可能申請到經費補助。大賣場、電視購物頻道也搶搭順風車，大打促銷廣告，台中市還設計「黃金百兩大摸彩」活動，建國百年因而顯得金光閃閃。

如果建國百年只舉辦音樂會、運動競賽或商業活動，當作時空定點的「精采一〇〇」，簡單明瞭，輕鬆有趣，但許多活動強調中華民國的歷史縱深，所呈現的卻多是台灣社會史的百年，又難以解說清季、民國元年到三十四年的日本時代，以及台灣與中國大陸的歷史糾葛，以爲像《夢想家》把辛亥革命連結今日的台灣，就符合民國的「論述」。

中華民國百年涉及國共鬥爭歷史與朝代更迭，也攸關兩岸現實政治，以往還有一個「創造性模糊」的名詞被廣泛使用。這次的總統大選，爭取連任的馬總統主打兩岸議題，而且早已指示政府機關提到海峽對岸時，不可稱中國，應稱做中國大陸或大陸，刻意不再模糊兩岸問題。執政黨堅信兩岸有「一個中國、各自表述」的九二共識，果眞如此，確有助於兩岸關係的正面發展，問題是兩岸實力有別，國際間普遍認知的一「中」是哪一邊的「中」？中華人民共和國容許中華民國表述「一中」？

一九五〇年中期，當中華民國的「國史」還在台灣的「國史館」發展，中華人民共和國就迫不及待地爲中華民國修史。中國社會科學院近代史研究所中華民國史研究室編修的《中華民國史》於一九八〇年出版第一冊，直至二〇一一年才把全史十六卷、大事紀十二卷、人物傳八卷，總計三十六冊一次出齊，也算是慶祝中華民國百年，或紀念辛亥革命百年活動！日前從台灣透過網路向對岸訂購，書價連手續、運費一萬五千多新台幣，兩個星期左右收到書，這在戒嚴時期幾乎是天方夜譚。然而，兩岸關係發展雖歷經二十年，依中華人民共和國的歷史，中華民國仍然是已經滅亡的「前朝」，而且是被「中國共產黨領導中國人民推翻」的。

一九五六年老舍創作三幕《茶館》，分別以清末、軍閥時代、抗戰勝利國統區作爲場景，每一幕都反映「舊社會」再怎麼變革，仍舊民不聊生，官僚惡霸欺壓百姓如故，有些壞蛋還是「世襲」。《茶館》第一幕、第二幕令人髮指的惡吏吳祥子、宋恩子與騙子唐鐵嘴、劉麻子到第三幕皆由他們的兒子繼承衣缽，強烈顯現腐敗的滿清、軍閥與國民黨一脈相承。如今兩岸交流頻繁，台灣到處可掛五星旗，喊共產黨萬歲，像《茶館》這類戲劇更可以隨時搬演，但中國大陸可容許中華民國或有反共符號的影劇、樂曲流傳？

在慶祝建國百年的當下，台灣朝野如何對中國—台灣的歷史進程與國家定位凝聚共識，並為中華民國做完整而具說服力的論述，是極其重要的國家工程。目前朝野最大的爭議在於「九二共識—一中各表」是否存在，馬總統指控民進黨蔡主席不願接受「九二共識」的核心問題，代表她「根本不願接受中華民國」，蔡主席認為中華民國就是台灣，與國民黨的憲法「中華民國」不同，等於是「一個中華民國，各自表述」了。

兩岸與國家定位問題虛虛實實，似乎屬於「國家領導人」與政客的專利。然而，士農工商、一介平民難道就沒有自己的歷史觀感，或在中國寫個「中華民國」或「國立」某某機構都被迫塗掉的親身經歷？傳統史學有時稱「前朝」為「勝國」、「勝朝」，應該不會有人以為帶個「勝」字，就代表沒有「輸」的各自表述罷！

（原載《中國時報》寶島大劇場，二〇一一年十二月二十八日）

政治人物的「反奸」

傳統劇場有一副名聯：「凡事莫當前，看戲何如聽戲好；為人須顧後，上台終有下台時。」這副聯隱含人生如戲：每個人的一生不但扮演自己，也得透過戲劇觀看別人，或為君子小人，或為才子佳人，登場便見；有時歡天喜地，有時驚天動地，轉眼皆空。凡事莫要強出頭，政治人物更宜知所進退，學習下台的智慧。

老一輩的人看戲，對「台」上人物的善惡忠奸一目了然，崇敬英雄，歡喜甘草人物，同情落難的好人，厭惡為非作歹、陷害忠良的奸臣，並且隨著情節的推展與戲劇人物的際遇而喜怒哀樂。在忠臣奸臣、好人壞人兩類型角色之外，時忠時奸的人，被稱為「半奸忠」，由「忠」轉「奸」的行徑，稱為「反奸」，觀眾對這類角色的憎恨，不下於「正牌」的奸臣。

今日台灣劇場生態已改變，舞台不全然演出傳統戲曲，觀眾看劇的習慣不再依循戲曲的類型化、程式化，而著重戲劇人物的性格與內心衝突，劇文角色也少有絕對的好人或壞人。在娛樂琳瑯滿目、遊戲多元化的台灣社會，表演藝術資源愈來愈短絀，觀眾也愈來愈少，但另方面，社會卻更戲劇化，名場、利場無非戲場，許多有名分的人渾身表演細胞，搶著當主角，不論有無燈光，隨時隨地都有引人矚目的表演「專題」，一般庶民大眾也常有扮演路人甲，逢場作戲的機會，碰到利益衝突或道不同的人，彼此都有很多「內心戲」。

政治人物黨同伐異，游走於不同的黨派、社團之間，古今中外皆然，台灣尤烈。重大選舉，各黨派廝殺，「拔樁」、「策反」之說，到處聽聞。媒體「名嘴」隨時評論，加油添醋。每個參與「眾人之事」的人都有反省、調整理念的空間，即使他們觀察政治的態度好惡分明、前後不一，也值得尊重，畢竟人際關係並非一成不變，溫良恭儉讓也已不再是現代政治人物的美德，只有抓住當下，擁有舞台，才是識時務的俊傑唯一出路。一旦跌落台下，爬起來，「戲棚下站久人的」，變臉、反奸都是必要的手段。

然而，有趣的是，戲劇教忠教孝的時代雖早已過去，願意在戲台前看戲的觀眾也明顯減少，一般人觀看「眾人之事」，卻仍從傳統舞台的善惡忠奸概念評量，而不會計較其心理層面或可能隱含的悲劇性格。政治人物隨時變更立場，以今日之我與昨日之我挑戰，也無可厚非，問題是：自我角色如何轉換？

傳統舞台有許多英雄人物棄暗投明，歸順正道的情節，例如《天水關》孔明收姜維、《鎮潭州》岳飛收楊再興，長久以來爲觀眾所津津樂道。這些英雄「反正」後，以沉穩、苦幹的行事風格，感動觀眾，而不是以言辭、教條逞口舌之快。古今戲劇裡也常有壞蛋在落幕前幡然悔誤，搖身一變成爲衛道者，製造戲劇高潮，但他們並沒有太多後續的表演場景，因爲戲劇已經結束。

只有國共誓不兩立的年代，「反共義士」才會透過媒體大肆報導，安排在各種不同的集會場合亮相，公開控訴「共匪」暴行。

當前台灣政治文化所呈現的衝突與爭議，不是出於國家認同與兩岸關係，就是來自地方派系與選舉因素。政治色彩鮮明，標榜理念、強調道德的政治人物，因派系與選舉利益、個人恩怨突然變臉，拋棄以往的主張，三百六十度「反奸」，大義凜然地成爲敵營的急先鋒，若只在選舉造勢場合作爲儀式性表演，理不直氣壯，而且次數有限，從觀眾的角度，尚不致有太大的落差。

然而，翻雲覆雨的政客如轉型當「名嘴」，成天在電視談話性節目，故作理性客觀狀，呼風喚雨，進而批鬥昔日陣營、戰友的國家認同與施政成果，經由媒體的強力放送，就讓人難以捉摸，也容易讓觀眾產生時空錯亂。就算他們的「反正」受到特定頻道、觀眾歡迎，看在社會大眾眼裡，「半奸忠」、「反奸」，依然難以避免別人的鄙夷。畢竟他們的表演，同樣得受社會大眾的檢驗，而觀眾對他們的「昨日種種」，也不見得那麼容易遺忘。

（原載《中國時報》寶島大劇場，二〇一二年一月十一日）

三國的老傳統與新創意

這幾年政府大談文創產業，與它相關的口號、定義如影隨形，「一源多用」（one source multi-use）堪稱最新流行術語，意思是透過原創作品的延伸、運用，擴大產品的影響力。以文學作品爲例，作家創作小說（包括翻譯小說），出版後就成爲產品，並有產值，可改編成電影、電視劇，行銷國內外，吸引不同族群、世代的消費者。一源多用的概念卑之無甚高論，重點在如何執行？文學作品中，《三國演義》無疑地，正是這個名詞提供文創產業文學類的最佳案例。

第一次看《三國演義》是念小六的古早年代，書是從家裡紙堆裡找到的，十分破舊，連封面都掉了。初體驗的三國只有上半部，是原來就分上下冊？還是整本書被裂解成兩半？那時全台灣有氣質的少年已經在閱讀《基督山恩仇記》之類的世界名著，我卻還耽溺在《諸葛四郎決戰黑蛇團》和童話裡面，何以心血來潮，很有耐性地翻閱這部「破」書，我至今仍不明白。不過，好歹，也算讀了半部名著。

「半部三國」的滾滾長江東逝水，看得入迷，卻在孔明與關張趙趁赤壁之勝，攻城掠地，劉備入西川前夕戛然而止。未知後事如何，內心十分焦慮，但小地方沒有書店或圖書館，也不知道哪裡看另外的半部三國。上初中後，方才從學校的小圖書室借到《三國演義》，一口氣看完。長大以後，我多次重讀《三國演義》，加上正史——陳壽《三國志》（裴松之注解），更立體接觸關帝廟，以及出現在戲劇、說唱或廟宇彩繪的三國故事。

《三國演義》的天下事合久必分，分久必合，完全是一部「人」的縱橫捭闔史。出場人物不是正面、直接敘述，而是旁敲側擊，先聞其聲，觀其動作，再登場亮相。我最喜歡的一段是赤壁大戰前，東吳和戰不定，多數文臣因曹孫兵力懸殊，主張投降。諸葛亮隻身過江，在孫權及東吳百官前，申論孫劉不得不聯手抗曹的利害關係。反戰派一個接著一個提出強烈質疑，小說描述反戰人士的筆法，是先傳來幾聲異議，引諸葛亮舉頭一看，認出其人，再以諷刺、消遣的方式，予以反擊：

座上又一人應聲問曰：「曹操雖挾天子以令諸侯，猶是相國曹參之后。劉豫州雖云中山靖王苗裔，卻無可稽考，眼見只是織席販屨之夫耳，何足與曹操抗衡哉！」孔明視之，乃陸績也。孔明笑曰：「公非袁術座間懷桔之陸郎乎？請安坐，聽吾一言……。公小兒之見，不足與高士共語！」陸績語塞。

陸績《懷橘孝親》是傳統二十四孝故事之一，也是那個時代小學課文必讀的一課，沒想到會與這位孝子在「諸葛亮舌戰群儒」場景中相會。與《懷橘孝親》異曲同工，也出現在小學教科書的是《孔融讓梨》，藉著《三國演義》，重新看見孔文舉的一生。

三國人物眾多，我對某些魏吳人物的莫名憐惜，跟小說的出場描述有關。《三國演義》第十三回記李傕郭汜挾持漢獻帝流竄，楊奉、董承出面救駕：

　賊軍漸近，只聽得一派鼓聲，山背後轉出一將，當先一面大旗，上書「大漢楊奉」四字，引軍千餘殺來，汜將崔勇出馬，大罵楊奉反賊。奉大怒，回顧陣中曰：「公明何在？」一將手執大斧，飛驟驊騮，直取崔勇。兩馬相交，只一合，斬崔勇於馬下……。奉乃引此將拜於車下曰：「此人河東楊郡人：姓徐，名晃，字公明。」帝慰勞之。

一句「公明何在？」被點名者也不答話，手執大斧飛馬而出，立斬敵將，十足戲劇性，也讓我對這位後來爲曹營大將的徐晃充滿想像。

另一位讓我印象深刻的非蜀漢人物，是東吳的太史慈。《三國演義》第十一回寫他救北海太守孔融，安排如此出場：

　次日，孔融登城遙望，賊勢浩大，倍添憂惱。忽見城外一人挺鎗躍馬殺入賊陣，左衝右突，如入無人之境，直到城下大叫：「開門！」孔融不識其人，不敢開門。賊眾趕到河邊，那人回身連搠十數人下馬，賊眾倒退，融急命開門引入……。融問其姓名，對曰：「某東萊黃縣人也：覆姓太史，名慈，字子義。老母重蒙恩顧。某昨自遼東回家省親，知賊寇城……，某故單馬而來……。」

《三國演義》或三國故事描繪的年代，是東漢末年至西晉初年，千百年來已打破時空、族群、國家界線，而在不同世紀、不同時空呈現不同風貌，不再屬於中國專利，而成爲人類共享的文化資產。在現代文明社會，這本「古」書原只殘留在老輩或江湖人士記憶中。不意晚近愈陳愈香，歷久彌新，在知識經濟與高科技時代，充分運用到商場操作、電玩遊戲，還發展三國旅遊路線。

三國目前在台灣與中、日、韓市場流行，創意十足，印證三國傳奇，確是人類文明史的異數。日本光榮公司一九八〇年代出品的《三國志》策略模擬遊戲，至今已邁進第十二代。著名歌舞伎演員市川猿之助（當紅明星香川照之之父），曾於二〇〇〇年搬演《新三國志》，劇中關張為堂堂男子漢，劉備卻被塑造成時代女性，三人連袂舉兵興漢之際，關羽對劉備產生情愫……。在韓國，《三國演義》號稱是最受歡迎的中國古典名著之一，有幾十種韓文譯本，與漫畫版、壁畫、電玩遊戲、企業經營手冊等，還有人說「不要和沒讀過《三國演義》的人說話」，眞是大三國主義者！

《三國演義》在台灣的流傳一如中國，隨著電玩遊戲的風行，許多國小學童，滿口三國經，熟知呂奉先、馬孟起、袁本初……這些只有熟讀三國者才知道的人物字號。有些中小學生為了瞭解遊戲的破關祕笈而勤練日文，接觸三國竟然成為青少年學習日文的動機之一。

不過，與中、日、甚至韓國相較，生活周遭猶然處處是三國的台灣，仍有極大的發揮空間。看在我輩眼裡，當下高科技、數位化的三國已時不我予，但仍樂於「食老學跳窗」，欣賞老傳統的新創意。然而，不管三國文創產品如何推陳出新，追本溯源，《三國演義》文本仍是創意的源頭與核心的價值。

（原載「風傳媒」，二〇一四年十一月六日）

一府二鹿三艋舺，四蘇澳？

台灣史有「一府二鹿三艋舺」之說，把台南、鹿港與萬華當作三個開發階段的重要城市。萬華之後就沒有確切的「第四」了，有人說新莊，有人說北斗，也有人說新竹、淡水、大稻埕、鹽水……。這些城鎮因開發較早、商業繁盛，在艋舺之後「續貂」，名正言順，但又有時序錯亂的問題。其實，數百年來的台灣，曾經繁華的城鎮不知凡幾，各地耆老談論在地風情，幾乎都有一頁波瀾壯闊的歷史，也頗能與「一府二鹿三艋舺」相接連。

某日幾個宜蘭同鄉閒聊，有人大談「一府二鹿三艋舺四蘇澳」，語驚四座，也不見有人反駁。環顧現場，原來都是蘇澳人，不是祖籍北方澳，就是來自隘丁、東澳。外縣市人對蘇澳印象是港灣、冷泉，或蘇花公路起點，五號快速公路終點，其他所知不多。眞正的蘇澳在十八世紀末台灣南北二路漢族移民開墾大致就緒時，仍是海盜出入的無「主」之地、也是原住民獨立自主的樂土。十九世紀初漳泉客三籍移民漸至，爾後的蘇澳起起落落，時而繁華，時而蕭條。

我以前自認身爲蘇澳人，頗知蘇澳事，連蘭陽十二個鄉鎮市、全台三百多個鄉鎮區也先後

「走透透」。幾年前讀過日治時曾念蘇澳小學、蘭陽女中的日本作家竹中信子回憶乃祖在蘇澳開發冷泉、創立彈珠汽水工廠的文章，以及林呈蓉教授譯註前蘇澳郡守藤崎濟之助有關首任台灣總督年輕時奉派來蘇澳、南方澳勘查的著作——《樺山資紀蘇澳行》，讓我突然覺得對故鄉的人文與自然環境、聚落發展與族群變遷、農漁村生態所知甚少，原來自以爲熟悉的蘇澳，只不過是「已開發」的「鬧熱所在」，其他農漁山村、原住民部落或交通不便，或無「利」可圖，很少關注，即便一些「去」過的地方，也只是市街「走」一圈，很多角落根本未曾踏入。生於斯、長於斯的故鄉尚且如此，遑論其他鄉鎮、縣市了。

最近幾年每次回到蘇澳，都有新的感覺。小時常與同伴走數十分鐘山路去蘇澳「湧泉」，與歐吉桑一同浸泡的冷泉，早已成爲觀光景點。當年的冷泉只有一道沒有門的矮牆，任人進出，毋需門票。另一邊的「女」池，除了歐巴桑，窺不到幾個女生。現在的蘇澳冷泉生意興隆，時有美女清涼戲水，連冷泉口不起眼的小麵攤，也成爲遠近馳名的風味小吃了。目前「鎮內」若干農漁山村的社區營造比人煙稠密的「街仔」更有特色，因裝載石礦的大卡車進出頻繁，成天飛灰瀰漫的白米甕，以木屐產業打響名號，新城溪出海口的無尾巷變成極具環保意識的水鳥保護區，他如猴猴、新城、馬賽、嶺腳……的農村景觀也極迷人。台灣許多地方耆老，可爲自已的城鎮，在一府二鹿三艋舺之後，說出一番「第四」的道理。蘇澳人「四蘇澳」之說誠然誇大，卻也讓我驀然回首，對自小成長的「燈火闌珊處」，重起學習之心。

（原載《聯合報》名人堂，二〇一二年二月六日）

同安街與紀州庵

北市水源快速道路與同安街的路口車流不息，圍牆內閒置已久的日式建築物，周遭散布幾棵枝繁葉茂的高聳老榕樹，顯得格外陰森，也很少人知道這是紀州庵遺址。清代稱爲古亭的這個地帶，日治時住著許多日本人，空間與環境增加不少東洋味，連幾任台灣總督的姓氏（兒玉、佐久間）都成了地名，倒是同安街所在的川端町取其瀕臨河岸之意，多了點文化氣味。紀州庵主人來自大阪南方的紀州，本店在西門町，這裡只是「支店」，生意同樣興隆。戰後日本人走了，多了些「外省郎」，狹窄的同安街躲在羅斯福路背後，充滿離亂、破碎的滄桑感，與附近台大空間意象迥異，卻也帶著若干趣味的牽連。

紀州庵能與文學連結，是五、六〇年代這一帶住了幾位著名作家、詩人，並有兩家文學出版社。這裡曾是王文興生活、創作的地方，也是《家變》的主要場景，他當年就住在這棟周圍都是玻璃落地拉門，有灰瓦屋頂的三層日式建築的一樓。不久前北市文化局把紀州庵定位爲「文學森林」，委由台灣文學發展基金會經營，它不再是料理店，而以「文學」之名，在幾個路口高高掛上標幟，讓現代人透過文學觀看紀州庵，又從同安街了解文學與環境關係，雜市陋巷彷彿也在一夕之間「高貴」起來。然而，紀州庵是紀州庵，同安街又何以是同安街？

地景與街道原來就充滿權力想像，移墾者以昔日城鎮或名人為新地命名的例子甚多，有來自民間的約定俗成，亦有出自統治者的權謀。台灣以同安、漳州、惠來、泉州、詔安、安溪、興化、海豐、漳浦、福州、潮州為名的厝、寮、店、莊、崙很多，反映早期閩粵移民在台蹤跡與訴說不完的故事。以同安人來說，他們是台北移民史「要角」，西元一八五三年艋舺的頂下郊拚，與同屬泉州府的晉江惠安南安（頂郊）發生世紀大械鬥，戰敗的同安人（下郊）退至大稻埕，揭開稻江繁華錄的序幕。

國民政府接管台灣進行區域重畫時，把中國各省縣市名稱塞滿海島的大小空間，猶如當年日本人名、地名散布台灣人生活空間。台北市的街道圖宛如一幅中國地圖，南京、重慶，敦化、長安、吉林、松江、北安，因與台灣移民史無直接牽連，作為街道名稱，民眾尚能清楚距離的「美感」，無端冠上閩粵地名，又與當地人文無涉，等同以假亂眞，地理名詞就與歷史記憶混淆。同安街連同附近的詔安、福州、漳州、汀州、晉江、廈門、金門等街路，在台北市街道圖「代表」福建省，是中國城市「配置」的結果，而非反映早期台北移民的祖籍分布。

「文學森林」經由紀州庵與同安街的空間意象重現，為文學愛好者提供創作與交流的平台，成為「古蹟活化」或「閒置空間利用」的案例，更重要的是，讓文學世代也能反思那個政治凌駕生活，歷史人文與環境經常被扭曲的年代。

（原載《聯合報》名人堂，二〇一二年三月六日）

台北中山堂缺少的那面壁

那天在台北市中山堂排隊入場看表演，樓下左側豎立的木牌，上寫著：「借用廁所請上三樓」，爲非看表演的人開方便之門，感覺很窩心。循著樓梯登上三樓，迎面高牆掛滿「中山堂：歷史開門」的圖片與文字說明。這是十年前中山堂重新啓用時舉辦的圖片展，迄今高高掛著，似乎已成常年展了。

台北中山堂現址原是清朝台灣建省後的布政使司衙門，日治之初權充台灣總督府，而後爲紀念日皇裕仁登基，原址改建台北公會堂。戰後初期，這個公會堂仍是台北最重要的表演場所之一。歐陽于倩一九四六年底率領「新中國劇社」來台公演，地點就在這裡，當時劇社成員對中山堂的印象是：「多年來從未見過的設備完善的近代化大劇場」。

一九四六年六月九日起五天，「聖烽演劇研究會」在台北中山堂演出獨幕劇《壁》和三幕喜劇《羅漢赴會》，這是戰後最重要的本土戲劇演出。《壁》是一齣悲劇，具有強烈的現實意義，《羅漢赴會》則爲諷刺喜劇。兩齣戲都由簡國賢編劇，宋非我導演，他們曾參與日治時期的新劇運動，戰後依然不改本色，藉劇場對台灣政治與社會問題提出強烈批判。

戰後的台灣陷入經濟恐慌、物價騰貴的困境，民眾生活極爲困苦。《壁》在演出時，舞台從中分成兩個表演區，一邊是富有的錢金利一家，生活奢侈浮華，靠囤積米糧發財；另一邊則是貧病交迫的許乞食一家，其子跑到隔壁偷吃小雞吃剩的白米飯，被錢家發現，要求許家立即搬離臨時工寮。最後許乞食全家仰藥自殺，臨死前，錢家正在舉辦舞會，許乞食拚命地用自己的頭撃壁，大聲呼叫：「壁啊！壁啊！爲何無法打破這面壁？」戲劇在悲慘的吶喊聲中落幕。

《羅漢赴會》描述官僚、議員召開救濟會，乞丐以被救濟者代表的身分闖入會場，在場紳士淑女倉皇失措，紛紛掩鼻而出。這齣戲透過乞丐鬧場，凸顯權貴人士滿口仁義道德，私底下貪贓枉法，反倒是乞丐卑賤渺小，仍有同甘共苦的精神，而且勇於質疑市長藉救濟之名，行驅趕窮人之實，整齣戲諷刺效果濃厚。

長久以來，「聖烽」的《壁》與《羅漢赴會》因政治敏感，成爲威權時期的禁忌。簡國賢在演出後不久，就以「匪諜」的罪名被槍決，宋非我潛逃至中國，後來雖曾返台，但落魄潦倒，鬱鬱以終。

演出這兩齣戲的台北中山堂，百年來的建築空間與角色功能多變，最足以反映歷史文化與時空流轉的場景，彌足珍貴。台北市文化局面對龐雜多元的業務，加上人力不足，恐難專注中山堂相關資料的蒐集與陳列，負責「堂史」的層級也不會太高，所以「歷史開門」的紀事體例與內容安排有些急就章，資訊也很零亂。許多不甚重要的活動列爲「大事」，若干在台灣文化史具意義的展演，反而付諸闕如。

「聖烽」的《壁》與《羅漢赴會》——特別是《壁》，在當時造成震撼，中山堂「歷史開門」或「大事紀」裡，都未提及，等於讓台北中山堂的歷史空間結構少了一面《壁》。台北市文化局在珍惜中山堂歷史空間與文化意義的同時，實應提高其位階，並做有系統的人文歷史重構，再現它在台灣大眾文化史或表演藝術史的地位。

作家吳濁流曾於一九四五年六月二十二日在《中華日報》日文版寫了一篇看戲觀後感，指出：很多人對《壁》與《羅漢赴會》叫好，是因爲「對一碰面就牢騷滿腹、嘆息或談論貪官汙吏以外，沒有話題的失業民眾與心情黯淡的人，提供了另一個話題吧！」

這句話經過了六十多年，在跨越民國百年的今天，聽起來仍十分刺耳！雖然吳濁流的觀後感話鋒一轉，認爲碰「壁」就無法超越，是逃避現實，必須超越「壁」，人的犧牲才有意義。然而，這面壁豈是那麼容易打破？

混亂的年代，《壁》和《羅漢赴會》在台北中山堂呈現的貧富差距與人間慘劇，彷彿又出現在M型化的台灣當代社會，戲劇的諷刺性與警世意義，實令人怵目驚心！

（原載《中國時報》寶島大劇場，二〇一二年五月九日）

社區大樓的買畫與掛畫

最近有位在科技藝術業界的朋友，見面時經常抱怨他所居住的大樓被「管理」得庸俗不堪。他的大樓位在台北市郊，擁有三百多戶住家，管理委員會每個月經手的管理費十分可觀。不知何故，這裡的主任委員、總幹事像走馬燈般經常更換，但他們似乎有個共同嗜好：喜歡爲大樓購買藝品，做各種環境美化。

這一年管委會又買來大批的盆栽與近百幅小號數的油畫。盆栽多是相同外觀的低矮小綠樹，油畫無論尺寸、題材都極類似，皆屬抄襲歐洲風景圖像的畫作。我這位科技藝術家朋友堅信掛畫一定要掛好畫，即使是兒童畫、弱勢族群、社區住民的作品都有原創性，要不然，掛名畫的複製品，也比這些沒有生命的抄襲品好。

我深知這位朋友的教育背景與工作經歷，相信他的藝術品味與專業判斷。我跟幾位朋友曾去過他的大樓，他「指控」的油畫清一色山巒、河流、瀑布、樹林，裱框粗劣，像某些路邊攤販賣的廉價品，也不管大樓空間廊道寬窄高低，就整齊劃一地在牆壁上排列開來。

雖然如此，還是有人用「社區營造」的觀點，建議這位朋友反求諸己，偶爾也要爲他所居住的大樓公共藝術奉獻一點力量，甚至還有人半開玩笑地怪他，沒有好好跟大樓管委會溝通。「怎麼沒有？我去向管委會的幹事反映，對方張大眼睛、理直氣壯地說主委、總幹事都認爲買的畫很好看、很值得！」朋友「曲高和寡」，有理說不清：「掛壞的畫只會破壞環境，掛愈多，愈難看，也愈影響房價，我不想再住這裡了。」

近二十年來，台灣的公共藝術逐漸受到政府與各界重視，《文化藝術獎助條例》所明文規定的公有建築物必須提撥造價百分之一以上設置公共藝術，已經推行有年，也吸引許多藝術家投入公共藝術創作。行走在台灣幾個大都市，經常可在企業大廈、行政機關前看到名家藝術品，內部廳堂、迴廊也有不少繪畫、雕塑。車站、醫院這些公共場所，更常出現一些兒童、弱勢族群畫作，或社群同仁習作，皆能結合空間環境，營造視覺效果。雖然公共藝術的創作觀念與執行辦法在藝術界與建築業界仍有些爭議，但以往因溝通不良，藝術創作被民眾抗議、抵制的情形已極爲少見，尤其社區大樓買畫、掛畫的風氣逐漸普遍，更是好現象。

台灣社區營造推動多年，所強調的不僅在於最後的結果，更重要的是，藉著社區參與的過程，讓文化進入人心，內化成行動的力量。今日的台灣已經脫離用制式口號區隔「重視文化」、「不重視文化」的年代，當前的藝文活動，也不再以菁英觀點爲絕對標準，但藝術文化的內容與質感如何，仍大有討論與改善空間。藝術創作屬於藝術家，公共空間屬於社會大眾，公共藝術或擺設在公共空間的藝術品作爲連結藝術與生活、藝術家與社會大眾的平台，也代表社會進步的象徵。

社區大樓管委會把公共藝術與環境美化，開放給社區民眾討論、執行，應是淺顯易懂，又充滿愉悅的好事。但每個社區住民結構與生活經驗、審美標準明顯有別，管委會運作模式及其與社區的互動也有不同。基本上多須借重專業與經驗，也應開放民眾欣賞、學習、參與的管道。不熟悉文化體質與生態環境，又缺乏經驗的大樓管委會，很容易把買畫視同木工發包、保全系統裝置，以畫作數量、價格、觀眾人數比較高下，忽略實質的內容與品質，又不知借重社區現成人才，自然容易引發爭議。

大樓買畫與住戶發生爭執乍看是個案，也是微不足道的小問題，卻又是經常可能出現的大問題。從這位科技藝術家爲「掛畫」與大樓管委會「大小聲」的經驗，台灣要讓買畫、掛畫這件事，成爲社會大眾生活美學的一部分，還需要一點時間。

（原載《中國時報》寶島大劇場，二〇〇九年十二月二日）

二手書店

若干年前有位流行音樂界退下來的朋友說他很想找十位事業有成、中年退休的朋友，在同一區塊各自開家有特色的書店，可以跟讀者談書，也可與年輕朋友交流，聊職場生活經驗，他當時隨口說說，我至今印象深刻。

書店不僅是買賣書籍及閱讀的空間，主人與顧客也能產生溫馨互動。可以想像，如果真有一條街，有十家各行各業「榮退」者開的特色書店，必然充滿故事性，而且能結合街市空間，形成文化景觀。當然，這件事知易行難，可遇不可求，若由政府推動，亦不可行，光是遴選資格、地點與空間條件、獎勵辦法就會爭論不休。

不過，台灣這幾年已出現一些小而巧的特色書店，讓人眼睛一亮。經營這款小型書店者應是具有某種特質的有心人，才會投入這個行業。他們的生意未必很好，卻扮演文學創作發表、閱讀推廣的平台，也是維繫社會質感的重要元素。若干二手書店整體空間不像制式的傳統書店，更非以前牯嶺街、光華商場略帶霉味的舊書攤，擺在這裡販售的二手書經過細心「加持」，變得與

「舊書」不完全等同，也顯露新書所沒有的古樸素雅。一般印象也覺得做二手書的人，比做新書買賣的人更有腹腸與人情味。

目前的特色書店不侷限大台北，也存在於其他縣市，台南的台灣文學館附近就有兩家由老洋房改造、比鄰的二手書店，老闆同一人，其中一家兼賣咖啡，空間極爲高雅、潔淨，讓府城文化增色不少。相較之下，大台北雖是誠品書店發祥地，也有女書店、台灣的店、永和小小書房、淡水有河 book、藝大書店、茉莉二手書店、舊香居等各具味道的書店，純就空間而言，很難找到台南這兩家書店的質感。

最近因事到台灣文學館，路過書店，就被它的門面吸引，明知與人約束的時間逼近，依然想利用幾分鐘入內感受一番。然而，書店木門上的紅紙，書法寫著：「賣書維生，非禮莫進」，門旁小型看板則用電腦印刷：「飲料勿進入，輕聲進書店，店內勿照相」，一連串的警告，方才準備走入山陰道上的愉悅，剎那間被花間喝道，雅興頓失。雖仍賈其餘勇走進店內，卻感覺有形、無形的眼睛、鏡頭在四周移動，「進來晃一下」的企圖被揭穿似的，湧上一股「非禮」人士的心虛。

不明白書店主人爲何如此「性格」？大概這裡鄰近台南孔廟與窄門咖啡，假日遊客不絕，加上書店建築是老屋新生的範例，在當前閒置空間再利用、老街更新的風潮中，常有文化休閒人士，拿著相機殺進殺出，獵取鏡頭，難免擾亂書店的空間秩序或其他閱書人的心情，想必主人被經常探頭探腦的「奧客」激怒，才祭出此策吧！

二手書店經營不易，碰到「奧客」更是煩不勝煩，不過，就算如此，難道不能轉換心情面對，或採用其他管理方法改善？現在張貼於書店的警告字句，讓雅致空間與書香氛圍多了些冷峭的空氣，有點可惜了。

（原載《聯合報》名人堂，二〇一二年十二月十日）

艋舺聚落空間

萬華與台北市其他「區」相較，是老台北發祥地，也是極富文化傳統的聚落。三、四十年前，萬華龍山寺前的三水街、廣州街與華西街的飲食、草藥、雜貨或花柳巷，展現老艋舺的風情，也暴露「後街人生」的陰晦面，但空間與人事物的對比並不明顯。而後三水市場拆除，捷運與地下街陸續完工啓用。香火鼎盛的龍山寺築起圍牆，廟前小廣場限制閒雜人等聚集，西園路、華西街與廣州街、桂林路、貴陽街一帶人潮依舊。新建的五彩噴泉公園常有身心障礙者表演歌曲，公家單位也藉此舉辦藝文巡演，然而，在公園出入的捷運現代空間與地下街新商場，卻與周遭環境以及人事物，顯得格格不入。

當信義計畫區、內湖商業區、甚至西門町商業的區域形貌與國際同步連結之際，萬華的發展與現代都會背道而馳，給外界的感覺是居住品質、就學環境不佳，房地產價格也深受影響，當地人士常把原因歸咎給數以萬計的遊民。

台北市議員應曉薇曾在議會質詢，要求市府清潔人員每天深夜與清晨以水柱沖灑遊民經常棲息的角落，引起人權團體撻伐。應議員覺得委屈，找來當地里長聲援，終究不敵輿論壓力，哭哭啼啼地公開道歉。新聞熱了幾天，被大選議題掩蓋。但選舉揭曉，馬總統連任的年關時刻，應議員又召開記者會，指控人權團體刻意以自拍畫面對她污衊，目的在強化外界對馬總統「無能」的印象，人權團體則再公布質詢現場資料予以反駁。遊民的安置與就業確是現代社會問題，處理起來極爲棘手，但與總統大選扯爲一談，還是頭一遭。

國際間很難找到沒有遊民的都會，歐美城市的車站、公園、地下鐵，遊民比比皆是。有些國家強制管理，有些國家（如日本）則採寬鬆政策，委由社福團體「管理」。東京新宿的公園、街道遊民充斥，成爲另類「特色」之一，讓當地人頭痛，卻不妨礙新宿作爲遊客非去不可的購物、旅遊點。東京最早開發的淺草與萬華在台北的角色類似，也有一些遊民，倒是利用晚間在商店門口棲息，天一亮就自動「外出」，未對市容帶來太多髒亂。

淺草是江戶時代庶民生活中心，原來「河原」乞丐、藝人、妓女雜處，傳統曲藝流行，賭場與黑道文化隨之萌生。不過，二十世紀初日本現代藝文興起，源自歐洲的歌劇在淺草衍生日本化歌劇、輕歌劇、音樂劇與現代舞蹈。戰後的都市更新，淺草被定位爲「下町」文化的重心。時至今日，這裡的日本時代劇、笑鬧劇與大眾文藝獨樹一幟。每年五月第三星期的週五、六、日三社祭，不僅東京人津津樂道，在日外國人也一睹爲快。

萬華的更新計畫起步甚早，但迄今未能盡如人意，是城市空間規畫與管理失當，還是因循苟且的民族性？或者，單純是「萬惡罪魁」遊民的因素？目前萬華給人的印象是古老寺廟與平價服飾、手工藝、風味小吃。論當地寺廟祭典規模，淺草三社祭不及農曆十月二十日起三天的「迎青山王」（夜巡）。不過，咱的「迎青山王」至今仍只是援例辦理的「迎鬧熱」而已。以往輝煌一時的艋舺藝文社團（樂團、劇團、詩社）、戲院，並未留下人文傳統與遺跡，當代藝文團體、畫廊、劇場也未在萬華扎根。連近年日受重視的節慶活動都未能爲艋舺添增光芒，因爲曾經名聞遐邇的青山宮、龍山寺燈會，早就隨著台北燈節、台灣燈會的崛起而盛況不再了。

萬華應有更多的陽光照耀陰暗角落，若擔心遊民造成髒亂，環境與衛生單位就得加強清潔工作，讓遊民經常有盥洗之處，而非以水柱趕人。再則，市府應設法恢復萬華藝文傳統，善用閒置空間，鼓勵視覺、表演、文學工作者進駐，而在地的文創產業（如流行服飾）策略也須檢討。已經修復成鄉土藝文中心的剝皮寮更宜改善體質，俾能發揮更大功能，而非只在「上班」時間辦些小型展覽，下午五點不到，保全就急於趕人、關門。

（原載《中國時報》寶島大劇場，二〇一二年二月一日）

古蹟價值在於人之傳奇

霧峰林家花園兼具閩南、閩北建築與蘇州庭園特色，也包含日本洋式建築風格。它在一九八五年被選爲國定古蹟，實至名歸。然而，百餘年來的宮保第、大花廳、景薰樓、萊園所歷經的修整，有如一部林家滄桑史。尤其世紀末的九二一地震，林家建物被夷爲平地，是否值得重建，曾引發爭議。最後，歷史的林家從廢墟再起，進一步闡明文化資產的價值不只在空間與建築，更在其歷史與人文，「古蹟」只是承載「傳奇」的空間。

堪稱台灣第一家族的霧峰林家在清朝中葉因墾殖發跡，至清末文察、朝棟父子顯赫一時，然而，顯赫的背後卻有無盡的悲愴。林家下厝、頂厝開基祖定邦、奠國兄弟，一爲仇家所害，一瘐死獄中，而清季湘軍（楚軍）、淮軍的鬥爭，霧峰林家也被迫捲入，間接導致定邦長子文察在征討太平軍時戰死，次子文明更在彰化縣衙被當場處死。一八八四年法軍侵台前夕，坐鎮台南的台灣道劉璈（湘軍）與防守北台的欽差大臣劉銘傳（淮軍）分別號召鄉紳協防，頂厝林文欽率佃兵南下，下厝林朝棟也率兵勇北上。等到戰爭開打，法軍襲擊基隆、淡水，劉銘傳因功聲勢扶搖直上，並趁機彈劾劉璈，文欽也受牽累，被迫棄武從文；朝棟則因劉銘傳的賞賜紅極一時，取得台灣樟腦業、製糖業與土地開發特權。然而，福兮禍所倚，不旋踵災難緊接而至。

林家現代悲劇是從乙未割台揭開序幕，朝棟奉命內渡，不久病死，祖密回閩繼承其父爵位，並管理家族產業，卻因中日戶籍法限制，不得不放棄日本（台灣）籍，回復中華民國籍。祖密生性慷慨，經常賑濟災民，孫中山二次革命時也給予支持，曾被授閩南軍司令，但在軍閥混戰中，飽受粵系、北洋軍與福建地方軍頭攻擊，最後竟慘遭殺害。原來跟隨祖密在廈門安居的幾房妻小頓失所依，施施然回到霧峰。當時頂厝林文欽之子獻堂已成為在地民族運動領導人，率領包括林家族人在內的社會菁英，以溫和穩健的手段反抗日本殖民政府。祖密子正亨則在南京入陸軍官校，隨後參加對日抗戰，並於日本投降後回到台灣。一九五〇年正亨以叛亂罪名被槍決，當時林獻堂因受國府打壓，正滯留日本，最終老死他鄉。

正亨戰時在重慶與印尼華僑沈寶珠結婚，生下一子二女。他遇害不久，寶珠攜一子一女潛回中國大陸，獨留襁褓中的么女在台灣，從此天南地北，母女不得相見。林家現代悲劇與前清文察、文明母戴氏為子申冤的十二次京控案不盡相同，但男人是「天」，女人是「地」，「天」塌下來，由「地」支撐，前後並無二致，林家女人於男人離開後支撐家業的故事不斷重演。

霧峰林家的悲劇大部分是歷史宿命，而孤女留在台灣，怨恨在中國的母親，更是國共對峙時代常見案例。然而，何以其他大家族既能與官府保持關係，又能明哲保身？是否歸「咎」霧峰林家在移墾年代建立的尚武傳統，成為悲劇產生的「缺陷」？林家傳奇同時反映人類面對生活中不絕如縷的天災人禍，市井小民固無招架之力，官紳巨賈也未必能保平安，甚至因目標顯著，更容易變成眾矢之的。

政治的無情，命運的捉弄，霧峰林家子弟至今仍有人留在中國，他們致力與台灣「同鄉」的連結，並宣揚林家愛國家、愛民族的情操。多年來與林家有關的電視劇《百年滄海》多次播演，霧峰也成為中國來台人士必遊的「景點」，皆反映林家在中共統戰策略的價值。其實，霧峰林家故事無需渲染，更不需附庸政治，其悲劇性與傳奇性令人同情，也讓人尊敬，早就成為台灣最寶貴的文化資產。

《霧裡的女人》把霧峰林家民國近百年的傳奇搬上舞台，不只是敷演一段公案，亦藉戲劇顯現歷史在任何時空重演的可能性。另方面，林家傳奇也讓人體驗到生命並非自己完全掌握，災禍可能從天而降，生活的意義卻不是讓人憂愁自苦，而在積極地走過人生。

（原載《中國時報》寶島大劇場，二〇一一年五月三日）

布拉格機場的民國百年

暑假到歐洲走了一趟，先飛阿姆斯特丹，再從法蘭克福、柏林一路坐火車到布拉格。在這個美麗城市進出的旅客很多，不論在舊城、查理大橋、城堡區，到處可看到台灣人的身影，有團進團出，也有像我這種散客。從布拉格取道荷蘭回國時，我一反「趕」飛機的老毛病，很早就辦好登機手續，孰料飛阿姆斯特丹的班機延遲八十多分鐘，這不影響我回台北的航班，但在布拉格機場因而有了很多美國時間，足足晃盪了四個鐘頭。

我坐在C3閘門候機區，對前方牆面橫排的黑白圖片並未特別留意，突然瞥見圖片中似有「台灣光復」四個中文字，趨前細看，這是一九四五年十月二十五日台灣菁英在公會堂慶祝「光復」牌樓前的合影。約40公分×90公分大小的展示板十一幅，每幅兩張圖片，內容有孫中山就任中華民國臨時大總統、蔣渭水民眾黨大會、九一八事變日軍在鐵路沿線布防、美國飛虎隊協助中國空軍、金龍少棒凱旋回國，還有二十年前野百合學運。回頭看另一面牆，有同樣規模的圖片展覽，內容有宋美齡勞軍、台灣鳳梨豐收等等。再觀察附近其他閘門，C4牆上也展示近期彩色圖片，包括民俗慶典與表演藝術。

這項展覽應該是新聞局或哪個駐外單位慶祝建國百年「精采一〇〇」活動之一罷，其他機場可能也有類似的展示活動。能在布拉格機場目睹熟悉的老照片，倍感親切。不過，在我逗留布拉格機場的幾個小時，沒看到哪個人對這些圖片瞧上一眼。這時有兩位來自台灣新竹的旅客向櫃台反映，飛機延誤造成她們在阿姆斯特丹轉機回台北的時間緊迫。這兩人是姑姪關係，趁暑假結伴自助旅行，先後到維也納、布拉格玩了幾天，住的是最便宜的民宿，出門搭大眾交通工具，吃飯也很節省，前後十二天的旅行，機票之外，食宿、交通加上購物，每人還花不到兩萬元。閒聊中我指著牆上的台灣圖片，她們瞧了一眼說：「對齁！我沒注意到吔！」說著說著，並沒有往前看一眼的興趣，也許心裡還在掛記航班罷。

台灣駐外單位能在國際機場舉辦展覽，必然經過折衝與協調的過程，值得讚揚。然而，任何展覽活動，就算沒有專業策展人，主事者對展示內容與形式也應有基本概念，這項國外機場的民國百年圖片展，有值得商榷之處。姑且不論橫跨海峽兩岸的百年圖像，會不會讓外國人時空錯亂，三個展示區皆無標題，缺乏展示脈絡，也沒有主辦單位或足以引人注目的符號，僅單純地在圖片下方以英文／捷克文敘述一段背景複雜的故事，不但不醒目，也難以吸引旅客的興趣。

其實從機場的空間環境來看，幾十張30公分×35公分的小照片沒主題、說明卻落落長，掛在閘門高牆之中，還不如選一、兩張視覺性強烈的圖像，配合標題或簡單文字說明，在機場主要通道做成大型看板，更能收國際宣傳效果。

（原載《聯合報》名人堂，二〇一一年九月十四日）

愛丁堡藝術節

每年夏秋之交的愛丁堡氣候涼爽舒適，早晚還得穿件厚衣才能禦「寒」。充滿歷史場景的城市景觀結合戰後開展的節慶傳統，造就國際數一數二的愛丁堡藝術節，每年吸引數以近百萬計的國際旅遊人口。這個城市藝術節其實不是單一藝文活動，而是由國際藝術節、藝穗節、軍樂節、圖書節、電影節、爵士樂節和多元文化節連結而成，從大小劇場到教堂或臨時舞台，風格不同的視覺、影像、戲劇、音樂、軍樂與文學展演推陳出新，熱鬧不已。

從愛丁堡做觀察，藝術節的魅力主要並非來自室內展演，而是整座城市躍動，以及街頭自然瀰漫的氛圍。潮水般的遊客，原本就不乏愛好藝術或喜歡大自然的雅士，他們給愛丁堡帶來繁榮，歷史古蹟與城市空間因而更形鮮活，蘇格蘭格子呢布、威士忌酒等傳統產業行銷也更熱絡。走在街頭，很容易感受當地市民的光榮感，並展現出對外地人熱情、友善的態度。遊客成為藝術節主體的一部分，連抱隻大狗，坐在街角一隅的流浪者都成了場景，前面放著「無家可歸、我肚子餓，我的狗也餓了」紙牌的老步數，少說已行諸數十年，卻依然有效。狗兒靜靜地依偎主人身旁，無辜的眼神確實讓人憐憫，不自禁地丟個銅板，由主人代收。

主辦單位針對城堡與王子街一帶的街頭表演略做整合，豎立起特技、歌唱、舞蹈、魔術、脫口秀的表演時序的告示板。藝人多走搞笑路線，並擅於邀請觀眾客串。一位中年福態的女藝人身上披著「一九六三澳大利亞小姐」彩帶，拖著行李箱走來走去。她從箱子裡拉出繫著幾件內衣的長繩，與觀眾哈拉一會，隨即大聲說：「我是一九六三年澳大利亞小姐，你們記得嗎？」沒有人回答，突然有一位穿著T恤的禿頭老先生高喊：「我記得，我是那一年的澳大利亞先生呢！」觀眾大笑。女藝人邀他出來，兩人一搭一唱，接著再找出中年法國人和年輕的蘇格蘭男孩，連同澳大利亞先生三人分別模仿選美秀。最後，「眞正」的選美皇后——女藝人本人，坐上三位男士以雙手搭成的「轎子」繞場一周。

我原以爲三位男士是女藝人事先安排的柱仔腳，至少澳洲先生必屬她的搭檔，後來才知都是臨時披掛上陣。

另一場讓我印象深刻的街頭表演者，是以呼拉圈結合舞蹈與特技的年輕東歐女藝人，她向圍觀的人群徵求臨時男伴，話才說完，一位中年阿拉伯男士從觀眾中竄出。女藝人邊表演呼拉圈，邊跟他打情罵俏。一個翻滾，原來的短衣短裙與頭飾變成簡便的新娘婚紗，手上多了一束塑膠花。路人甲主動跪下求婚，女藝人隨即跑到觀眾群中，拉出年長的路人乙，「爸爸、爸爸」叫個不停。結婚進行曲從簡陋錄放音機響起，路人乙挽著女藝人一步一步從觀眾群中走出，後面還跟著臨時被拉出來扮演花童的少女……

街頭現場有不少小孩隨著大人觀賞節目，當被叫出來幫個小忙時，個個喜不自勝。表演結束後，他們在家長鼓勵下，拿銅板丟到藝人手捧的布袋內，一副很有參與感的模樣。單就內容而言，愛丁堡的街頭表演未必超過台灣夜市的打拳頭、賣膏藥，及各種歌舞落地掃。然而，城市空間、景觀與表演者、觀眾所共同烘托的節慶氛圍，卻非台灣任何打著藝術節旗號的活動所能望其項背。

愛丁堡藝術節的氛圍，如果一定要拿個台灣經驗做比喻，大概只能以各聚落大拜拜演戲，江湖藝人做場，居民準備流水席接待親友的節慶氣氛差可比擬。大拜拜的熱鬧不只表現在杯觥交錯的家庭場景，更是聚落空間自然散發的「鬧熱」。大拜拜追求的是人神交歡、賓主盡興，西方藝術節則講求個人與空間、藝術的結合，兩者基本性質不同。台灣主辦藝術節的「頭人」，如能以兩個畫面做比較，思考如何呈現空間特質，吸引藝文團體主動參與，遊客不只來探望親友、吃喝一番，亦樂於了解在地空間，參與藝文展演，差不多就掌握藝術節的本質了。

（原載《中國時報》寶島大劇場，二〇一〇年九月八日）

文創口號化

近年台灣的文化創意產業成爲顯學，政府、企業、藝文界興致勃勃地投入這個熱門行業。大學亦設立相關系所、學程，推動與文創產業有關的課題，影響所及，一般課程也開始「創意」，「神話創意經典研讀」、「創新歷史人物分析」、「戰爭與創意」……紛紛出籠，連「正骨整復師培訓班」、「塔羅牌師資培訓班」都編入文創產業了。

二〇一〇年台北市文化局長宣布這一年是「文創元年」，將推動大型文創群聚計畫，以「雙L軸帶」概念，一網打進北美館、西門町、迪化街、大南海文化園區、寶藏巖……等，一個偉大的文創年代彷彿即將來臨。台北市文化局如果把文創產業列爲年度施政重點，可視爲一種策略；但以它作爲年號（符號），今年爲「文創元年」，而後依次應是二年、三年……十年、三十年，文化局等同文創產業局，文化認知與施政目標便大不相同了。

文化創意誠然重要，產業發展更攸關國計民生，但文化如同教育，是立國精神所繫，有其核心價值與發展脈絡。文創產業所指涉內容與產值，都從「文化」本質發揮經濟效益。換言之，文化部門的核心業務並非文化創意產業，而是以「文化」內涵作主軸，執行保存、傳承文化資產，鼓勵藝術、文學創作，提升國民人文素質的施政計畫。舉凡食衣住行與空間的生活文化、藝術展演與信仰禮儀，都由此開展，並產生人文與科技、經濟活動。有歷史人文意義的古蹟、遺址、藝術活動與自然景觀，即爲觀光產業實質內涵；具深厚文化基礎與人才養成管道，設計、電影、出版、工藝、表演藝術、數位內容等產業就會生生不息。

政府經建部門、文創業者爲了凸顯文創產業的發展策略，使用各種口號、符號，可以理解。文化部門把文創產業與文化業務完全重疊，雖使「文化是好生意」的觀念普遍流傳，相對地，沒有產值、「非生意」的文化因而不合時宜，本末倒置，原已功利的社會進入上下交征利的氛圍，未必有利吾國。

再從台灣文創產業的實際執行層面來看，雖然狂喊了幾年，舉國引頸期盼，卻一直是在空中飄浮的名詞與數字遊戲。相關的軟硬體措施一議再議，難以定案或積極推動，其中涉及的文創產業分類、涵蓋範疇及主管機關，更是爭論不休。目前呈現的文創產業成果大多走高雅路線，尚未看到讓人驚豔、感動的內容。文化創意產業法已在立法院通過，值得慶幸，依法將來須成立類似工研院的文創研究院。然而，如何規畫、執行，恐怕還有一番折騰。

其實，當下「文化創意產業」所涵蓋的產業類別，早在（Cultural Creative Industry）這個英文名詞中譯爲「文創產業」，並快速流行之前即已出現，產業之間也有跨界合作經驗。從文創產業的本質來看，它與其說是一種新行業，倒不如說是一種理念、創意或人文素養。文創產業的精神在於強調產業發展要有文化思維，藝文也需兼顧應用與行銷的部分，並搭建跨界合作的平台，擴大文化影響層面，提高產業品質與競爭力。

文化、經建部門或各級政府如能重視文創精神與文化附加價值，了解產業內容的不同屬性、生態及需求，則不論分幾類、由那個部門主導就不太重要。相反地，如果缺乏文化思維，就算編列巨額預算，搭建行銷通路，也事倍功半。政府經建、研考部門或許出於揣摩「上級」重視這個新興產業的美意，將文創產業套入愛台十二項建設、十大重點服務業、促進就業實施計畫等重大政策，文創產業愈加包山包海，難免多了空話與口號，對文創產業的推動恐造成干擾。

行政部門應該深思的是，文化創意產業既然多屬「老」行業，它們以往的發展史，以及所面對的困境，歷歷在目，有跡可循。以電影來說，業者面臨哪些法令、制度、融資的限制或其他疑難雜症？很容易了解，明白問題所在，有效改善，撤下文創產業的天羅地網才能收到事半功倍的效果。

（原載《中國時報》寶島大劇場，二〇一〇年六月二日）

中信金與新舞台

東京中央區銀座的歌舞伎座是日本最重要的歌舞伎劇場，後方緊鄰共構的二九層松竹辦公大樓，傳統建築體與現代高樓大廈，乍看突兀，實則相輔相成。歌舞伎座與後台老闆松竹的藝企結合，讓人聯想台北的新舞台與中信金集團。

今日坐落在信義計畫區的新舞台不到二十歲，但連結二十世紀初台北「後驛」第一個台灣人劇場意象，深具意義，也成爲最具影響力的中型表演場地，論功行賞，除了中信金的支持，也仰賴內行的辜家大小姐有效的經營，與政府部分經費補助。

然而，這段台灣現代企業贊助藝文的佳話，最近逐漸變了調，中信金打算把信義計畫區的總部連同新舞台高價賣出，一般估算底價超過二百億。根據報導，中信金將在二〇一四年二月標售，消息曝光，立刻引起文化部門與藝文界的強烈反彈，半年多來，文化人對新舞台問題發言盈庭，一致認爲這是重要文化資產，必須予以保存，然而，再多的聲音也宛如蜉蟻撼大樹、蚊子叮牛角，新舞台只是媒體藝文版的小插曲，難以影響中信金偉大的決定。

如何解決新舞台的問題？藝文界有人獻策，由國家文化藝術基金會買下，再租給文化部，也有人建議政府在「精華區」提供中信金新建新舞台……，大家都好像有一個「共識」：政府必須概括承受。把新舞台問題丟給政府，簡單方便，卻沒有多少人想過，問題癥結取決於中信金的態度，解鈴仍需繫鈴人。倒是台北市文化局已即時將新舞台列為「文化資產評估重點」，以防它瞬間消失。此舉顯然惱火了中信金，幾個月前某報刊登一篇〈新舞台列文化資產，阻企業賣樓〉的文稿，抨擊北市文化局的作為恐使「百億不動產銷售打折扣，影響中信金三十萬股東權益」，還引述該企業高層與「股東」的話說：「新舞台成立僅二十年」與「該拆的新舞台不給拆，不該拆的苗栗大埔張藥房卻拆了，政府在想什麼？」整篇文章等於是中信金的公關稿，而以貶抑新舞台的方法，凸顯變賣劇場的正當性，令人匪夷所思。

中信金最初的如意算盤是藉口銀行法限制總部他遷，就不能留下新舞台，準備把新舞台與總部大樓綁在一起，待價而沽，但金管會澄清沒這個問題，中信金又改口十幾年來已投入可觀經費，而且將在未來的新總部或其他地方興建另一座新舞台，聽起來合理，但劇場不同於貿易公司或工廠，表演團體、觀眾與劇場間長期建立的參與感與信任度，正是新舞台聲譽超過甚多公立劇場的重要因素。最近北市都發局依據信義計畫地區第三次通盤檢討草案，規定中國信託企業總部大樓未來如果改建，應維持原位置，並依照當初容積獎勵的基本條件，保留與新舞台相同規模的劇場空間，換句話說，即使未來中國信託總部易主，新舞台仍需保持作為藝文空間性質，並經過都市設計審議程序關卡。

好好一座新舞台蹉跎至今，幾已難有退路，如果中信金早已確定「覓地重建」是唯一雙贏方案，理當幾年前就應公布這個計畫，與新舞台營運者或相關業者一起做好完整的遷移計畫，也讓社會大眾對這個新劇場產生期待感。並在新劇場啓用前，原來的新舞台維持正常運作，讓新舊劇院之間能無縫接軌，不會出現空窗期。然而，中信金志在買賣大樓，不太注意劇場轉移陣地所需處理的營運與技術層面，近日又傳出中信金要求市政府給予新大樓容積獎勵，此例一開，等於一塊地給予兩次容積獎勵。

如今新劇場尚未見蹤影，原來的新舞台已危機四伏，令人遺憾。就算新舞台將來能另起爐灶，也得度過一段漫長的空窗期以及劇場適應期，而且最後很可能不了了之。因爲中信金一直認爲已善盡社會責任，如果新舞台消失，錯不在它。中國信託文教基金會在十一月初的官網並宣布自二〇一三年一月一日起宣布停止所有對外租賃與相關業務，若新舞台被指定爲文化資產，不得不保存下來，基金會也將使出玉石俱焚的策略，讓這個劇場停止營運，理由是未來中信金沒有足夠盈餘支助藝文活動，話說得委屈，但有說服力嗎？

大企業原本就應有社會文化責任，當初中信金在松壽路興建高樓層總部，因新舞台而享受種種優惠，包括低地價、減稅、高度、容積獎勵等。新舞台爲中信金帶來的附加價值，也難以估算，尤其近年企業翻雲覆雨，捲入政治獻金、紅火案……，企業聲譽受損，新舞台的公益與藝文形象難道沒有粉飾、加分的效果？

（原載《新新聞》第一三九五期，二〇一三年十一月二十八日）

註：台北市文資審議會於二〇一三年十二月三十日通過將新舞台登錄為文化景觀，然新舞台仍於二〇一四年五月停止對外營運；松壽大樓連同新舞台的標售案則多次流標，新舞台未來命運如何仍是未定之天。

路過重南書店街

我每個月總會有一、兩次到台北市衡陽路、桃源街一帶用餐，去的路線不一，視吃飯前的「行止」而定，有條條大路通羅馬的不同走法。回來的路線則較固定，從中山堂地下停車場出來，習慣從延平南路、衡陽路右轉中華路，直走北門，穿過火車站前的地下道，從忠孝東路接八德路回家。

北門口的台北郵局是日治時期融合古典與現代的折衷型主義建築，外型極為壯觀、也極具親切感，我年少時代在台北市區晃蕩，縱使不買郵票，無信可寄，也喜歡優閒自在地穿過郵局內部廊道，看著辦「郵政」的人們。台北郵局現已成為國定古蹟，前一陣子正在整修，布滿鷹架、綠色護網，像動了一場大手術、面目模糊的人，讓我心情一陣鬱悶。

這天晚上在桃源街吃完牛肉麵，沿著中華路，到漢口街時，靈機一動，改右轉直走，就是不想再看到落魄的郵局。車子穿過延平南路、博愛路到重慶南路口，迎面就看到「三角窗」那棟門面嵌著「台灣商務印書館」大字的建築物，有如看見久未謀面的老友般溫馨。然而，再一眨眼，一樓店面怎麼變服裝行？裡面賣的是每件兩百元上下的衣服，它的擺設與具百年歷史的商務印書館格格不入，原來堂而皇之的建築物，變成夜市的一部分，人文氣質頓失，連街景都顯得淒涼。

重慶南路一段以前書局、出版社林立，雖雜有飯館、銀行等行業，但百餘家書店「結市」，使得書店街自然形成。除了一般「圖書總匯」的店家，最重要的是幾家歷史悠久、由名家主持的大書店。站在忠孝西路口的重慶南路上，往二段方面看過去，右邊有台灣省教育廳附設的台灣書店、遠東圖書公司、中華書店、正中書局……，左邊則有台灣商務印書館、五洲出版社、世界書局、東方出版社……，後來三民書局也出現了。其中成立於一八九五年、原名台灣書籍株式會社的台灣書店，以及一九四五年從新高堂舊址改建的東方出版社，都是日治時期即已存在的老書店。我念大學的年代台灣還在戒嚴，白色恐怖的陰影猶在。許多書局翻印當代中國文史哲出版品，包括點校本與注釋本，可能因老闆、主編的黨政關係特佳，可以讓「有關單位」睜一隻眼、閉一隻眼，不過還是有所顧忌。「陷匪區」學者、作家的著作，常以「編輯部」或另取名號。例如商務印書館出版鄭振鐸的《中國俗文學史》，把作者改成鄭篤，日本漢學家青木正兒的《中國近世戲曲史》中譯者王古魯變成王吉盧，中華書局翻版《斯坦因西域考古記》，譯者向達改稱向達，劉大杰的《中國文學發展史》，則改名為《中國文學發達史》、作者署名「編輯部」。

以往我來重慶南路多購買大書店的本版書，最常去的是台灣商務、中華與世界，花的錢也最多。這三家書局都創辦於民國初年，大本營皆在上海。商務出版的大部頭書籍除了買不動的四庫全書和百衲本二十四史，其餘諸如四部叢刊，中國文化史叢書或小開本的人人文庫，都可零星購買。在中華書局常挑選據武英殿本校刊的四部備要，大一暑假（一九六八）還以六百元「大鈔」買了上下冊《辭海》，當時有點心痛，卻一用就是四十幾年，後雖購買新版《辭書》，但這部舊書一直伴隨至今。世界書局出版的點校本古典書籍，多納入楊家駱主編的「中國學術名著」，較常讀的有王夫之的《宋論》與《讀通鑑論》、趙翼的《二十二史劄記》、鄧之誠的《東京夢華錄校注》、《全元雜劇》等，另外，朱生豪翻譯的莎士比亞全集亦由世界書局出版，也買了一些。來台灣書店找的書不多，較有印象的是連橫《台灣通史》，與一七八〇年代初隨朝鮮使團去清國祝賀乾隆七十大壽的朴趾源，就其見聞所記錄的《熱河日記》，到遠東圖書公司則是爲了找梁實秋的散文集與他翻譯的莎劇。

除了經常來重南書店街，散落各處的幾家文史書店也不得不去，例如中山北路一段的開明書店、羅斯福路的廣文書局、金門街巷子裡的新興書局、板橋的藝文印書館。開明以文學類爲主，藝文的版本較精，廣文的書則較蕪雜；新興出版甚多類書與文人筆記，多是翻版書，定價很高，但慣以五、六折賣出，版權頁也如寺廟善書，多標註「歡迎翻印以廣流傳」。而後，私自翻印中國學術著作的出版社、書局，如河洛、明倫、鼎文、華正、里仁……，紛紛崛起，鼎文翻印中國二十四史點校本，我還舉債買了一套。

我三、四十歲後，就較少到重慶南路，偶爾路過，也很少進書局。前幾年曾至商務挑了幾本書，那時一樓仍是書店門市，沒想到短短數年，就完全改觀了。商務退守二樓，在以前經常光顧的書店中，也許還算好的，因爲中華書局已經不見，只剩下倉儲和網購，遠東圖書公司由一樓店面「高」升到十樓一隅，世界書局縮小門市，台灣書店更是結束營業了。相對地，賣參考書、電腦用書的書店增多了，彼長此消，今昔對照，不勝滄海桑田之感。

台灣許多行業都曾有輝煌的歷史或發展潛力，風光一時的重南書店街就是例子。二十多年前台灣各地推動社區總體營造、注重歷史建物、老街的保存，如果當時就有書店街人文景觀及文化產業保護的觀念，重南便可在原有基礎上，更具規模與質感。然而，這種機會並未出現，隨著社會變遷，書店街已不成書店街，雖有「重南書街促進會」企圖重振書店街的風采，但爲時已晚，難有奇蹟出現。重南書店街的沒落，除了現代人買書習慣改變，大型連鎖書店（如誠品、金石堂）以及網路通路（如博客來）的出現，也有一部分是業者自己造成，十幾年前開始，重南部分書局大量販售回頭書，品質良莠不齊，排列紛亂，書店街的整體質感不在。

台灣當代書店已不再是單純賣書的空間，結合了咖啡、講座等創意空間及氛圍，書店裡賣的書也因店主人的興趣或專長而各有不同，有強調文學、設計、藝術、同志或二手書等，這些特色書店逐漸形成城市新興的社區文化空間（如台大溫羅汀一帶）。相較這些特色書店在城市巷弄中的逐漸群聚，金石堂和誠品書店這類連鎖書店不是走下坡，就是變成紛雜、珠光寶氣的圖書百貨公司。每思及此，重南書店街的衰敗與幾近消失最教人扼腕嘆息。

（原載「風傳媒」，二〇一四年四月二十四日）

註：台灣商務印書館已於二〇一四年十二月八日，因建築物老舊及網路環境不佳等理由自重慶南路搬遷至新北市新店區。

再會港都

由日本歌曲改編的台語歌〈基隆山之戀〉，歌詞作者是台灣人，內容也已本地化：

男：基隆山、基隆山，我的愛人啊放捨我，伊是嫌阮面容歹看，抑是嫌阮做鱸鰻（流氓）？

女：阮無嫌你面容歹看但是嫌你做鱸鰻……

接著，男女角色對換。

女：要按怎要按怎（怎麼辦），阮彼的心肝的放捨我，你是嫌阮面容歹看，抑是嫌阮落煙花？

男：阮無嫌你面容歹看，但是嫌你太貧段（偷懶）……

歌曲中男女情侶鬥嘴鼓，互相漏氣求進步，很有意思。

台語的基隆市、基隆港、基隆山並不是依「基」「隆」二字發音，要念做雞籠，一般認爲這是擷取平埔族凱達格蘭人 **Ketagalan** 首尾 **Ke-lan** 的簡稱，也有人說從海上看基隆的山脈似雞籠而得名。十九世紀七〇年代，清廷在這裡正式設治，改名基隆，取「基地昌隆」之意，充滿教化、祈福意味，遠不如雞籠念起來生機蓬勃。

基隆的地形有點像南方澳，擁有天然的山巒與港灣，同樣是山川秀麗、風光明媚的港都，但南方澳只是蘇澳鎮管轄的幾個里，人家基隆曾與台北市同爲台灣五省轄市之一，更富歷史、人文傳統。十七世紀時，曾經先後被西班牙、荷蘭殖民統治，留下不少歷史遺跡，如傳說中西班牙時期的聖多明哥城遺跡、荷蘭時期和平島的「蕃字洞」。一八八四年清法戰爭（西仔反）基隆更是台灣史上亮眼的古戰場，留下當時的碉堡、砲台等具歷史風貌的遺址以及傳說。

在客機還不普遍的年代，北部台灣人出國必在基隆港進出，碼頭經常停泊來自國內外的商船。冷戰時期，美軍協防台灣的年代，基隆有著畸形的繁華，基隆酒吧林立，做美國大兵的生意，也是基隆委託行的黃金年代，工業、商業與基層勞動力俱爲基隆的主要人口結構。

從年少到大，我一直很喜歡去基隆，逛夜市，或到和平島、八斗子遊玩。每次到奠濟宮（開漳聖王廟）附近的夜市，只「專攻」那家唯一賣旗魚飯的攤子，配鮮魚湯，外加煎豆腐、炒青菜，幾十年走來，始終如一。那時往來蘇澳與台北之間的火車，要穿越十四個隧道，經過二十三個大小車站，到基隆要在八堵換車，這是北宜線最大的停靠站。當火車滑進八堵月台邊的軌道，立刻傳來女播音員奇特的腔調：「八堵、八堵站到了，往基隆方面的旅客，請在這裡轉車……。」刻意把語句念得高低起伏，不像台灣國語或客家、原住民的國語，事隔數十年，我對這位可能早已當了阿嬤的「懷念播音員」，仍然印象深刻。

年輕時代常到基隆，是爲了作田野調查，當年西皮與福路的激烈對抗已事過境遷，但地方人士仍津津樂道。這是清末以降熱愛戲曲的民間子弟因聲腔、主要樂器、戲神信仰不同，加上輸人不輸陣的鬥志，隔著一條旭川河（基隆運河）形成兩個戲曲世界，河東的田寮港（今仁愛區）、石硬港（今仁愛、信義區），以及仙洞一帶，屬於西皮派，以「得意堂」爲代表，境內的奠濟宮是他們的大本營。

河西的蚵殼港（今安樂區）、牛寮港（今中山區）以及和平島，是福路派，以「聚樂社」爲代表，根據地曾在城隍廟和媽祖廟，雙方旗鼓相當，不但戲曲子弟互不相讓，連一般民眾也因所處地緣而被列入西皮派或福路派。西福之爭同樣出現在宜蘭全境與今新北市金山、萬里、瑞芳、雙溪等地，並曾發生台灣史上最大規模的戲曲分類械鬥，也是世界戲劇史上絕無僅有的例證。然而，戲曲分類對抗再怎麼狂熱，後來也不敵因選舉產生的地方派系，得意堂、聚樂社近半世紀早已趨於沉寂，無復昔日盛況矣。

曾組「黑貓歌舞團」的楊三郎所創作的歌謠〈港都夜雨〉膾炙人口，歌曲中的「港都」不是高雄，當然也不是南方澳，而是基隆。洪一峰作曲、主唱的〈男兒哀歌〉，也唱出港都的悲愴，作詞者葉俊麟是基隆籍，他筆下「船螺聲音交響著酒場小吹聲，港都又是船入港，回復歡樂影，酒是不倒來嗎，無醉我不行……。」酒場樂聲加雜著風塵女子苦中作樂的哀愁與漂泊浪子的悲戚，那位小喇叭手讓人聯想楊三郎。

如今的基隆市街凌亂、交通壅塞，建設停滯，天橋、高架橋騰空而起，毫無設計感。我不知道何時開始基隆由美麗變得醜陋，港都變成這款模樣，令人不勝唏噓。地方政治人物避談人謀不臧的部分，把原因歸咎市內很多土地屬於國防部，或中船等國營事業，發展空間有限。一九八〇年代，原爲基隆輔助港的台北港（八里）成爲北台灣最大的貨櫃港，曾經是台灣最重要國際港市和工業重心的基隆港一蹶不振。基隆近年衰事連連，幾家雜誌所做的縣市施政評比，經常墊底，又接連驚爆地方首長涉入弊案，暗濤洶湧。不久前最大條新聞國民黨提名的下屆基隆市長候選人、市議長爆發受賄醜聞，國民黨進退失據，最後撤銷提名，但議長公開表示「粉身碎骨也不退選」，聲稱已獲七萬多市民連署擁護。

〈基隆山之戀〉歌曲中，男女「放捨」愛人，口口聲聲非因對方貌寢，男的也不嫌棄女的墮落煙花，但女的嫌男的做流氓，男的怪女的太懶惰；既爲情侶，卻隨時威脅要另結新歡「有時天光、有時夜暗，阮要擱娶（嫁）有別人」，顯然「面容歹看」仍是男女分手主要原因，其他只是藉口，而這些負面形容詞差不多也是基隆今日的窘境。

基隆從「台灣頭」變成台灣衰尾，市政治理形象衰敗。近年各縣市競相爭取升格，夾在台北市與新北市間的基隆市，不管與那個院轄市合併，或仍維持獨立性，都只是任人宰制的邊緣城市。

（原載「風傳媒」，二〇一四年七月二十一日）

關渡山上的圖書館荒謬劇

法國前總統薩科齊任內（二〇一〇年）曾要求各大學徹底延長校園圖書館開放時間，每日至少自早上八點至晚上十點，即便週末也不休息。

堂堂舉世聞名的文化大國，由總統出面宣布這項「小兒科」的壯舉，向來把法國視爲楷模的台灣人想必不再妄自菲薄了，因爲台灣的大學圖書館大多維持長時間開放。

圖書館是智慧的寶藏，也是大學的生命線。它的硬體建築、空間格局與典藏圖書文物反映學校的歷史傳統、專業特色與校園風氣。圖書館存在的意義，就是引導、提醒師生時時刻刻善用圖書文物資料，所以北藝大創校之初，圖書館即與美術、音樂、戲劇三系同時成立，作爲師生創作、研究最重要的補給站。從無到有，規模逐漸擴充，蘆洲時期借用兩間教室作爲圖書館館址，到關渡已坐擁七層的龐大建築體，包括地下三層、地上四層，四到七樓是藏書和研究、閱讀空間，有多間視聽教室與研究小間，是圖書館的心臟地帶。

北藝大設備完善，展演水準非常專業，唯有圖書館開放時間稍短，目前典藏書庫開放時間是週一至週五08：30至21：30，週六提前至20：00，週日則開放13：00至17：00，使用人數不多，部分原因在於北藝大師生人數少，教學系統與創作、研究，大半在各系或展演中心、美術館、音樂廳進行，加上圖書館員額只有九名，專職工讀生五人、兼任四人，人力嚴重不足，也影響服務品質。

荒謬的是，最近北藝大圖書館奉高層指示，計畫縮短開放時間，說什麼「新時代的圖書館要有前瞻的思考，同時節能減碳」理由冠冕堂皇，眞正原因是師生使用率低，加上電費過「高」，不符成本效益。打算調整爲週日全天休館、週六開放時間爲10：00至18：00，星期一、三、五開放08：30至20：00，週二、週四爲08：30至18：00。消息傳出，全校師生譁然，學生組織（如「北異・吭聲社」）、臉書社團（北藝大之友會）反應激烈。

近二十年來，北藝大的經費愈來愈拮据，各系所、圖書館及各中心所能分得的業務費與設備費有限。然而，「窮也不能窮圖書館」，學校仍努力排除萬難，擠出千萬以上預算，提供圖書購藏經費。一九九八年我接北藝大校長時，要求圖書館盡量延長開放時間，原先週末、週日休館，改爲週六全日開放、週日開放半日，平常開放時間也延長至晚間十點。依手邊資料，二〇〇六年初我離開藝大到文建會之前，年度圖書購藏經費尙有一千八百五十萬元。

北藝大的常態性經費銳減，圖書館只能擬定各種發展計畫，爭取有關機關的專業補助。二十一世紀初，教育部在國內八所大學院校設置人文社會科學重點資料中心，北藝大有幸被選爲表演藝術資料中心，自二〇〇一至二〇〇三年，獲得兩千多萬元補助，執行三年期的表演藝術專門圖書館設置目標，典藏內容包括「戲劇」、「音樂」、「舞蹈」和「跨領域」四大類，皆由各表演系所專業教師有系統地蒐集、採購、整理相關的圖書及影音資料，累積八千件圖書、CD唱片、錄影帶、VCD、DVD等。以這個爲期三年的計畫爲基礎，北藝大圖書館的專業藝術類典藏更加豐富，總數量逾四十萬冊，包含許多市面上已絕版的圖書、影音資料。

可惜後續無力，難以維持優勢，無論典藏數量、新書上架、開放時間皆常被師生詬病，尤其來自台大、政大、清大的研究生，更常以其母校圖書館典藏與行政效率作指標，批判北藝大的圖書館水準。二〇〇七年起，圖書館分配的圖書購置費僅有百萬元之譜，只能仰賴館方向教育部和國科會申請人文圖書補助，或與各系所合作專題研究計畫爭取經費。

面對網際網路、資訊科技和學術傳播的衝擊，以及電子書及電子資料庫的大量出現，圖書館——包括大學圖書館存在的必要，確實有人質疑。有研究者從二〇一一年七月美國出版的《大學圖書館期刊》提出這樣的關切：「讀者眞的不像以前那樣需要圖書館員了；圖書館員的服務，即便是免費的，也沒有讀者跑到圖書館的時間值錢」。

大學圖書館努力的方向，是思考如何整合資源，建立圖書館的特色，發揮更大的邊際效益，並擬定各項措施鼓勵師生與校外研究者多多進圖書館，而不是鴕鳥般縮減開放時間。

北藝大會出此「下」策，是因爲出了一位以急功近利著稱的領導人，他曾就「圖書館開放時間調整」與戲劇系洪姓老師有一段經典對話：

領導人：圖書館的三樓自修室二十四小時開放，內部還有三間討論室，九間研究生研究小間，也有電腦，基本上是二十四小時開放，比過去到圖書館更便利，四至七樓適當的節能減碳有何不妥？

洪師：大學是學識與知識的殿堂，圖書館是師生在課堂外研究、進修的最重要場域，怎能輕易縮短開放時間？領導人把四至七樓藏書和三樓自修室功能相提並論，有魚目混珠之嫌。

領導人：北藝大學生上圖書館的時間跟人數有紀錄可查，資源應該善用，現在提供的是更好的二十四小時的便利性。請問您一學期有幾天在六點後出現在圖書館？

這段對話很有趣，面對質疑，領導人反問洪老師「請問您一學期有幾天在六點後出現在圖書館？」，他大概是以自己使用圖書館的習慣來作思考？北藝大學生最需要的，並非K書中心式的二十四小時閱覽室，典藏書庫的運用才是做研究、創作的靈感來源與書寫依據。

依北藝大領導人的邏輯與其一貫的做事方法，圖書館功能不彰，就要求新求變、謀求「雙贏」。如果當年北藝大圖書館興建計畫可以回到原點，也許有人會像現任領導人一樣，認爲與其編列大筆預算，興建硬體建築與空間設備，外加一定的人事組織編制，以及持續購置的圖書文物……，倒不如把圖書館虛擬化，全校師生每年每人發五千元「圖書閱覽費」，到其他公立圖書館看書呢！

北藝大圖書館縮短開放時間的「改革」鬧劇，最後勢必無疾而終，令人遺憾的只是，學校領導人以及善於逢迎的「虎仔」總務長，怎麼會以省電、使用率過低爲由，企圖大大縮短典藏書庫開放時間，在關渡山上演出一齣荒謬劇？

（原載「風傳媒」，二〇一四年十月二十三日）

輯三、國民演藝

赤壁：遙想公瑾當年

吳宇森執導的《赤壁》上集，外界評價貶多於褒，等到《赤壁：決戰天下》一出，方知上集只是鋪陳，可看可不看，眞正的《赤壁》在下集。

《赤壁》取材於歷史，但劇情不盡然依循歷史脈絡與傳統三國傳奇進行。銀幕上的演員表出現不少三國將領姓名，除了大明星扮演的角色，許多名將的面孔不易辨識。倒是中村獅童扮演以肉身炸開魏營的甘興，史無其人，應是「百騎劫魏營」的甘寧（興霸）吧！既要創造情節、還要顧及人物身分，才會有這位如眞似假的三國人物。

其實，三國故事流傳一、兩千年，歷代對三國人物與故事各有好惡。明清甚至出現一類「補恨傳奇」，大作翻案，清人夏綸《南陽樂》就是敷演諸葛孔明六出祁山，不但未死於五丈原，且攻克許昌、恢復中原……。現代人觀賞「三國」電影，與其計較史實，不如從導演所架構的歷史事件與人物角色，檢驗其情節脈絡的邏輯性及所欲傳達的影像效果。

《赤壁：決戰天下》有些情節與三國故事或三國戲劇不同，既非《三國志》的赤壁，也不是

《三國演義》的赤壁，鏡頭下的《赤壁》，接近蘇東坡《赤壁賦》的文學赤壁。透過「遙想公瑾當年，小喬初嫁了」的浪漫情境，觀看三國亂世的「周郎赤壁」，應該也算吳宇森對三國傳奇的補恨吧！

《赤壁：決戰天下》的演員陣容龐大，導演掌握「羽扇綸巾」周公瑾與「橫槊賦詩」曹阿瞞的人格特質，梁朝偉與張豐毅的表演也相當稱職。相形之下，出神入化的「諸葛先生」金城武角色尷尬，表演生硬。忠義千秋的劉關張淪爲動作誇大的小配角，「常山趙子龍」台詞極少、性格缺乏著墨，卻神勇無比，看慣戲曲《黃鶴樓》的人，大概無法明白舞台上劍拔弩張的周都督與趙子龍，何以在銀幕上如此「麻吉」。

群英會蔣幹中計與諸葛亮草船借箭雖仍是《赤壁：決戰天下》重要場景，但周瑜打黃蓋、龐統獻連環計的關鍵性情節，已轉移到兩位女人身上。孫權之妹尙香與周瑜妻小喬見於傳統三國故事，銀幕上的兩人卻是導演的創作。

孫尙香潛入兵多將廣的魏營，以飛鴿傳書遞送軍情，並與魏營足球（蹴踘）明星演出悲喜劇。這個「創意」人物由趙薇演來生氣盎然，但在魏營「當兵」，卻能到處偷繪軍事地圖，戰場如兒戲，對比影像所呈現的肅殺氛圍，顯得突兀。

羞澀的林志玲飾演小喬，在大戰一觸即發之際，隻身前往魏營，爲曹操沏茶，雖不能讓一代梟雄退兵，卻拖延曹軍進攻的時間，終致西北風轉東風，火燒連環船。因爲她，曹阿瞞不得不感慨，赤壁鏖戰竟然敗在一杯茶與一場風。

電影最後的結局，既無阿瞞倉皇脫身的描繪，也沒有華容道關羽釋曹的情節，而採用一般影片常見的結局：正反雙方捉對廝殺，正派主角雖一度危急，終能化險爲夷、救出女主角，制伏對手。最後，周瑜對戰爭的殘酷翩然醒悟，放曹泯恩仇。導演借這位千古風流人物之口說出他對三國歷史——至少是赤壁之戰的看法：「大家都輸了！」

整體而言，《赤壁：決戰天下》堪稱氣勢磅礡的史詩電影，從歷史場景安排、場面調度、以及鏡頭運用，可看出導演功力。尤其曹營傷寒肆虐，以鬼船運屍順江而下，瘟疫蔓延吳營的鬼魅氛圍，以及草船借箭、錯殺蔡瑁、張允所營造的風雲詭譎，皆令人印象深刻。

不過，最讓台灣電影界羨慕的，還是《赤壁》龐大的製作經費（八千萬美元）與精湛的影像技術。畢竟，台灣要請好導演不難，但要找到雄厚資金，以及好萊塢水準的電影製作技術，並不容易。幾年來政府一再聲稱要請國際大導演拍歷史大戲，卻始終未能實施。至今政府仍把建構電影製片環境，列爲推動文創產業的重要課題，但說得多，做得少。原因在於行政部門習慣本位思考，又處處受制於僵化的法條，對國際大導演，或具潛力的電影新秀，尚無法起積極的鼓舞作用。

（原載《中國時報》寶島大劇場，二〇〇九年三月十五日）

秀場與豬哥亮

台灣有不少活躍於影視、舞台的演藝人員，他們的表演比「表演藝術界」更貼近民眾生活，也更具有「國民演藝」的性質。然而，社會大眾喜歡藝人帶來消遣與娛樂，也羨慕藝人的光鮮豔麗，日進斗金，卻又輕視「做戲仔」的身分。一般人心目中的藝人生活不是好勇鬥狠，就是紙醉金迷，這種刻板印象與藝人未能拿捏好自我角色有關，但社會對藝人採取雙重標準，不尊重「國民藝人」角色與演藝成就，也是一大因素。

最近，以簽賭、槍擊、開黃腔、「物化」女性聞名，而且「跑路」多年的豬哥亮又成爲新聞焦點，復出拍廣告、主持電視節目、拍電影的話題不斷。許多藝人、記者在媒體上大談豬哥亮的傳奇人生與舞台魅力，彷彿「豬式」典型印象瞬間已成過去。連帶地，餐廳秀或歌廳秀這類「秀場」也勾起過來人的回憶，水漲船高。豬哥亮大起大落，風雲再起，雖是節目製作單位、廣告商炒作的結果，但其所反映的，卻是台灣「秀場」或「綜藝」人生的常態。

今日的豬哥亮被視爲「秀場天王」，他所代表的秀場表演形式流行於七〇年代後期至九

○年代初期，與以往的歌廳節目不同，與同時間的民歌餐廳也大異其趣。其主要特色不在表演空間（餐廳、歌廳、酒店）或傳播媒介（舞台、影像），而是節目主持人的串場型態，及與表演者的插科打諢。主持人說學逗唱無一不能，即興表演的成分濃厚。一言以蔽之，就是盡情地「虧」──「虧」別人，也「虧」自己，並常帶性暗示，帶動現場氣氛。或因如此，「秀場」表演未曾出現在戒嚴時期老三台的節目中。

不過，「秀場」盛行的同時，錄放影機與有線頻道陸續進入家庭，以餐廳秀、歌廳秀、點唱秀爲名的「秀場」錄影帶大行其道。民眾可從出租店帶「秀場」回家，或在餐館、旅館、遊覽車上看到豬哥亮的餐廳秀，賀一航、余天等人的三立點唱秀或胡瓜的歐棚演唱秀。與其他主持人相較，豬哥亮的表演少有鋪陳、醞釀的過程，而以獨特的造型，睥睨、挑釁的動作直接叫罵，樹立「豬」式風格。其「經典」名句，除了「您娘卡好」，還常抓住女藝人的言行，接一句「不知痟想我多久了」，故意曲解對方企圖對他不軌，藉以製造舞台笑果。

從大眾表演史的角度，發生在餐廳、歌廳的「秀場」連結戲院結束後的「內台」表演型態，走上更通俗、簡單、多變化的路線。觀眾直接從歌唱／談話交插表演中，立即獲得感官刺激與娛樂效果，不需像看戲曲、新劇那般費神與「傳統」，反映經濟繁榮年代庶民的速食消費型態。

「秀場」的主持人、表演者與觀眾之間的強烈互動，使舞台充滿創意與活力。可惜政府與藝文界未曾正視，遑論給予實質的鼓勵，或協助其累積劇場能量。基於市場考量，秀場經營以利益爲重，一味迎合流俗，表演自然庸俗。尤其「秀場」藝人涉及槍擊、毒品、金錢、男女及與黑道糾葛的新聞屢見不鮮，加深社會對藝人的負面印象。藝人身爲公眾人物，有義務被要求潔身自愛，熱心公益，但檢視藝人言行舉止的同時，社會亦應省思是否給予他們應有的尊重。

曾經風行一時的台灣秀場時代已屬明日黃花，要恢復昔日盛況並非容易。不過，演藝人員與政府、社會大眾，仍應藉著「豬哥亮事件」，重新確立演藝人員的社會文化地位，也對「國民演藝」與「國民藝人」的角色有所省思與期待，並建立維護藝人形象的機制。

現有金馬獎、金曲獎、金鐘獎獎勵現役創作型與實力派藝人，另有「終身成就獎」或「特別獎」頒給資深優秀藝人，但多屬儀式性的慰勞獎，社會感受不深。除了「金」字招牌的獎項之外，政府與社會現階段首要之務，應給兢兢業業，不斷進步的資深藝人「關愛的眼神」，並爲他們建立資料檔案，撰寫傳記或回憶錄，不但保存國民演藝資料，也鼓舞演藝人員扮演好社會文化角色。

（原載《中國時報》寶島大劇場，二〇〇九年七月十五日）

藝霞與寶塚

台灣很多人知道日本的寶塚，也有人知道台灣曾有個藝霞。這兩個歌舞劇團皆以女性爲主力，舞台上的男性角色亦由女演員反串。

寶塚是小林一三於一九一三年在兵庫縣寶塚成立，近百年來盛行不衰，有專屬的劇場與完整的訓練機制，形成強大的表演藝術企業體。現代的寶塚分成花、月、雪、星、宙五組，相互競爭，各組歌舞演員連同管絃樂團人數皆有八、九十人，每季公演節目推陳出新，爲社會所矚目，入場劵票價不低，卻常一票難求。寶塚的團員待遇不高，但要入團並不容易，年齡、學歷、容貌、身材與表演能力皆有要求。一旦結婚或「上」年紀必須離團，沒有退撫金，然而，寶塚憑著響亮的招牌，仍能吸引每個世代的年輕女性，日本首相鳩山由紀夫的夫人即出身寶塚。

藝霞創辦人王振玉在五〇年代後期受來台公演的日本歌舞團啓發，於一九五九年協助舞蹈家妹妹王月霞，與留學日本的林香芸老師合組芸霞歌舞團。而後林香芸退出，王振玉兄妹獨立經營，改名藝霞。這個台灣最豪華的歌舞團表演內容兼具台灣與中日色彩，注重布景、服裝與燈光，在各地戲院演出，深受中產階級與都市女性觀眾好評，而有台灣寶塚的美譽。許多對歌舞表演有興趣的少女，也以加入藝霞爲榮。可惜當年社會風氣未開，多數家長仍視藝霞爲「戲班」，舞團所能挑選的團員有限。藝霞年代的台灣藝文環境不如日本，政府對民間表演團體並無獎助，「娛樂稅」卻抽得很重，王振玉兄妹又沒有小林一三的企業頭腦。當時台灣電視事業與流行文化發展方興未艾，企業尚無贊助表演藝術的風氣，「內台」表演空間逐漸消失，藝霞經營十分辛苦。一九八〇年王振玉過世，藝霞命運雪上加霜，不得不在一九八五年宣告解散。它的團址、演出過的場地，也在短短幾年之間，拆除殆盡。

藝霞留下來的口碑不少，但團員演出、生活、排練的影像紀錄不多，二十多年歷史就像一陣風，須臾之間蹤跡難覓。攝影家張照堂與影像工作者曹文傑曾以殘缺的資料與田野影像訪談，爲藝霞保存一頁滄桑史。最近紀錄片導演薛常慧傾其所有，拍攝藝霞紀錄片，企圖重現藝霞當年盛況，勇氣可嘉，應予鼓勵。藝霞的紀錄片並不好製作，因爲表演藝術需要臨場感，現存影像紀錄無法看出藝霞的舞台氣勢與魅力，團員、觀眾的口述只能懷念藝霞，不易重現藝霞。即使以年輕演員模擬情境，除非有足夠的人力物力，亦難表現昔日豪華歌舞，以及觀眾投入的風雅場面。

對照寶塚的世紀風雲與藝霞二十五年滄桑，讓人感慨台日文化環境的南轅北轍。藝霞如此，其他歌舞團，包括張邱東松的歌舞綜藝團、白鳥生的 G.G.S、楊三郎的黑貓歌舞團與陳澄三的三蘭歌舞團莫不如此。前輩表演藝術家生不逢辰，令人惋惜，也讓人對重塑藝霞歷史與「霞女」人生的影像工作者更加欽佩。

（原載《聯合報》名人堂，二〇〇九年十月十五日）

寶塚能給台灣什麼？

1.

老一輩的台灣人到日本，如果只看一場表演，寶塚是極可能的選擇。二〇一三年這個結合學校（養成會）、劇團與劇場的表演團體，進入百年，為了迎接世紀團慶，展開各項演出計畫，也有學術研究以及關於寶塚在日本演藝史定位，與對台中韓大眾演藝影響的研討會。

相對來過台灣的松竹、東寶，寶塚未見在台演出紀錄，但三、四十年前的本土歌舞劇團，最常強調受到寶塚影響。只不過國情不同、文化根基有異，「台灣種」多默默出現、默默消失，偶爾爆出火花，也即刻如流星殞落。

數十年來，多次傳聞寶塚來台演出，始終不見人下來。二〇一二年十一月寶塚正式對外宣布，將由柚希禮音領軍的「星」組，於二〇一三年四月六至十四日在台北國家劇院公演，這趟台灣行未演先轟動，成爲重要新聞。

走了一個世紀，歷經兩次世界大戰，以及帝國解體、民生凋敝的艱辛歲月，寶塚面對高科技與新消費型態的現代表演環境，也有觀眾流失的危機，然皆能面對挑戰，與時俱進，而能屹立不搖，關鍵在於創辦人小林一三（一八七三至一九五七）所奠定的基礎。小林具企業眼光，經營鐵路、百貨公司卓然有成，又有文化素養，其個人藏書、藝術蒐藏品——池田文庫與逸翁美術館，至今仍受到文教界重視。他以企業利潤支持藝文事業，並以企管方法經營劇團，相輔相成，是國際表演事業的範例，也是台灣夢寐以求的傳奇故事。

小林於一九一三年在兵庫縣寶塚溫泉區創立寶塚，溫泉在十九世紀之前的日本，專屬男性休閒場所，而後才逐漸變成可供全家旅遊的場域。寶塚創立初期即擁有一千五百位觀眾席的公會堂，擺脫浴場餘興表演的屬性，走上專業劇場，還創辦《歌劇》雜誌，培養觀眾，並從兵庫縣向東京發展。一九三四年，在日比谷的劇場宣告完成，可容納三千人。現在的東京寶塚劇場是於一九九〇年代重建，二〇〇一年正式落成啓用，興建期間，則以「千日劇場」臨時劇場型式營運。

寶塚最初是以「唱歌隊」型態出現，隨即改成「歌劇養成會」，團員都是出身中上家境的十三、四歲少女，在三年內學習器樂、歌唱與西洋舞蹈、歌劇。後來年齡調爲十五至十八歲，入團的條件仍然嚴苛，待遇不佳，婚後基本上就得退團……。雖然如此，寶塚自始至今，吸引無數日本少女投考，一部寶塚史，明顯反映日本女性表演史的變遷。

二〇年代的日本女性受教育機會大增，但目標在訓練賢妻良母，女人拋頭露面猶爲人詬病，女演員的社會地位依然低下。寶塚創立之初，即強調「洋和融合」，所有西方、現代或其他外來文化皆能吸收、轉借，追求「清正明朗」的女演員形象，以及作爲家庭娛樂的新國民劇演出型態，三〇年代的日本現代女性也把觀賞寶塚與寫詩、學習英文同列時髦活動。

早期的寶塚一度起用男性演員，但很快地恢復以女性爲中心的舞台特質，有別於男女同台的歌舞團（如東寶、松竹）。曾經出現的寶塚男演員多轉爲編導或舞台技術人員，還被派遣至法、美學習，其中著名的舞台專家岸田辰彌與導演白井鐵造，並爲寶塚確定輕鬆歌舞劇（revue）的表演風格。

小林一三創辦寶塚時，原來標榜不走明星制，然而，隨著社會變遷與劇團發展，寶塚逐漸產生了名角。演員化妝從純樸白粉到使用肉色，服裝造型著粉紅、白、青色襯衫、用鴕鳥的羽毛裝飾，佩戴鑽石形首飾，反串的男役著西裝、貼（画）假鬚，表演流行歌、踢踏舞，也成爲舞台標誌。一九九〇年代末的寶塚已有花、月、雪、星、宙五組，每組都有大明星，各擁有眾多死忠粉絲。寶塚觀眾十之八九爲女性，少數的男性中多是陪女性而來的紳士。

二〇一三年春台灣觀眾能從花團錦簇的寶塚享受視覺饗宴，大開眼界，若從當代表演生態來看，未必能產生什麼刺激。不過，寶塚確實提供了一面鏡子——台灣藝文爲何難以出現賡續的百年傳統？

2.

二〇一三年四月的台北颳起一陣濃濃的東洋風，寶塚歌劇團讓兩廳院呈現前所未有的氛圍，少了往常的基本觀眾——藝文人士、大學生，但來了許多劇場稀客，有等著爲「男形」頭牌柚希禮音獻花的年輕粉絲，也有本地的中年男女攜扶長輩一起登上國家藝術殿堂。票口、大廳，日國台語聲此起彼落，觀眾席有人一邊觀賞，一邊品頭論足：「好像藝霞呢！」有人附和：「也很像三蘭！」藉著眼前的寶塚，似乎能夠讓他們抓住一點回憶。

寶塚在東京、兵庫縣有專屬劇場，其舞台形制與歌舞風格緊密結合，最明顯的，劇場多出弧形銀橋，它與舞台前沿之間是管弦樂團的位置。演出時，主角常走上彩虹般的銀橋，貼近觀眾，不但襯托演出效果，更能表現寶塚式的演員魅力。在台北的演出，舞台布景豪華依舊，卻少了弧形的銀橋，「寶塚」就不那麼「寶塚」了。尤其表演區置放一只由日本運來的樓梯，讓舞台縱深顯得不足，影響歌舞的施展。

同樣具強烈演出風格的巴黎陽光劇團，前幾年應兩廳院之邀，二度來台演出《浮生若夢》、《未竟之業》等劇，皆在廣場搭帳篷，舞台布景、道具皆來自巴黎。兩廳院大費周章，花費鉅額經費，得當與否，是另外話題；若從演出效果而言，兩廳院廣場搭建臨時劇場，是確保陽光表演特色的最佳措施。

寶塚這番首度來台公演，兩廳院只是場地出租的「房東」，主辦單位是一家經紀公司，如何把票券推出去是其唯一考量。四月六至十四日九天十二場公演的票券，幾個月前就被搶購一空，其中大半被日本粉絲、日僑商社和贊助廠商包辦。有位正在研究寶塚的日本友人專程來台觀看，卻訂不到票，只好請台北朋友天天上網等著別人釋出，才「搶」到三樓二千五百元的票券。

寶塚這一趟台北行，鬧熱滾滾，卻少了激盪，許多常來國家劇院的觀眾買不到票，也未引起台灣藝文界或文創業的討論，是美中不足之處。

（原載《中國時報》寶島大劇場，二〇一二年四月十一日）

歌聲舊情

寶島歌王洪一峰病危，舉國關切，總統與政府要員紛紛探視，洪榮宏呼籲國人一齊爲他的父親禱告。

台語歌曲的發展坎坷艱辛，有如台灣歷史的悲愴。然而，每個世代的台語歌壇仍出現寶島歌王或台語歌王、歌后。這些頭銜既不是官府頒敕，也非觀眾普選，乃約定俗成，自然流傳於基層民眾的心中。能被稱爲寶島歌王者，代表擁有精湛的技藝與群眾魅力，也顯現他們在政治打壓、社會歧視的環境中，雖然委屈卻勇敢地逆流而上，在歌唱舞台屹立不搖。

從日治以來，台語創作歌曲除了走戲曲小調（漢樂）風格，也頗受日本演歌影響，戰後的五〇、六〇年代更大量抄襲日語歌曲。在推行國語與中華文化的年代，台語歌曲被政府、知識階層視爲低俗的靡靡之音，也是日本奴化意識的餘毒。雖然如此，台語歌曲仍反映社會環境的變遷，伴隨許許多多的台灣人成長。

八二三砲戰前後，披著彩帶「光榮入伍」的少年充員兵，用輕快旋律唱著文夏的〈媽媽我也眞勇健〉：「遙遠的故鄉也，給阮來想起，小弟弟、小妹妹，親愛我的阿母。」反而增添悲涼，牽動許多家庭內心的憂傷。五〇年代後期至六〇年代台灣都會區的工業發展，促成城鄉人口大移動。許多歌曲唱出「田莊兄哥」、「流浪到台北」工作打拚、思念故鄉與親人的心聲。洪一峰的〈舊情綿綿〉、〈思慕的人〉、〈悲情的城市〉，也細膩地傳達基層大眾的情愛生活。

當年洪一峰與文夏皆能彈奏樂器，創作、演唱歌曲，也演電影，並稱寶島歌王。文夏脂粉味較重，唱腔陰柔，除了〈飄浪之女〉等少數創作曲，多直接翻唱日文歌曲，並塡上口語生活化的台語歌詞。相形之下，外型質樸、唱腔低沉的洪一峰，創作歌曲較多，搭配專業作詞者（如葉俊麟），文藝味較濃。與歌王相較，歌后的發展更受限制，但仍有若干膾炙人口的歌曲，反映社會變遷中的女性感情生活，如〈望你早歸〉（紀露霞）、〈孤女的願望〉、〈快樂的出航〉（陳芬蘭）、〈送君情淚〉（張淑美）。

不過，只有國小一畢業就做工、務農、當店員的青年男女，才是寶島歌王、台語歌后的忠實歌迷。學歷愈高、愈都市化，愈對唱台語的歌王、歌后不屑一顧。一九七〇年代前，中學、大學校園流傳的不是西洋歌，起碼也是國語歌，幾乎聽不到台語歌。

近二十多年來，歷經政治、社會開放，台語歌曲夾雜許多人的自我文化認同，加上創作型歌手（洪榮宏、陳昇、伍佰、林強）出現，台語歌曲風格更多元，唱「台灣歌」已成不分族群、黨派、年齡、職業的全民運動。可惜老一輩寶島歌王（如許石、吳晉淮），無緣感受到這一刻。

許多台灣資深女歌手喜歡以「美空雲雀」自許，雲雀十二歲出道，以影歌藝撫慰戰後日本大眾心靈，作品甚多，愈老愈美麗，也愈具舞台魅力。台灣能與美空雲雀比美的女歌手，首推國語歌壇的鄧麗君，五〇、六〇年代的台語歌后陳芬蘭也極具實力，可惜太早退出歌壇，國台語雙棲的鳳飛飛亦屬國民演藝型女歌手代表，目前廣受期待的女歌手非江蕙莫屬。

台灣不難出現創作型的寶島歌王，也不乏外型與表演俱佳的女國民歌手，但要成為眞正的寶島歌王或台語歌后，並不容易。除了精湛的歌藝與豐富的舞台人生，也要具備文化素質與社會使命感，而台灣社會並沒有提供歌手持續進步的舞台，也缺乏讓他們發揮藝術潛力的環境。以致歌手給社會大眾的形象，往往如洪一峰〈放浪人生〉歌詞的寫照：「醉生夢死」、「放捨家庭」、「放蕩成性」。

洪一峰八十多年的舞台人生，比其他歌王、歌后幸運，因天賦與堅持外，他擁有一個音樂家庭，及歌王兒子洪榮宏。面對這位寶島歌王生命交關時刻，台灣民眾應為他祈禱，感謝他一生為台灣歌唱。同時，也要為文夏及新世代歌王、歌后鼓掌加油，期許他們在多元多變大環境中，繼續唱出台灣民眾的心聲。

（原載《中國時報》寶島大劇場，二〇一〇年一月十三日）

註：洪一峰先生不幸於二〇一〇年二月二十四日逝世。

電影院真的像教室

「電影院像教室」是一句老話，看克林伊斯威特製片、執導的《打不倒的勇者》（*Invictus*），直覺電影院「眞的」像教室。

這部影片是從約翰卡林同名作品改編，原著運用與曼德拉和相關人士的訪談資料，相互印證，勾畫南非黑白族群糾葛的歷史，及從尖銳對立到互動的轉折。關鍵在曼德拉秉持愛心與寬容，運用謀略，讓每個接觸過的敵人對他產生好感，逐步化解黑白衝突。其中國家橄欖球隊在一九九五年世界盃成爲「團隊就是國家」的過程，更是具體而精采的實例。

曼德拉原來跟所有南非黑人一樣，憎恨被視爲白人光榮象徵的跳羚隊，也支持任何與它對抗的外國球隊。然而，當選總統之後的曼德拉，不顧南非黑人感受，讓舊政府的國歌〈非洲的吶喊〉與對黑人深具歷史意義的新國歌〈天佑非洲〉並存，並堅持保留跳羚隊及其隊徽、服色。他利用世界盃橄欖球賽凝聚國民共識，最後南非黑人與白人一樣，一起爲跳羚隊加油，球隊榮獲冠軍，曼德拉也贏得白人的心。

相對原著對南非政局的全面觀照，與抽絲剝繭的敘述脈絡，電影從曼德拉結束二十七年牢獄生活的回家之路展開，聚焦在這位南非首任民選總統與跳羚隊的恩怨情仇，影像語言更加集中與流暢。鏡頭上的曼德拉沿途受到黑人的熱烈歡呼，包括跳羚隊球員在內的白人卻投以鄙夷眼光，他面對的是危機四伏的南非社會。曼德拉召見橄欖球隊隊長，熟記每個隊員姓名，為球隊打氣，同時要求黑人接納白人的運動傳統。在冠軍盃決戰時刻，他身穿跳羚隊六號（隊長）球衣，進入球場，絕大部分是白人的六萬名觀眾歡聲雷動。當時刺殺曼德拉的傳言不斷，球場充滿山雨欲來的氛圍，突然一部巨無霸飛機向人群俯衝，卻在距離地面六十公尺時，再度斜直升空，機腹現出「南非加油」字樣，塑造了影像的視覺與戲劇效果，現場（或電影院）觀眾如洗三溫暖，驚呼狂叫。

好萊塢電影工業的基礎在劇本、導演、演員與工作團隊（攝影、化妝、美術……）的合作。運動員、歌手克服重重困難、一飛沖天的劇情，原本就是電影鋪陳情節、賺人熱淚的常見題材，《打不倒的勇者》扣住南非種族議題，比一般勵志電影更容易打動人心。尤其荒野大鏢客出身的導演頗能營造影像的時空環境與氣勢，飾演曼德拉的摩根費理曼與橄欖球隊隊長麥特戴蒙，演起對手戲自然而具說服力，更讓整部電影可看性十足。

南非實施種族隔離被國際孤立的白人政府年代，台灣是其少數「友邦」之一，電影裡也有一段曼德拉總統與幕僚研擬來台參加雙邊高峰會的情節，看到這一幕的台灣觀眾或許五味雜陳。這部堪稱娛樂版南非近二十年政治史的電影，對歷經解嚴與兩次政黨輪替，藍綠對立依然尖銳的台灣應有所啓發，值得觀眾——特別是政治人物好好品味。

（原載《聯合報》名人堂，二〇一〇年一月十五日）

演藝之道

傳統社會對戲劇、歌唱、舞蹈表演常有雙重標準：喜歡看表演，也樂於當業餘表演者，卻又歧視職業表演人。

上世紀四〇年代初，社會學家潘光旦對這種文化現象深感興趣，他的名著《中國伶人血緣之研究》，從優生學觀點探討那個世代京劇演員既受捧場，又受歧視，以致與其他階層產生隔離現象，婚姻對象也多爲「內群分配」，互結親家，出現眾多的梨園世家。

社會對演員的雙重標準常發生在著名表演者身上，終日爲生活奔波、衝州撞府的無名演員，地位原本就不高，反而較無這種困惑。梨園行代表的是傳統的表演行業，當時方興未艾的現代戲劇、歌舞與電影演員也有這種情形，不過，婚姻對象不限於同行，愈閃亮的「明星」愈有可能結交政商名流。

半世紀以來，台灣現代表演藝術理論與價值體系業已形成，許多人以作一名專業表演藝術家爲榮。傳統戲曲方面，京劇因表演體系完密，加上國家扶持，成爲重要表演藝術，其他「地方」

戲曲近二十年隨著社會開放，個人自主意識抬頭，同樣受到尊重。相形之下，走通俗、時尚、影像路線的大眾演藝更是日新月異，且成爲現代人的休閒娛樂重心，涵蓋範圍愈來愈廣，電視媒介也取代舊時的劇院、遊藝場，成爲演藝人員最常展現的平台。每天都有人被挖掘或等待被挖掘，不論靠才藝或憑藉外貌，要大紅大紫，愈來愈需要經紀公司、媒體的經營與炒作，以及粉絲的捧場。

台大這幾年出現所謂「五姬十三妹」，以名校光環加上外貌，未演先轟動，還成爲日前台大畢業典禮的話題。台大李校長對於「五姬十三妹」投入演藝圈或當show girl，表示感覺上有點可惜，「因台大學生應可找更好的工作，對人類社會文明作出貢獻。」暨南大學李前校長也痛批靠外貌走秀、爲商業產品代言，是庸俗到極點的工作。兩位李校長的談話經過媒體報導，引發不同延伸與解讀。其實，大學校長勉勵學生積極奮發、學以致用，天經地義，也是職責所在。

以離「演藝」較近的台北藝術大學來說，草創伊始亦曾禁止學生在學期間上電視表演。電視媒體無罪，大眾演藝也極重要，但學校有一貫的教學目標，劇場作爲一種訓練方式，與大眾媒體娛樂導向不同。社會大眾不清楚舞台與電視、古典與流行的分野，也難以理解教育劇場與商業劇場訓練有何差別，但立志報考北藝大、且能考上者，大多期望未來變成導演或藝術家，極少以當演藝人員、走秀爲目標。

然而，要求歸要求，期待歸期待，資訊時代的大學生提早社會化，也很難抗拒「演藝界」誘惑，學校只能嚴格要求學生遵守校園教學規定，完成指定功課，沒有「時間」外出上電視、接

case。就學校而言，學生畢業後走專業路線固然值得欣慰，從事電視劇、唱歌演藝事業，也樂觀其成，畢竟他們都要生活。

文明社會有浮華糜爛的一面，五光十色、閃爍耀眼的演藝圈常成眾矢之的。然而，演藝人員品類蕪雜，從影視明星、偶像歌手到出陣頭的流浪樂師，都屬於這個行業，相互之間的差距不可以道里計，有人日進斗金，有人三餐不繼；有人毒賭財色糾纏不清，有人形象端正，足爲社會楷模。衛道人士對演藝人員或 show girl 存在的負面觀感，不外：愛慕虛榮、出賣色相、生活墮落、追逐名利、敗壞社會風氣……，這些毛病同樣存在社會每個行業（包括無業）。以培養醫師、律師、學者、政客聞名的名校，豈會正眼看待演藝人員之間的差異？

大眾演藝與表演藝術之間的分際，與其說在於形式與內容，不如說取決於表演者的藝術認知與工作態度。演藝是一條專業卻崎嶇不平的道路，對社會風氣影響至深且鉅，演藝人員受到社會尊重、鼓勵，更能發揮積極、正面的「公眾」形象。大學生如果不是追逐虛華，依自己的志趣，不棄嫌演藝事業，以清流投入，自能疏解污濁，仍能「對人類社會文明做出貢獻」。

（原載《中國時報》寶島大劇場，二〇一〇年六月十六日）

燒肉粽與佛朗明哥

系上新來一位教「佛朗明哥」的老師，論年齡已是幾個孫子的阿嬤，但因長年跳舞，看來健美年輕。她的姓名很少人聽過，倒是「小白兔」的藝名，幾位看電視長大的同事頗有印象。有人說她家學淵源，祖父尤其有名，可是叫什麼？又說不上來，張邱、邱張個不停，最後才說：「唉呀！就是作燒肉粽、酒矸倘賣嘸的音樂家啦！」

張邱東松的一生充滿傳奇，孫女自然也令人刮目相看。曾是豐原名醫張邱玉章養子的東松仙，天生喜歡音樂，十八歲時與家裡的女傭相愛結婚，養父母也不反對，送了一筆錢，讓他們自立門戶，等於間接脫離關係。爲了生活，他當過電影辯士、在廣播電台主持節目，也做過裁縫，教過初中，還曾組織歌舞樂團。他創作的〈燒肉粽〉、〈酒矸倘賣嘸〉，半世紀來傳遍台灣大街小巷。

東松仙本人擅長薩克斯風、揚琴及洞簫，子女不是歌手、舞蹈家，就是樂器高手。小白兔之父是東松仙次子，以小喇叭聞名，母親白蘭則是歌手。小白兔從小耳濡目染，能歌善舞，她還記得幼年生病，不識字的阿嬤背著求神拜佛，病好之後，阿嬤說：「來！唱歌跳舞感謝帝爺公。」小白兔果真在神壇前獻歌舞酬神。

小白兔四歲多開始在各地戲院登台，當時母親已與父親離異，祖父一手創辦的「南國音樂劇團」也因經營困難，宣告散團。她與妹妹小鶯歌常利用傍晚在各地廣場演唱，同時販售阿公編寫的歌本。十歲那年，東松仙應日本山葉公司之邀，準備赴日作揚琴教學，一家人為此興奮不已，不料臨行之前突因腦中風不治，享年五十六。家族演藝事業頓失重心，一家人在酒家、那卡西討生活，猶如〈燒肉粽〉裡的自悲自嘆歹命人。

小白兔於祖父過世後輟學，她沒有走唱，而是在歌舞團、康樂隊與夜總會演唱歌謠與爵士、民族舞。當時歌舞團脫衣舞風行，小白兔的歌舞難免有幾分尷尬，還好不久進入台視的〈寶島之歌〉、〈綠島之夜〉等歌舞節目定期演出，並到東南亞表演。她在新加坡海燕歌劇院擔任編導時，遇到西班牙來的佛朗明哥舞團，對這種曲調高亢激烈、節奏立體、充滿張力的樂舞驚豔不已，立即拜舞團的編舞家為師。後來到日本表演時，巧遇正在東京演出的佛朗明哥名家克莉絲汀娜·歐亞絲，有幸接受她的指導，為自己的歌舞世界開啓了另一扇窗，當時的台灣演藝界還不知佛朗明哥為何物。

小白兔是小學未畢業的藝人，後來成為留學西班牙的舞蹈家，她同時也是注意子女教育的現代孟母，生命中不同的轉折是上天安排，更是自己選擇。她來系上教書，現身說法，讓主修表演的大學生接觸佛朗明哥，直接面對大眾演藝的活歷史，也從她的前半生學習寶貴的表演與生活經驗。

小白兔在十九歲那年與一位篤實的小生意人結成連理，生下一男一女。為了孩子，她讓在西班牙南部塞維亞的學習中斷。而後移民美國，先生在紐約法拉盛開日本料理店，她在家相夫教子，小孩不負期望，書讀得很好，也很孝順，如今女兒成為律師，兒子則是醫生，都在美國執業。小白兔人生至此，堪稱美滿順利，但潛藏身體的表演基因，讓她仍堅持要完成宿願。二〇〇七年，在先生、子女祝福下，她再度到塞維亞待了一年半，取得佛朗明哥高級班文憑。

回溯小白兔成長的經歷，類似同年齡的陳芬蘭，也像後來的江蕙姊妹。如果東松仙多活三、四十年，不僅音樂創作更加豐富，家族演藝事業會走得順遂。不過，東松仙生前常說：「藝金藝土」，藝術是黃金，還是糞土，未必能由自己決定，台上台下的榮辱得失也難以衡量。小白兔曾經為了子女教育中斷表演人生，如今又回台灣繼續她的舞蹈夢，每週專程從蘆洲住家到關渡校園教授佛朗明哥，同時照顧單身的妹妹小鶯歌。她的身上有著江湖藝人的滄桑與韌性，也散發表演藝術家的熱情，其曲折卻又平實的演藝人生令人尊敬。

（原載《中國時報》寶島大劇場，二〇一〇年七月十四日）

星光黯淡時

南韓偶像明星朴容夏之死當時成爲新聞焦點，自殺原因是演藝事業起起伏伏，面臨龐大的經濟壓力，加上照顧罹患胃癌的父親，身心俱疲，酒後一時衝動，造成遺憾……。據統計，南韓演藝界五年來已有十四名藝人輕生。

偶像明星發生不幸，最讓愛護他的觀眾不捨，也難以接受。我不熟悉現代演藝界的動態與其中內幕，尤其對當下年輕偶像所知不多，因此某些明星走上絕路，雖心生同情與惋惜，畢竟感受不深。但廿多年前，日本演員大友柳太朗跳樓身亡，卻曾讓我有偶像破碎的傷痛感。

大友是我年少時最喜歡的電影明星，新國劇舞台演員出身，「殺陣」功夫一流。他扮演單眼獨臂的丹下佐膳，以長跪之姿，口咬刀鞘、隻手拔刃的畫面，至今讓我印象深刻。當時大川橋藏還在這部《丹下佐膳》中擔任配角，隨後角色互異，大友主演的電影愈來愈少，大多只在大川橋藏領銜的東映時代劇跨刀演出，不禁對他心生憐惜，也關切他的表演生命。一九六三年東映根據司馬遼太郎小說《梟之城》改編的同名電影，又由大友柳太朗主演，還讓我興奮許久。

六〇年代末之後，因日片限制進口，我無從了解大友柳太朗的狀況，直到一九八五年九月下旬某一天，台灣某報一則極不醒目的新聞報導他跳樓自殺的消息，令我大吃一驚，久久不能釋懷。幾年前到早稻田大學做訪問學者，還不忘到演劇博物館蒐集大友生命史資料。大友的自殺肇因罹患神經症與老人痴呆症，時常記不起劇本的內容，深以爲苦。九月二十七日早上八點半，大友獨自進入東京住家大廈的地下室倉庫。不久，夫人澄子察覺有異，將他帶回七樓家裡，大友卻趁妻子打電話時，跑至頂樓，翻過一、二層高的柵欄，一躍而下……。自殺前他還在拍伊丹十三導演的電影《蒲公英》，沒想到十二年後，伊丹十三如法炮製，在八樓辦公室跳樓自殺。伊丹之死有諸多傳聞，撲朔迷離，但大明星、大導演一世英名，走不出心底的悲愴，令人不勝唏噓。

明星身爲公眾人物，面對挫折就自我了斷，是社會最壞的示範，不足爲訓。但明星也是人，有喜怒哀樂與恩怨情仇，從人類有演藝事業與明星制度以來，明星光鮮亮麗的形象背後，就有太多不足爲外人道的折磨與辛酸，其內心的脆弱往往超乎想像。眼看後浪不停推擠前浪，敬業者不斷自我挑戰，有形與無形的壓力接踵而至，如果加上其他困擾，身心更難以承受，下焉者有錢就賺或撈一票就走，隨波逐流，反而沒有「壓力」。

演藝界因壓力而自殺，不是好面子的韓國人或重榮譽的日本人獨有的現象，中國、香港、台灣與其他國家都不乏其例。明星的公共形象實有賴觀眾的尊重與認同，激發其榮譽感，才能產生正面價值。社會對演藝人員背後的現實人生有同理心，發生在他們身上的悲劇就能減低。

（原載《聯合報》名人堂，二〇一〇年七月十六日）

台語電視台

長久以來的台灣，除了「國語」一枝獨秀，其他族群語言皆有瀕臨滅絕的危機。中央與地方政府近年除了成立客委會、原民會，還開播客家、原住民電視台，節目製作方向雖值得檢討，起碼凸顯族群象徵性。

台語（福佬話、閩南話）因使用者眾多，加上現代民主運動人士慣用台語，屢被少數族群視爲大福佬沙文主義，因此，儘管台語的困境不亞於客語與原住民語，仍讓外界有「強勢」語言的假象，極少人認爲有成立台語電視台的急迫性與正當性。

台語保留甚多古漢語，語言音調也極具特色，但能說寫自如者愈來愈少。電視圈雖不乏台語節目，製作品質卻參差不齊，少數演員、主持人字正腔圓，多數說得零零落落，以中文書寫的字幕，也與台語原義差別甚大。經常聽人說「台語大部分聽得懂，小部分聽不懂」，「這小部分」往往就是台語最道地的語彙。

我最近整理二十多年前田野採集的道教鍊度科儀《目連挑經》，雷有聲起乩問藥的情節，夾雜大量中藥名、雙關語與俗語，這些口白都是口授心傳，如今大量流失，許多語詞已「深奧」難懂，請教多位專家，仍未有完整答案。

龍應台二〇〇八年一月要求當時的總統候選人承諾成立台語公共電視台，培植一流閩南語創作，頗有先見之明。二〇一二年她榮任文化部長，有媒體人投書訊問以前的提議是否仍算數，龍部長做了肯定的答覆，並重申世界「閩南語」人口超過五千萬人，台灣有條件成爲全球最優質的「閩南語」文化輸出地，這種行銷觀念與方向極爲正確。然而，卻是知易行難的文化工程。

台語電視台要發揮文化創意，拓展市場潛力，需要改善基本體質與創作環境，核心問題則在如何藉多元、豐富的台語文，提升節目內涵與製作品質。

一九二〇年代前期，張我軍與連雅堂的新舊文學論戰，爲台灣新文學運動掀開新頁，當時台灣人面對「國語」（日語）、漢文、台語的語文生態，無法像中國白話文以及英、日語文，「我手寫我口」。台語文如何書寫、創作，曾引發多次激烈的論爭，卻沒有共識，其中有政治的限制，也有語文本身的因素。

在大環境方面，日本殖民政府強力推行日語，皇民化運動期間，說台語要處罰，戰後國民政府接管台灣，學生在學校說台語，仍然要處罰。再方面，台語文「本字」的認定差異不大，但許多來源不明的字詞，未必皆源於漢語，而形成「有音無字」，音標與書寫相當分歧，影響台語文的學習與運用，尤其台語戲劇觀眾層多爲台語人口，在語文創作與表演上受到限制更大。

早期的台語劇本創作多以日文或中文書寫，演員只能依其字義用台語念出，沒有絕對標準，戰後若干用中文書寫的劇本（如拱樂社），取其音而去其義，演員依「本」唱唸，雖然聽起來準確，但語詞常不具意義，也不易「閱讀」，這樣的創作模式，無疑也妨礙台語文學與戲劇創作。

二〇〇七年教育部以漢字和羅馬字兩種台語文書寫系統爲基礎，推出七〇〇〇個字詞拼音方案的試用版，再蒐集各界意見，於二〇一一年七月正式公開「台灣閩南語常用詞辭典」網站，目前已被大部分台語文教育界採用，不過，社會大眾尚未熟悉，有待進一步推廣。

台語電視台是台語文化的公共電視台，不只是以台語播報新聞、討論公共事物、演出電視劇與娛樂節目而已。台語電視台何時設置？是否如龍部長所謂「荒年已到」，目前不是最佳時機？文化部宜先做可行性評估，再作進一步的規畫與執行。最重要的，台語電視台應從文化角度思考，超越政治與族群意識，發揮台語文節目的「軟實力」，除了節目製作團隊之外，應有研發系統，至少需加強與相關研究單位合作，培養台語創作的編導與表演人才。同時整理、保存某些以台語（福佬語）書寫的戲曲（如南管、歌仔冊），與科儀書的「古漢語」，以及口語文學，豐富台語內涵，推動台灣文化發展。

（原載《中國時報》寶島大劇場，二〇一二年六月六日）

文夏與金曲獎

二〇一二年流行音樂金曲獎特殊貢獻獎頒給文夏，意義非凡。然而，頒給文夏的理由何在？是因爲他的演藝生涯超過六十多年？唱紅許多歌曲？還是他被埋沒太久？

文夏本身是一首台語老歌，也是台灣歌謠滄桑史最具代表性人物，他大半個世紀的政治不正確，不完全來自前黨國體制的壓迫，一九七〇年代後期，台灣藝文界重新檢視本土歌謠文化價值，文夏依然是另一種政治不正確，甚至被視爲戰後五、六〇年代大量翻唱日本歌曲，造成本土創作貧乏的「禍首」之一。

近二十年來的文夏，卻又突然政治正確，是大小歌謠演唱會的常客，許多新世代歌手翻唱他的歌曲。社會大眾唱起他的〈星星知我心〉、〈男性的復仇〉，配合大段口白，俗又有力，充滿娛樂效果，至於深刻反映時代氛圍的〈媽媽請妳也保重〉、〈黃昏的故鄉〉，更早已是台灣最通俗的「國歌」了。

文夏的歌多取材旋律優美的日本流行曲，加上個人填詞，即使如〈漂浪之女〉之類的個人創作，也充滿東洋味，歌曲很生活化，常加雜日語，有時單單兩個字的副詞就可拖個九彎十八拐。他的詞曲多半感傷，敘述勞苦大眾的生活辛酸與情感的想像，典型歌曲如〈落葉時雨〉：「他鄉的秋葉隨雨吹落地，流浪他鄉不盡，彈吉他的人，一切的希望被伊來打碎……」；另一首〈人客的要求〉也是那個年代容易讓出外人落淚的歌曲：「乎人客要求叫我來唱著故鄉的情歌，唱出故鄉的彼條的情歌……。」

文夏有強烈的個人英雄色彩，許多歌曲冠上自己名字，自組樂團，拍偶像電影，還「隨片登台」，堪稱台灣「偶像界」的鼻祖。他的歌曲常描述各行各業：炭礦夫、採檳榔、樂師、阿兵哥、理髮小姐、快車小姐、賣花姑娘，行船人……，即使旋律輕快，在文夏陰柔的歌聲中，也充滿虛無與灰暗。

文夏歌曲最風行的年代，我正在漁村念小學，他的新歌一出來，全班不分男女，都跟著哼唱。我這一輩「庄腳人」上初中前後，文夏的年代便宣告結束，關鍵在於電視時代的文夏無緣在螢光幕亮相，與觀眾開始疏離。

台視「群星會」以歌唱節目聞名，塑造大批國語紅歌星，同時間香港電影加雜著國語歌流入台灣，許多從上海至香港的歌手（如姚敏、姚莉、顧媚）歌曲傳遍大城小鎮。老三台時代，台語歌曲雖偶爾能聽得到，但有時間、次數限制，且以本土民謠或創作歌謠爲主。日本「氣口」的文夏歌曲被邊緣化，號召力不再。那個年代的台北都會與大、中學校園，流行西洋歌曲，歌廳演唱的也是中西歌曲，偶爾穿插幾首台語歌曲，機會亦屬於年輕本土歌手，文夏何許人也，沒有人在乎。

其實，文夏即使在當紅時代也不屬於都市人，不屬於文化菁英，更不屬於「上流社會」。他不是每個族群、每個階層都有感覺的寶島歌王。文夏歌曲最明顯的「特殊貢獻」，在於戰後一、二十年艱難的環境，引起一大群聽（觀）眾內心共鳴，隨著文夏的歌曲生活、成長，跟著他流浪，懷念家鄉、愛人與媽媽，想像倫敦、夏威夷這些做夢都很難夢到的異國城市，淒苦中猶帶著浪漫與希望。

文夏的歌只有經歷一九五〇、六〇年代，而且親身傳唱過的人，才能確實感受它悲涼的畫面、氣味與氛圍，與近年才發覺文夏歌曲有特殊「趣味」、「古早味」的人，是大不相同的經驗。

當年的文夏唇紅齒白，年紀尚輕，造型新潮，在我們「囝仔」眼中，算是大人了。昔日小學生如今垂垂老矣，文夏卻仍如一尾活龍，外型也光鮮亮麗，有些資料說他生於一九三九年，那麼，幼年唱文夏歌曲時，他僅僅二十出頭，看起來也合理！今年文夏獲得金曲特別貢獻獎，看官方資料，才知道他已八十四歲高齡了。

這位唱了大半輩子，至今演唱不輟、永遠不老的歌手，讓人尊敬。台灣進入有自信的年代，文夏才會眞正被認爲有「特殊貢獻」。然而，這段美好的文夏時代卻已難成追憶了。

（原載《中國時報》寶島大劇場，二〇一二年七月四日）

流浪的肉粽

都已經忘了多久沒在端午節吃粽子、看划龍船了。以前在漁港的老家，端午節粽子一包就是三、四種，金黃色的鹼粽，得沾紅糖或蜂蜜，糯米做成的粿粽，餡料有甜有鹹。肉粽則是米先炒好，包餡料後烹煮，是所謂的北部粽，與南部粽包好生米與餡料，入鍋水煮的方式不同。粽子之外，我家還以紅糖煮麵條，不知何來的傳統？也許是哪一代米食的祖先嘗新麥的時尚吧！在吃粽子、「黑糖麵」的同時，觀賞龍舟賽也是重要節目，我那個年代的小學生，還得參加學童組「扒龍船」，神勇得很呢！

粽子雖小道，卻是端午節最具體的象徵，長期扮演吸引異鄉遊子回家的動力，也成爲日常懷念古早味的小吃。我小學準備考初中，晚上留校補習後回家，獨自穿過沒有路燈的暗巷，「燒肉粽喔！」的聲音從空氣中傳出，盡是「林投姐」的畫面，全身起雞皮疙瘩。這個可憐的女鬼在生遇人不淑，於林投樹上吊自殺，而後半夜出來買肉粽，小販隔天數錢，發覺多了些冥紙……

長大後較有機會聽人唱〈燒肉粽〉，也知道它的創作者是戰後任教於台北市立女中的張邱東松。某個寒冬夜晚，他正在批改學生作業，外頭傳來「燒肉粽」的叫賣聲，感受小販為三頓沿街叫賣的辛酸，隨手寫了這首歌。數十年來，〈燒肉粽〉與他另一首名曲〈酒矸倘賣嘸〉紅遍大街小巷。許多中南部來的朋友說他們從小唱〈燒肉粽〉，「自悲自嘆歹命人」好像就在講自己。

這些年大家注意養生，嫌粽子熱量高、難消化，不敢放膽品嚐，只有在端午節才吃個粽子。肉粽吃得這麼勉強、艱苦，節慶特色明顯減低。有些粽子店因歷史悠久，遠近馳名，尚能維持好生意，新開的店若只專賣粽子，逆勢操作，經營不易。我台北的家巷口年初開了一家標榜「懷舊」的肉粽店，從店前走過，只見裡面擺了幾張紅檜方形桌和長椅條，牆上掛著干貝龍粽、豪華肉粽以及花生菜粽的彩色照片，卻看不到客人，我也從未光顧過，店裡流出來的〈燒肉粽〉聽起來格外稀微。

我近年難得買一個粽子，倒是有些親友端午節前「傳」好幾個，送到面前，隨到隨吃，卻極少是在端陽當日吃粽過節。送粽子的親友，也不是第一手包「中」，通常是南部的舅媽包好，送給他媽，他媽再宅急便來，吃不了，又分送給我；或者某位好友的台中姑婆，從粽子達人處買了一大串，寄給台北姑姑，姑姑分一些給他，他再送兩個過來。不管粽子來自何處，到我手上，往往繞了大半個台灣了。

肉粽短暫而流浪的「一生」，最後進入人的肚子，消失於無形，只為了成全吾人過節的氣氛，可謂燃燒自己。吃了今年的粽子，突然想起巷口的肉粽店，順便過去懷舊懷舊，到了店門口，只見大門深鎖，看看張貼在門口的紅字條，它已在端午前幾天關門大吉了，眞是世事難料啊！

（原載《聯合報》名人堂，二〇一二年七月九日）

薛平貴與王寶釧出土記

1.

一九五六年台灣電影界體質尙屬脆弱，卻發生一件深具草根意義的大事件，以歌仔戲班「拱樂社」爲班底拍攝的三十五厘米黑白片《薛平貴與王寶釧》於這一年一月四日起在台北大觀、中央兩家戲院上映，首演當日，拱樂社全體演員依慣例踩街，沿路演奏西樂，並由「男」主角劉梅英領銜「隨片登台」，三天後美都麗（後來的國賓）、明星等戲院也加入，總計二十四天票房收入三十多萬元，超越當年最賣座的美片、日片，拱樂社也因而緊接著拍續集、三集，演員跟著影片到處「登台演出」，成爲第一批台灣電影明星。

在《薛》片之前，本地台語片製作尚未成形，戲院裡講台灣人聽得懂、看得懂的福佬話影片其實是香港拍攝，只有台灣與東南亞放映的廈語片，在一九五〇年代的台灣有一定的市場，

《薛》片帶動台語片的第一波風潮，數年之間，產量激增，數倍於政府扶植的國語片，也迫使廈語片在六〇年代以後逐漸退出台灣市場。

《薛》片的劇情、布景與演員造型，大致遵循歌仔戲的傳統，拍攝的地點多利用較不常演出的老舊戲院，第一集是在草屯南埔的戲院，第二、三集則借用台中中山堂和新莊戲院。編劇是出身大稻埕陳家的歌仔戲編劇陳守敬，其父陳天賜乃著名的茶商，也是永樂戲院、第一劇場創始者陳天來的親兄弟，導演《薛》片的是曾在日本學習電影的何基明，布景則是出自著名「福州師」黃良雄手筆，他帶著徒弟侯壽峰等人一起製作立體的硬景。

《薛》片等於歌仔戲、新劇加影像場景的第一次實驗，導演是電影人，演員有兩種類型，小生、旦角、正派角色由拱樂社當家演員扮演，公末、花臉或反派角色就由眞正的男人、新劇演員擔任。前者如劉梅英（薛平貴）、吳寶玉（王寶釧）、麗錦順（周夫人）、林玉霜（小玉霜、蘇龍）、劉嬌（王金釧）、許玉雲（小月雲、王銀釧）、林鳳妹（小明鳳、代戰公主）等拱樂社演員；後者是出身新劇界的楊一笑（王允）、楊月帆（王夫人）、李松福（魏虎）等人，楊、李皆爲當時台語新劇界有名的導演。

《薛》片創下台灣電影史的奇蹟，絢爛過後，歸於沉寂，幾十年來，談台灣電影的人都提到這部電影，不過多數人沒有親眼看過，以爲它早已消失了。二〇一三年夏，南藝大井迎瑞教授帶領的影像工作團隊，在苗栗意外獲得塵封已久的客語版影片，這是當年電影製作時，爲了吸引客家鄉親，在原始的台語（福佬話）版之外，特別配製的客語版。

2.

薛平貴與王寶釧巡迴上映這一年，我剛入國民學校念小一，至今仍弄不清楚自己看了這部影片沒？按理說，《薛》片巡演不會漏掉我的家鄉南方澳，如果在南方澳上映，我也許跟著大人進戲院看了電影，也可能沒看，就算有也沒什麼記憶，有看等於沒看。倒是拱樂社一九五八年拍攝小杏雪主演的彩色影片《金壺玉鯉》，隱約還有些印象。當年的我逐漸展開童年的戲院人生，對這個好玩又神祕的地方慢慢熟悉，每天都在「研發」免票混入戲院的管道，也利用各種無所不用其極的手段看遍任何在本地上演的戲劇、綜藝與電影，其中包括許多廈語片。台語片興起後，廈語片至一九五〇年代後期仍受歡迎，小娟、黃英主演的《三輪車之戀》，我至今印象深刻，因爲班上同學在自修課不約而同唱起電影主題曲，被級任導師大聲斥責的畫面歷歷在目。小娟後來搖身一變作凌波，在黃梅調電影《梁山伯與祝英台》飾演梁兄哥，聲名大噪，來台灣時還讓當年的天龍國成爲瘋人城。

南方澳大戲院最熱門的電影是日本片，大概西門町的台北戲院或大稻埕第一劇場映演稍後，就會出現在羅東的大戲院，再以專人限時專送的方式「跑」片到南方澳同步上映。每部日片都有全新的電影海報、劇照，當時日本幾家電影公司，如東寶、東映、大映、松竹、日活出品的影片及其所屬導演、演員，我在國校畢業前摸得一清二楚。南方澳看得到的西洋電影大多是美國「紅番西部」片，不是三輪就是四輪，沒有印刷海報，戲院人員只在色紙上手寫中譯片名，很少標註編導、主演的名字，影片多數嚴重刮傷，品質奇差，容易斷片，經常出現下雨似的畫面。

人氣排在日本片之後的是台語片，在此之前，南方澳上映的「國」片多是香港的于素秋、陳寶珠、蕭芳芳等人主演的粵語片。我童年接觸的台語電影，以時裝劇或古裝新劇居多，最常看的歌仔戲電影是美都歌劇團拍攝的影片，莊玉盞與杜慧玉合作的《英台拜墓》、《孟麗君脫靴》、《關東女俠》、《柳樹春八美圖》……，我幾乎都沒錯過，另外，也看了不少新南光劇團小白光、月春鶯主演的電影。當時國語片尚不普遍，六〇年代初《梁山伯與祝英台》旋風後，才開始流行。這時我已念中學，也進入「看戲要買票」的年代，常專程至宜蘭、羅東看二輪西片，沾些「現代性」。

3.

《薛》片初問世，電影、戲劇或藝文界對它有不同的評價。或許是文人相輕，同樣留日、成名遠比何基明早的林摶秋，對這部電影嗤之以鼻，他曾告訴我，後來加入台語片拍攝行列，就是受到《薛》片這個「負面教材」的刺激。不過戰後來台、一九六〇年代初因通匪嫌疑被處死的電影導演白克則對《薛》片「祇憑一隻手提攝影機，和幾盞簡單的照明燈，再加上事後的配合」，就能創造台語片的票房奇蹟，讚美有加。他認爲這部電影雖然製作條件簡陋，但是外景、畫面的處理相當美麗，場景的轉換也很自然，布景雖然不夠富麗堂皇，設計卻甚精采，「擁有氣氛」。白克對這部片不能接受的是飾演薛平貴的人選，他認爲電影的小生應由男性飾演，劉梅英反串的薛平貴沒有分量。歌仔戲電影跟舞台演出一樣，重小生、苦旦，小生也由女性扮演，雖受到電影專家的批評，一般觀眾卻頗能接受，《薛》片之後拱樂社所拍攝的歌仔戲電影也一直沿襲小生反串的傳統，拱樂社如此，其他歌仔戲劇團拍攝的電影亦然，美都的莊玉盞、新南光的小白光，都是著名的女小生。

《薛》片一炮而紅時，本名劉梅枝的劉梅英年僅十七歲，她跟吳碧玉、林玉霜、林鳳妹等拱樂社演員，都是幼年因家貧或被長輩蒙騙賣入戲班的「賺戲囝仔」（或稱賺字囝仔），如今一躍成名，比內台戲時期吸引更多狂熱的戲箱（戲迷），小生劉梅英尤其風光。這些賺戲囝仔出身的演員在豔麗光鮮的背後，其實都有一段不堪回首的辛酸歲月。當時的台灣社會普遍有收養子女的習慣，「賺戲囝仔」進入拱樂社之後，都成爲麗錦順的「養女」，老闆陳澄三也順理成章地做了她們的「養父」。由於養女被養父母推入火坑的案件層出不窮，社會開始浮現養女保護運動，也有「養女保護協會」的半官方社團。一九五六年政府通過「台灣現行養女習俗改善辦法」，養父母與子女的糾紛，理虧的總是養父母這一方。

「養女」劉梅英和「養母」麗錦順都演小生，卻因爭奪「戲箱」而鬧不愉快。梅英有位姓林的「戲箱」，係台北延平北路一家商行的老闆娘，她收梅英爲乾女兒，兩人過從甚密。一九五七年七月，梅英隨拱樂社到台南演出，乾媽專程從台北南下相陪，兩人一起投宿旅館。這時的梅英已決定離開劇團，與乾媽共同生活，因被麗錦順所阻，憤而跳運河自殺，差點就演出新版的「運河殉情記」。梅英在警局要求由親生父母帶回，並終止與養父母的收養關係，麗錦順反向警方控告林姓老闆娘妨害家庭，梅英亦公開指控陳澄三、麗錦順虐待，希望養父母能歸還其身分證件與私人衣物，雙方鬧得不可開交。劉梅英離開拱樂社之後不久，與乾媽鬧翻，情景淒涼，不知所終，她的拱樂社姊妹淘也只風聞她一度墜落煙花、後來意外死亡，但這些傳聞未曾被證實。

4.

《薛平貴與王寶釧》造成空前轟動，主要原因係迎合了當時台灣社會文化環境與觀眾的期待，影片既有歌仔戲的角色人物與戲曲唱腔，又有影像的時代性、趣味性，演的又是大眾耳熟能詳的老戲文，觀眾從影片中獲得不同的看戲經驗，對「影戲」產生親切感。

當年攝製《薛》片的功臣首推陳澄三，他憑一己之力先後經營歌仔戲班、新劇團、歌舞劇團，設立台灣戲劇學校，在台灣電影史上，亦是一位深具眼光的先驅。拍攝歌仔戲電影之外，陳澄三也看準了時裝片市場，他以「鐘聲新劇團」爲班底，拍攝第一部時裝電影《雨夜花》，由邵羅輝導演、辛奇編劇，「鐘聲」當家主角田清（陳清泉）、小雪（李明月）主演，這部時裝片在台北聯映二十八天，收入四十五萬，全台票房總數一百二十萬，打破《薛平貴與王寶釧》紀錄。

陳澄三隨後又拍近代時裝片《補破網》，由外省籍的李嘉導演，仍由陳守敬編劇，擔任女主角的陳瑞雲是陳守敬之妻，出身歌仔戲劇團小生，在《補破網》中回復女兒身。可惜一九五八年八月一日隨著日光歌劇團「過位」到屛東里港演出，因颱風來襲，整團人車翻滾入溪中，除了一位小孩遇救，陳瑞雲與車上二十幾人全數罹難。

出土的《薛平貴與王寶釧》，爲台灣電影史增補最珍貴的一頁，並對影像文化的田野研究，產生鼓舞作用，已然成爲重要文化資產，《薛》片首務之急在於作好影片修護、保存與流通。「功勞者」南藝大影像工作團隊，正致力於影片修補與數位化處理，同時展開推廣工作，也計畫增加台語配音或請歌仔戲劇團依影片情節「還原」。不過，除非找到原聲帶，否則重新用台語配音意義不大，因爲它並非「本物」。

承蒙井教授的美意，我得以欣賞影片內容。《薛》片第一集開頭的二十分鐘，已能窺到影片的配樂風格多元，而且中西合璧，影片開頭卡司表的背景音樂是西洋器樂曲，緊接著是【百家春】這類串調，蘇龍、魏虎參加比武時，又出現《出埃及記》的片斷，這首一九七〇年代黃俊雄用作爲史艷文出場主題曲的經典音樂，原來拱樂社早已玩過。當時的電影技術尚不能同步配音，拱樂社可能礙於人力物力與技術條件，配音效果並不良好，客語版的演員唱念嘴型與聲音有很大落差。《薛》片對白、唱腔配客家話，原片的七子調、哭調、都馬調等傳統歌仔戲腔調，應有一些在配音時，以客家山歌取而代之。客語配樂除了一般歌仔戲常出現的唱腔，如梆子腔、卜卦調之外，有不少客家山歌。從出土的客語版亦可看出早前戲曲跨越族群、空間的流動性，進而了解客家人生活中，除了山歌，同時流行京劇、南北管、歌仔戲和偶戲，並不把山歌之外的戲曲平白劃歸福佬人獨有。在台灣各地衝州撞府的戲班客籍人士占相當高的比例，麗錦順與其姊錦玉己，以及陳瑞雲等人皆是，拱樂社的「賤戲囝仔」也有不少客家人，她們的演出不特別強調「客家戲」，就如同福佬人在城鄉的演劇，也不會刻意突顯「福佬人的戲」。

（原載於《文訊》第三三八期，二〇一三年十二月）

「喊」與「喝」：電影的感覺

在公共場所可談國家大事的年代，偶爾在車站、捷運、餐廳，聽聽別人高談闊論或竊竊私語，不但增廣見聞，也可讓自己多些生活調劑。

從半年前開始，我經常光顧中山區一家中小型咖啡店，它的外貌並不起眼，但尚稱窗明几淨。這裡的服務員都屬辣妹型小女生，顧客則以中老年生意人與上班族居多，彼此有說有笑，互動很好。在咖啡店的幾個月當中，我未曾聽到有人聊起與文學、電影、美術有關的字眼。然而，前一陣子，鄰桌嘰嘰喳喳的話語，突然爆出「海角七號」這幾個字，那時大約是這部電影上片之後的第二個禮拜，我豎起耳朵，仔細聆聽，聽不出所以然。而後，就經常在這些老面孔談股票、兩岸經濟或罵馬罵扁聲中，聽到「海角七號」。

雖然只是「我去看了！」、「好不好看？」之類簡單答問，沒觸及所謂影像美學，但我知道這部電影已被「喊」起來了。

「喊」（音罕）這個字的台灣話有豐富語涵，含有傳言、起鬨、口碑的多重意思，很難用

「國語」直譯。「喊」有操作的成分，但大致由下而上、自然流傳，與由上而下的「喝」（讀如譁）迥異。《海角七號》透過二百多場、七千多人次試片、座談與自發性的網路流傳，爲台灣電影行銷帶來新的策略。但能「喊」得如此理直氣壯，還是因爲影片敘述流暢、場景細緻、人物生動的緣故。

《海角七號》之後，另一部國片《一八九五》也以排山倒海之勢，強占媒體版面。政壇名流、社會菁英紛紛親臨觀賞，感動之餘，呼籲全民必看《一八九五》，許多行政機關包場招待民眾，電視跑馬燈每天報導影片放映的盛況。這部客語電影描述乙未割台的大時代故事，人物塑造、場景布置、影像與表演都極爲平板。除了少數角色（如吳湯興）還帶點「戲」，其餘演員扮演的歷史人物，既無質感，也缺乏說服力。一首義軍抗日的悲壯史詩沒有藉由影像、場景、表演傳達，卻拜「政治正確」之賜，「喝」得很大聲，雖然氣勢不凡，但讓人聯想不需買電影票、就可「看免錢」的軍教愛國片。其實，電影在這樣的氛圍，也不容易被「喊」起來，至少，我常去的這家咖啡店還未有人談起《一八九五》。

以台灣歷史爲題材製作電影，對當前台灣電影產業與文化環境皆具明顯的意義，不但激發國人的土地認同，也能強化電影製作基礎，提升演員表演能量。《一八九五》的製作團隊罩不住「乙未」遺事，事出有因，也顯示台灣歷史劇表演人才欠缺、製作環境亟待改善。相形之下，《海角七號》的成功，也許與影片描繪現代人事物，導、演較能得心應手有關。

《海角七號》給本土電影打了一劑強心針，然而，「喊」得太快，這股來自全民的力量尚未凝聚、深化。兩年前華山文化園區積極推動兩廳藝術電影院，專門放映國片與藝術影片，並有電影影像書店與公共討論空間。原定去年正式營運，可惜後來施政者舉棋不定，藝術電影院至今仍無「影」無「隻」。否則，《海角七號》、《囧男孩》、《一八九五》與其他國片，正好利用這個平台，帶動台灣電影製作、觀賞、討論與經驗交流的風氣，讓國片有更多「喊」的空間。

（原載《聯合報》名人堂，二〇〇八年十二月十日）

註：「華山電影館」於二〇一二年十一月開幕，魏德聖導演的第三部作品《KANO》終於在此播映。

賽德克巴萊現象

台灣電影與本土歷史或族群文化有關的影片，極少像《賽德克・巴萊》一樣，製作嚴謹又氣勢磅礴。這部電影敘事主軸闡述賽德克文化——男人／女人、紋面、獵場、祖靈的觀念與霧社事件本質：日本帝國來了，族群生存的獵場沒了，必須起來對抗「異族」，因為連山豬都知道反擊，否則不配做祖靈的子孫，也會被自己的獵犬看不起。

魏德聖導演連續兩部影片皆造成空前狂潮，在台灣電影史誠屬少數。《海角七號》藉由口碑，形成一股氛圍，再轉換成民氣，觀眾愉悅地湧入電影院；《賽德克・巴萊》則是未演先轟動，社會集體進入《賽德克・巴萊》現象，台灣也變成生態電影院，每個人都是觀眾、編導兼評論者。電影片頭標記「本片根據霧社史實改編」，在編導敘事之外，各界的補充教材紛至沓來：莫那魯道、花岡一郎與霧社事件，賽德克與其他族群的矛盾、原漢衝突或日本「理蕃」政策、殖民主義……，一「綱」多「本」，全民反省原住民歷史、族群政策與當前處境，社會大眾也對原住民文化多了一層了解與尊敬。

《賽德克．巴萊》講究細緻的影像結構，史詩般的敘述流暢，對白多象徵性詞彙，沒有僵化的教條。影像內容涉及文明／野蠻的辨證，十分有力：帝國帶來的文明，就原住民看來，不啻是一種屈辱。「如果文明是要我們卑躬屈膝，那我就讓你們看見野蠻的驕傲！」這句話賽德克人說得擲地有聲；然對日本人而言，卻是自以爲「叫你們文明，卻逼我們野蠻」的傲慢。電影對這種強烈落差多透過人物敘述，較少營造情境與圖像，例如原住民被安排參觀台北、東京帝國建設的情節。

影片中若干獵人首的鏡頭與殺戮畫面曾引爭論，從電影敘事結構來看，這類場景循著情節展開，有其說服力，不過一路殺戮到底，也少了更深沉的刻畫。魏導演或許認爲缺乏這些殺戮畫面或沒有五個小時、分上下集的影像敘述，不足以彰顯霧社事件的前因後果，也無法看清賽德克「出草」的意義。上集推出之初，各大媒體佳評如潮，似乎皆已預知下集的精采。作爲觀眾，我於九月十八日看上集，導演細膩鋪陳的原住民死生概念與族群關係已有領略，三星期後續看下集，卻感覺殺戮過程稍嫌重複與冗長。

這部耗資七億元的電影人物造型與戰鬥場景設計、製作極具水準，顯現日韓技術團隊的功力，觀眾也不難察覺錢花到哪裡了。《賽德克．巴萊》原被預期能整合國內電影技術人材，成爲國片振興的象徵，可惜最後對本土電影工業影響似乎有限。魏導演接受媒體訪問時也認爲，台灣電影人才一直存在，只是散布在各角落……

《海角七號》異軍突起的重要因素之一，是行銷策略成功；《賽德克．巴萊》進一步鋪天蓋地，從政界、電影傳播界到各行各業，連電視談話性節目都推出特別企畫，請名嘴大談《賽德克・巴萊》，與電影製作或原住民有關的片場、故事館與周邊創意商品也因應而生。魏導演在《海角七號》之後已累積不少社會資源，拍片過程中仍不斷增加經費預算，也常爲錢傷腦筋，這些多半屬於基本財務管控的問題，製片卻能把它轉換爲「美談」，行銷手法可見一斑。

魏導演要《賽德克・巴萊》觀眾不要心理武裝，無須挾帶太多意識形態。話沒有錯，問題是《賽德克・巴萊》經各界禮讚，早已承載沉重的文化意義。從製作到上映，它的微言大義變得博大精深，有如孫中山《三民主義》演講稿經過各家解讀、闡揚，一躍而成《國父思想》。在這種氛圍下，任何批評也容易變得政治不正確，儘管問題不在一心一意想拍好電影的魏導演。

聲譽日隆的魏導演對電影的執著讓人欽佩，各界也殷切期盼他的作品能爲台灣電影文化建立新的標竿。然而，不得不提的，《賽德克・巴萊》狂潮其實也反映台灣社會好搶熱門的生態。

（原載《中國時報》寶島大劇場，二〇一一年十月十八日）

主題明確、敘事簡單、缺乏驚奇——我看《KANO》

魏德聖監製、馬志翔導演的《KANO》電影，情節描繪日治時期嘉義農林學校野球隊勇奪甲子園全日本中學野球賽亞軍，不但吸引台灣人的目光，引以爲榮，也讓日本人刮目相看。魏導演還特別強調嘉農野球隊是由日人、台灣漢人與原住民組成，電影即以族群融合爲主軸。

以嘉農野球隊參加甲子園的故事，是極精采動人、又很少被現代人注意的電影題材。明治維新之後，源自西方的球類運動（如野球、網球）被視爲現代化的表徵。在台「始政」之際，野球也傳入台灣，逐漸成爲學生、中產階級的休閒運動。魏導演有眼光，監製這部影片，其製作團隊也善於營造氣勢，使這支以日語爲主的影片，毫無疑問地，成爲年度最被期待的國片。

《KANO》映演三小時又零五分，嘉農從一支未曾打過勝仗、不被看好的「衰尾」球隊，到打入甲子園野球賽冠亞軍總決賽的情節敘事十分流暢，算是好看、能感動人的電影，明顯地凝聚了台灣人——尤其是嘉義人的集體情感，而各地「野球」迷也很容易進入「一球入魂」的情境，難怪才上演幾天，全國票房節節上升。

《KANO》基本上是一部激發觀眾要堅持信念、不畏艱難的勵志電影，除了嘉農隊這條主線，導演企圖由次要角色突顯嘉農神話。不過，通常這類勵志電影，主角最後都達成第一名的目標，嘉農在甲子園總決賽以〇比四敗給中京商業，是歷史的事實，導演處理手法比較接近描述冠軍隊伍的逆轉勝，並以催淚的手法作爲ending，嘉農贏得亞軍的特殊意義在哪裡？並無特別處理。

《KANO》電影放映時間長，顯示導演（或監製）企圖處理球員與鄉親之間的情感，以及甲子園各球隊與嘉農敵我之間細緻而微妙的競爭關係，可惜敘述不夠深刻，交代不清，許多副線成爲無關宏旨的旁枝末節，而在製作技術、設計方面，攝影、燈光、服裝與場景也有顯著的缺失。例如服裝太新，又以漂白色代替原來的灰白色，場景調度也嫌凌亂。

《KANO》有許多回憶性鏡頭，但整體來說，不脫平鋪直述的敘事結構。電影一開始的場景，是一九四四年國民精神總動員時期，有一群從南洋回來的日軍，其中錠者的行囊中露出一顆野球，他坐火車南下，中途在嘉義下車，目的在追尋十幾年前嘉農練球的場地。然後鏡頭帶回到一九三一年甲子園大賽，當時的錠者是這一年甲子園野球賽中，最被看好的札幌商業當家投手。在正式比賽前最後一刻，才倉皇趕到的嘉農隊員，狼狽不堪地進入球場，成爲現場人士的笑柄。

影片接著回溯兩年前嘉農球員與近藤教練如何化不可能爲可能的故事，再回到甲子園比賽現場，札幌球隊被嘉農擊敗，影片刻意安排一些錠者與嘉農投手吳明捷互動冰冷的特寫。然而，《KANO》穿插錠者的追憶與嘉農、甲子園的幾個畫面，其實效果不大。

電影原有記錄田野、行銷城市的功能，《KANO》雖有大批嘉義鄉親圍繞收音機，密切關注球賽進行的鏡頭，影片中也出現八田與一、嘉南大圳與嘉義噴水池的畫面，姑且不論這些工程興建的時間是否有誤，影片中看不到嘉義，也看不到眞正的嘉義人，明顯地曝露導演對當時台灣人生活觀察很浮面，未能營造那個年代的民眾生活場景。

電影中被吳明捷稱爲「阿姊仔」的美女，坐在吳腳踏車的後座，突然站起來像鐵達尼號男女主角在船頭擺出逆風飛翔般的POSE，然而第二次兩人同騎單車，竟是「阿姊」說她即將與一位台中醫生結婚的訊息。甲子園野球賽進行中，有一些「阿姊」在嘉義懷孕、生產，從醫生丈夫手中接過嬰兒，並撫摸其夫臉頰的鏡頭。當嘉農在冠亞軍賽中前四局與中京商業打成平手，卻因吳明捷手指受傷，又堅持不下場，導致失誤連連，第五局後一路落後。「阿姊」跟其他鄉親憂心忡忡，連嬰兒哭鬧都沒注意，她與吳明捷兩人情愫沒有清楚的交代，實在看不出安排這位女主角的必要性。

《KANO》電影主場景是一九二九年至一九三一年，當時日本推行「國語」已具成效，除了日本人，台灣球員彼此間講日語也很自然，但此時皇民化運動尚未展開，台灣人講母語的情形仍然普遍。《KANO》整部影片絕大部分的對話都是日語，偶爾出現極少數台灣語言——福佬話、客家話、原住民語，都是零碎、無關緊要的口白，而博杯這類問神占卜也如遊戲般，流於形式的動作。

《KANO》電影主軸與好萊塢電影《打不倒的勇者》相近，都是描述球隊的故事。《打不倒的勇者》全長僅兩個小時多一點，電影扣住南非種族隔離的歷史大環境，清晰地描述在黑白分離年代，曾被白人監禁二十年的曼德拉總統，如何化解種族對立，如何獲得以白人為主的南非國家代表隊認同。人口居多數的南非黑人，以往在國際橄欖球賽中，都支持與國家隊對抗的外國球隊。影片中國家代表隊如何被黑人民眾認同、支持，白人球員如何在影片最後一刻，唱著原本排斥的南非新國歌，其間的轉折，處理得極為細膩。

拿台灣電影與好萊塢相較，有欠公允——畢竟美國電影工業的形成，已經百年。不過，還是可供魏導演與《KANO》製作團隊參考。

（原載「風傳媒」，二〇一四年三月十三日）

輯四、天機可洩

年節與連結：喜慶的過程

日前的年假，全台灣依照往例，「出外人」紛紛返鄉過年，探親、訪友、回娘家，等到結束假期，又是一陣騷動。來來往往之間，一波一波的人口大移動，交通動脈難免阻塞，甚至寸步難行。春節之後，元宵、清明、端午、中元、中秋接踵而至，時序一到，仍然到處人擠人、鬧彩彩，顯現進入全球化與高科技社會的台灣，傳統習俗與節慶觀念並未消失，尤其資本主義商業體制針對節慶的促銷手法推陳出新，西洋情人節、聖誕節如此，傳統年節亦然，任何可以刺激消費的節令習俗，絕不放過。

傳統年節與現代假期之差別在於它的節慶感，民眾透過儀式行爲，從日常生活中規畫出神聖空間，連結家庭、社群，以及外界環境，在年節進行的過程中，每個人都可以找到自己的角色，例如準備年節視覺裝置與表演內容，製作祭品與食物，並與所屬社群共同營造節慶空間，縱使整個過程辛苦勞累，卻又充滿喜悅與期待。現代的年節雖屬年中行事，而且成爲大眾媒體報導的重點，但進一步觀察，民眾生活中的年節早已形式重於內容。只注重「過」年「過」節的休閒，卻忽略了自己參與年節的過程。

今日台灣社會的年節儀式與活動，普遍呈現簡單化與兩極化的現象。官方主導大型節慶活動，不斷以壯觀、花稍的內容，博取媒體青睞，營造知名度，但愈標榜全國性的活動，與當地民眾生活的連結愈少。以元宵節爲例，它代表舊的一年眞正結束，也象徵新一年的開始，其特色不只在最後的儀式性與藝術性呈現，民眾參與的過程更爲迷人，也是最具文化意義的部分。台灣傳統鬧元宵五彩繽紛，活動主體就是當地民眾。然而，近二十年來，觀光局與各大都會，跳過地方傳統，競相舉行大型燈節、燈會，令人目不暇給，傳統的平溪放天燈、台東炸寒單、鹽水蜂炮也愈辦愈大。相形之下，許多深具地方傳統、規模較小的區域型花燈活動黯然失色，乏人問津。

現代燈節、燈會走向觀光化與高科技化，由專業人士策畫、執行，一般民眾無緣參與，只能在元宵當夜，讓自己單純成爲觀光客，在旁遠觀，湊湊熱鬧。此時元宵佳節的節慶意義已大打折扣，與一般假期無大差異了。其實，節慶作爲觀光產業，與保存地方傳統特色，開放民眾參與，不但不衝突，反而更具魅力。

記憶中在鄉下念國小的年代，不但喜歡過年過節，連日曆上印著國旗圖案的雙十節都期盼不已，製作燈籠、火把，以便參加夜晚的國慶提燈遊行，而家長也雜夾在隊伍之中，或在道路兩旁爲子弟歡呼，「國定假日」如同大拜拜。不像現在的國慶，只是放一天假的節日，很難感受節慶氣氛。

沒有「過程」的節慶，很像幾年前的春節元宵假期，突然從天下掉下來的「消費券」。這幾張「券」對現實生活困頓的人，猶如一陣及時雨，有助於解決燃眉之急。不過，就算眞能刺激大眾消費，而且不會債留子孫，缺乏「獲得」過程的「好康」，便不容易產生享受成果的滿足感。

傳統年節是民間生活經驗的累積，反映自然與文化環境的集體記憶。現代人若認爲年節仍有現實文化意義，就應盡量分享年節的儀式，參與節慶空間製作、展演的過程。而各地年節活動的主事者亦應建構本地民眾與外來觀光客參與、討論的平台，把節慶過程，視爲創作、展示的一部分。

（原載《聯合報》名人堂，二〇〇九年二月十日）

菊島金龜記

經濟不景氣，連寺廟活動都大受影響。二〇〇八年元宵澎湖那隻二百三十兩重，市價八、九百萬的大金龜尚有信徒乞求，而且如期奉還，外加二十兩的小金龜謝願。隔年金價飆漲，大金龜卻乏人問「金」。

澎湖金龜的出現，是最近二十年的事。傳統春祈秋報、許願還願的乞「龜」儀式，在米食做成的米糕龜、芳片龜、紅龜粿之外，多了黃金打造的新「龜」種。以往民眾從寺廟乞來平安龜，家人分食，隔年再按原來的重量加碼奉還。於是，平安龜的體積愈來愈大。民眾也從個人、家庭的祈福，進而以聚落、角頭為中心，甚至成立龜會的自願性組織。

晚近的社會變遷，民眾的生活、作息、飲食習慣皆有極大的改變，米食製作的平安龜，保存不易，不論乞龜、食龜、還龜，忙碌的現代人愈來愈不會處理，期約一年的還願，也難如期履行。於是，聰明的澎湖人利用黃金打造的金龜取代傳統米食做成的平安龜。這種新「龜」種原來只是某寺廟發想，造成轟動，大小寺廟紛紛跟進。

金龜不比傳統平安龜，抱回之後如何處理？有人立即轉送銀樓兌現、周轉，隔年加兩添錢，打造大一號的金龜感謝神庥。不過，世事難料，人心不古，留下「呆帳」者大有人在。面對愈來愈多的呆帳，寺廟「頭人」要求乞龜者提供抵押品。於是，除了原來的信仰功能，寺廟開始兼辦銀行、銀樓與當鋪業務了。每年元宵乞龜儀式因而金碧輝煌，有二百多兩重的大金龜，也有數兩重的小金龜，澎湖縣政府文化局並鄭重其事地把它列爲重要民俗與觀光文化活動，卻因無人繳得起價值一千五百萬的抵押品，使得乞金龜大典宣告「摃龜」。

千百年來，散布汪洋大海中的澎湖大小島嶼風貌各自不同，玄武岩的自然景觀令人讚歎，而密集的「石滬」群也反映討海人家的生活場景。貧瘠的土壤上，耐乾耐旱的天人菊到處蔓延，有如身處艱困的生活環境，仍能四處飄泊、隨遇而安的澎湖人。日本領台之初，新派劇大師川上音二郎爲了編導莎劇《奧賽羅》的需要，特別來澎湖考察，對當時島上到處堆積的沉船木材，及其背後的故事有許多的想像。

澎湖人挑戰大海，爲錢賭生命，但不代表澎湖人天生嗜賭如命。清雍正三年（一七二五年）澎湖瓦硐港制定的鄉約中，嚴禁村民賭博，違規的年輕人罰以遊街，五十歲以上者，罰戲一檯，且臉上寫著名字，跪在戲檯前。這段陳年往事反映「菊島」澎湖質樸的人文傳統，以及自發性的社群力量。閃閃發亮的金龜，其實很難與澎湖群島聯想。

今日的澎湖工商、農業不發達，人口外流，聚落空蕩蕩，如何以天然環境，空間與人文資源爲澎湖帶來生機，早已成爲地方努力的目標。不過，在促進「觀光旅遊」、發展「文化產業」的大纛下，澎湖引人矚目的活動，除了各大寺廟的乞金龜，多屬「花火節」這類全台灣、全世界到處可見的熱鬧場面，如果加上已被畫上等號的賭博島（博弈特區）公投議題，一股與在地文化特質迥不相同的新澎湖意象似乎已經形成。

澎湖群島推動觀光與文化產業，實應以人文傳統結合空間環境與產業特色，並傳述屬於澎湖人的故事。以乞平安龜爲例，宜蘭縣礁溪協天廟每年農曆正月十三日關帝春祭的龜會，有各式各樣用米食、水果製作的平安龜，就是沒有黃金龜，這是當地八大庄沿襲一、兩百年的民俗活動。不過，在觀光客愈來愈多的礁溪，龜會的在地傳統亦有逐漸淡化的趨勢。

相較之下，澎湖有其島嶼的人文與地理特色，宜以島嶼空間與傳統儀式結構爲基礎，使乞求平安的龜祭文化與節令禮俗（元宵）、飲食文化（米食）、地方產業（如當地「新清泰」、「泉利」等糕餅業）銜接，整合社群情感，營造澎湖的文化生活，也讓外來觀光客能融入島嶼歷史空間，享受在地的生活情境。小金龜聊做佳節的點綴品尚可，如果捨本逐末，甚至滿島盡抱黃金龜，只會使乞龜的儀式意義庸俗化，人／神之間的信賴原則，與「乞」龜、「還」龜的時空連結也消失不見。

（原載《中國時報》寶島大劇場，二〇〇九年三月一日）

現代寺廟經營之神

台灣果眞全面世代交替了，因爲不僅參政者年齡層降低，企業家新世代接棒，連寺廟「頭人」也由往昔鄉紳、耆老，轉由青壯派當家。如果哪個寺廟仍由「老公仔標」坐鎮，不是地處偏遠、香火不盛，便是寺廟已企業化、分工清楚。年長者負責清潔雜工，爲信徒解答籤詩，實際擘劃廟務者，還是青壯「頭人」。早前的道士、廟祝常爲表示老成持重、道行深高，蓄留長鬚（特別是台灣靈寶派道長），甚至把年齡「虛」長幾歲。現代價值觀不同，嫻熟寺廟歷史、地方掌故與祭祀禮儀的長者，已不及善於行銷寺廟的青壯「經營之神」了。

台灣每座寺廟本來就是獨立的信仰體，它與祭祀圈的關係超越主祀神發祥地、香火祖廟。以媽祖來說，同樣信仰湄洲林默娘，北港媽、大甲媽、新港媽、關渡媽便有所不同。早前醫藥衛生與農耕技術並不發達，神祇是撫慰民衆的心靈導師，兼扮演警長、醫師與農耕隊長的角色，引領移民開墾，巡莊治病，驅逐瘟疫、蟲災。

每個地方都有講不完的神明巡莊往事。例如台北縣金山鄉民因農作迭遭蝗蟲破壞，每年農曆四月中例由慈護宮媽祖會同萬里媽祖、石門老梅媽祖一起「迎媽祖」遶境三天，驅除蟲害。三重各界亦曾藉「迎五穀王」（神農大帝），撲殺危害農作的鐵甲龜蟲。前述神祇出巡時各地子弟陣頭伴隨神駕，演戲、擺場、宴客，熱鬧不已。在政府尚未重視文化資產的年代，寺廟也成爲民俗工藝、戲曲與宗教禮儀的傳習與展演中心，人神與寺廟因而培養「革命」情感。

寺廟、神明的宗教與社會功能隨著時空環境而不盡相同，其間曾受政治力介入，如日治皇民化時期燒毀寺廟神像、戰後國民政府推動「統一拜拜」，皆影響民間信仰生態，但晚近寺廟的角色更異，多屬經營型態調整與社會變遷的結果。

傳統寺廟之間重輩分、尙倫常，香火淵源亦極清楚，現代寺廟則努力尋求新奇蹟，全力「拚觀光」、「搞創意」。任何能爲寺廟爭取「第一」的機會，當仁不讓。各大寺廟多已財團法人化，青壯「頭人」善於人際交陪，注重新聞傳播與經營管理。愈能結合現代媒體傳播（尤其是電子媒體）的寺廟，曝光率愈高，也代表神威最顯赫。寺廟歷史一百年或三百年，僅供參考。

爲了吸引新聞媒體的注意，各大寺廟的廟會活動推陳出新，多半傾向簡單易懂、符合時宜的熱鬧活動，傳統廟會文化角色逐漸流失。在原來的寺廟品牌下，金身、玉身打造神明，強調大祭典規模的誇富宴（Potlatch）蔚爲風潮，廟會活動也愈來愈商品化。

報載大甲鎮瀾宮正準備斥資兩百億元在中國天津興建媽祖廟，兼有禪苑、住商大樓、飯店與文化會展中心的空間功能。事後鎮瀾宮出面澄清，只擔任投資者顧問而已。不管實情如何，鎮瀾宮的經營氣魄與創意頭腦，已超過台灣「媽祖界」、「寺廟界」的「經營之神」們。只是當前經濟不景氣，台灣失業者眾，此時此刻到中國蓋廟做生意，恐非慈悲爲懷的大甲媽所樂見。

其實，像鎮瀾宮這樣的名廟，能爲台灣社會與信徒貢獻之處甚多，例如運用媽祖遶境進香的神氣與民氣，使這個具歷史傳統的宗教盛事成爲質量兼具的民俗藝術展演平台，不但保存文化資產，也可增強鎮瀾宮的觀光內涵，成爲眞正的台灣「第一」。

（原載《聯合報》名人堂，二〇〇九年四月十八日）

中元普渡

俗稱七月半的中元節，是傳統社會最隆重的節令之一。近年的中元節已不及往昔重要與熱鬧，也無法像七夕、中秋，可以炒作現代商機。不過，農曆七月一到，台灣仍然到處祭拜「好兄弟」，大約從下午四點開始，家家戶戶陸續設置供桌，擺滿袋裝、盒裝、罐裝、瓶裝的食品、飲料，連公司行號、政府機關亦不能免俗，在高樓大廈前，對著大馬路「慶讚中元」。有燒香有保庇，中元節的習俗至今猶在，但功能不盡相同，它的變遷，也爲現代人提供一些文化思考空間。

五十年前的台灣社會，早已把源自佛教的盂蘭盆會，與道教中元水官赦罪科儀，融合成爲本土習俗。民眾以各種祭品、紙錢，誦經拜懺，普渡無主孤魂。各鄉鎮中元普渡不一定在農曆七月半當天，許多庄頭像接力賽似，從七月初一至二十九，輪番普渡、演戲、放水燈與「迎鬧熱」，並藉機邀請外地的親友吃「拜拜」搏感情。

正因中元普渡場面盛大，民眾花費不貲，政府常以端正風氣與教化的理由，要求民間改善「陋習」。民國四十一年政府規定中元普渡只能在農曆七月十五日或七月任何一天「統一」舉行，原來鑼鼓喧天的七月普渡演戲活動只限一天，而且一鄉鎮只能演一台戲，有些縣市甚至努力執行街頭不演戲的目標。此後，民間普渡仍援例舉行，民眾相互走動「吃拜拜」、看「鬧熱」的情形已然大大減少，各劇團演「外台戲」的機會也大不如前。

雖然中元普渡受到政府壓制，媒體、學校教育也常舉中元普渡做爲「迷信」、「浪費」的負面教材，但對五〇年代成長的孩童而言，「七月半」仍是私底下最盼望的節日。因爲家裡準備孝敬孤魂的牲禮、粿食、菜餚非常豐富，龍眼、鳳梨、香蕉等當季水果，應有盡有，自製的麻糬、蘿蔔糕與圓形、扇形、魚形圖形的糕仔，吃一個月也吃不完。

一般家庭除了自宅前的「私普」，也常參加地方大廟的「公普」，每家每戶的供桌相連，熱鬧滾滾，供桌底下放著裝有清水的臉盆，以及盥洗用品，供好兄弟清潔之用，禮數十分周到。有時還殺豬公酬神，場面更加壯觀。每項祭品插著寫有「慶讚中元」，以及信士姓名、地址的紙製三角旗，祭拜時也在祭品插上香枝，有時和尚或道士會來「巡桌」誦經，超渡亡魂。約莫一個時辰，「好兄弟」享用差不多了，就算普渡已畢，功德圓滿。接下來民眾「以人爲本」，實際享受這些「孝孤」的食物。除了大吃大喝之外，興奮、快樂的七月半孩童擁有普渡的三角旗，及吃龍眼留下來的龍眼子，這些都是那個年代孩童暑期的遊戲道具與賭本。

七〇年代末開始，政府對民俗信仰的觀念有重大改變，不再鄙視中元普渡與其他節令祭祀，也不會動輒呼籲民眾節約拜拜。八〇年代初頒布的「文化資產保存法」，更把具有歷史傳統的民間習俗、信仰及相關戲劇、音樂與工藝活動納入保存、提倡的範圍。然而，大環境改變，中元普渡雖然源遠流長，已與現代人的生活疏離，寺廟與民眾年年做普渡或追拔法會，只是行禮如儀，求個心安而已。倒是基隆中元祭以宗姓組織爲核心，有開關「鬼門」與放水燈、藝閣遊行等活動，希望進一步抓緊「鬼」文化，帶動觀光人潮，不過本質上已變成現代大拜拜了。

從民間文化的角度，習俗的延續或改變，端看其與日常生活的關係而定，當它具有生活功能，能促進人際關係，即使政府強制干預，民眾依然我行我素。同樣地，當社會環境變遷，祭祀活動與表演傳統中斷，即使政府再如何復振，也事倍功半。

從中元普渡聯想到五〇年代初推動的節約拜拜，再看今日的文化資產保存、民族藝師獎勵與社區營造工作，明顯看到「民俗」如流水，政府要抓也抓不住。中元節的過去與現在，提醒政府官員與文化工作者應更了解民間習俗的文化本質，才能引導它賡續成爲文化的傳統，不致任意割裂成過度揄揚。

（原載《中國時報》寶島大劇場，二〇〇九年九月九日）

小鄉建醮

台灣各縣市、鄉鎮的公共設施與文化資源嚴重失衡，唯獨以信仰爲中心的禮儀文化，無城鄉或區域差距。以集祭儀之大成的「建醮」而言，科儀有正一、靈寶的流派，道長的道行亦有深有淺，但不是以城鄉、南北定高下，台北都會的「建醮規模、儀式氛圍」也未必超越南部鄉村。

一般「建醮科儀」所用文檢與朝科源遠流長，並刻意沿襲古代詞章與朝覲禮儀，反映道教傳統、封建本質，與民間的祭祀休閒生活，並有整合社群情感，加強外地親友交流的功能。值得重視的是相關科儀具有環保與養生概念，醮區被「敕」令齋戒、嚴禁殺生，市場、餐飲業也禁止販售葷食，北部正一派更有「封山禁水」的名目，規定建醮期間，信眾不能上山打獵、下海捕魚。

以高雄縣阿蓮鄉爲例，當地民眾多種植水稻、水果爲生，跟其他鄉村情形相似，許多人無法以農立「家」，還得配合打零工過活，因爲經濟不景氣，加上天災頻傳，生活並不好過，但對祭祀活動仍然信奉唯謹，毫不馬虎。

阿蓮鄉的大廟「清和宮」二〇一〇年元月上旬（農曆己丑年十一月）的五朝清醮，是鄉內人口較集中的阿蓮、和蓮、清蓮與南蓮四村十二年一科的重大祭典，信眾紛紛登記擔任主普、主會、主醮、主壇與各斗燈首。醮儀由梓官「迎眞定性壇」的靈寶派道長盧俊龍主持，榮登醮局「名內」者，從豎燈篙那一刻起茹素十五天，一般信眾則在五朝清醮期間齋戒五天，暫時隔絕原來俗世的生活習性。

進入「封山禁水」、「五方結界」的神聖世界，阿蓮各家門戶上懸掛寫著「清和宮己丑年五朝清醮」的彩布。廟裡廟外與幾個聯外道路，到處張貼禁止殺生與葷食的公告，傳統市場、餐飲店肉類食品幾近絕跡，超市、便利商店也盡量配合，在店門口貼出「供應素食」的字樣。

極少數攤販、小店或因「拜佛祖，也得顧腹肚」，照常營生，但少了本地人光顧，生意極爲冷清。清和宮建醮委員會副總理林先生得意地說，庄腳所在大家都很虔誠，四村四千戶人家，有三千多戶繳丁口錢（每戶三百元），沒有參加的，都是其他信仰或外來的人口。

愈往南走，愈能體會傳統信仰組織的深入人心。相較許多鄉鎮（如東港、西港）建醮活動因觀光化而呈現「舉國皆狂」景象，阿蓮建醮期間沒有湧入大批媒體、進香團與觀光客，只有在地神駕與陣頭遶境「遛庄」，家戶擺設香案，恭迎諸神。遊行陣頭包括宋江陣、獅陣、南管、車鼓、駕前鑼，極其尋常，表演者多屬婦孺與中老年人，許多村莊看得出是「傾巢」而出，沒有華麗陣容，服飾也十分陳舊，卻有貼近土地的實在感。

名列醮局的信眾依照醮儀傳統，身穿長袍馬褂，頭戴花翎，活像電視上常演的清朝官僚。他們隨著神駕隊伍，走在村莊街道上，不時與周遭親友、鄰居打招呼。

從台灣南部的「政治生態」看建醮活動，綠軍是否訝異支持者竟有不少「中國封建文化」信徒？藍軍也可能察覺，以「關公、媽祖是哪裡人？」的刻板概念，嘲諷台獨支持者數典忘祖，並無實質意義。市井小民腹肚中，容納不同的信仰與生活元素，清楚空間特質與在地屬性，了解生活文化與政治信仰沒有必然關係。

（原載《中國時報》寶島大劇場，二〇一〇年一月二十七日）

溫泉、酒番與帝君廟

台灣每個鄉鎮皆有其歷史傳統與在地資源，老城鎮的寺廟、市場、車站與情色場所，往往見證地方的興衰起落。在城鄉差距明顯的今日，公共資源缺乏的鄉鎮面對的社會與經濟問題不一而足，因應之道亦各自不同。如何突顯在地文化特質，藉由所屬社群共同營造光榮感與認同感，讓外來客分享當地風土禮俗，不但攸關鄉鎮發展，也能提升國民生活與旅遊文化品質。在此，宜蘭礁溪提供一個可觀察的實例。

長久以來，外人對礁溪的印象脫離不了溫泉與關帝廟，「湯圍溫泉」在清中葉就是蘭陽八景之一；源起於清代嘉慶年間的協天廟，則是礁溪八大庄信仰中心。每年農曆正月十三日為「帝君升天」舉行的春祭，也是村民「作鬧熱」大宴賓客的日子。廟前原有一座建於一九二五年的大木結構戲台，屋頂採重簷歇山式，水泥底座鑲嵌著青藍瓷片，造型典雅美觀，戲台上劇團為信徒祈求平安演出的酬神扮仙戲，終年不絕。可惜十多年前廟方擴建正殿，木結構戲台被拆除，從此廟會酬神戲只能臨時搭台演出。

協天廟流傳百餘年的龜會活動是礁溪一景，這個龜會組織最早由林美草湳村民組成，在每年春祭之前，會員先用親手耕種的糯米製成壽龜。為帝君祝壽之後，米糕龜供「會內」吃平安，也允許八大庄信徒乞龜許願，隔年加重還願。百餘年下來，原來十幾斤的米糕龜已經累重到一、兩萬斤。此外，二龍村也有一隻體重相當的米糕龜（後改成紅片龜），亦開放村民自由祈求。除了這兩個屬於八大庄公有的龜會，礁溪還有一些私人龜會，包括柑仔龜會、餅龜會與米粉龜會，春祭因眾龜雲集，格外隆重熱鬧。

近四十年來的礁溪因社會經濟發展，以及聯外交通的日漸便利，鄉村景觀有極大的改變。溫泉的「酒番」文化更加繁華，協天廟亦成為外來遊客進香、參觀的「景點」。八〇年代末、九〇年代初股市狂飆的年代，礁溪約有百餘家飯店與旅館，豔名遠播。與此同時，協天廟信徒層擴散，龜會活動也逐漸轉型，春祭前即已製作一、二千個小壽龜，開放給外地人乞龜，只要繳幾百塊的代金，就等同「喜還壽龜」，銀貨兩訖，不必隔年還願。

九〇年代礁溪各界配合經濟部推動形象商圈、街景改造，原來以情色聞名的礁溪卸下「粉味」的「酒番」文化。雖然色情QK並未完全根絕，一般人已可放心攜帶家小來此泡湯，女子單身投宿溫泉旅館也不會招致異樣眼光。二〇〇八年北宜快速公路完工通車，從台北都會進入蘭陽平原，不需要一個小時，為宜蘭帶來人潮與商機，也製造擁擠與髒亂。入蘭第一站的礁溪，在地緣上明顯成為台北大都會近郊，都市人來礁溪洗溫泉、買金棗、牛舌餅或膽肝，十分方便；相對地，礁溪在地人走出鄉關，也如從廚房進入客廳，溫泉鄉的文化生態與價值觀難免遭受衝擊。

當下的礁溪不乏作家、藝文專業人士與社區工作者，若干村落（如二龍村、王田村）也有社造經驗，龜會起源地的草湳一帶更早已成佛光大學與淡江大學宜蘭校區。不過，至今仍少有人針對全礁溪藝文環境與區域發展做整體的觀照。從礁溪的歷史傳統與地理環境來看，節令禮俗與風土人情乃地方發展的根脈，也是文學、影劇創作的重要素材。協天廟的祭典、龜會活動，應與「湯圍溫泉」一樣，是外地人體驗礁溪風情最核心的內容，也是出外的礁溪人回鄉探親、重溫舊情最主要的動力與價值。

今日台灣各地祭祀禮俗紛紛走上浮誇，卜筶博轎車成為寺廟吸引信眾的新花招，祈龜文化常轉向黃金周轉的功利面，糯米龜、紅片龜所象徵的精神與信仰價值，敵不過金龜或金元寶的實際價值。正因如此，春祭與龜會所顯現的文化意義彌足珍貴，協天廟更應在傳統人文基礎上，結合社群的力量，以及政府機關資源，藉著節令祭典與龜會活動，豐富在地藝文內涵，深化礁溪的歷史傳統與人文價值。

（原載《中國時報》寶島大劇場，二〇一〇年一月二十七日）

高速公路天燈事件

三十年前小成本大賣座的西洋喜劇片《上帝也瘋狂》中，非洲布希曼人歷蘇被天上掉下來的可樂瓶罐擊中，展開瘋狂的新世界之旅。這只是電影情節，現實生活裡被由天而降的物品砸中，不死也半條命。若干年前某立委捧著天上掉下來的「禮物」欣喜若狂，後來也證明是禍不是福。

多年前有一則新聞，頗具黑色喜劇效果：汽車在高速公路疾駛，突然間一盞天燈迎面而來，貼在擋風玻璃上，書寫著林姓一家人姓名，以及祈禱文句的字跡清晰可辨。年輕的陳姓女駕駛視線被遮住，驚慌中靠著後視鏡，把車子緩緩開到路肩，化險爲夷。當天換做是我開車，突遭此變，以本人的駕駛技術，後果不堪設想。

勇敢的陳小姐接受電視訪問時，說天燈是祈求平安的習俗，不能失傳，但不能做得太大，施放的場地也應限制，可見是位有智慧的年輕人。她的容貌在螢幕上用馬賽克處理，讓人納悶，爲何該馬賽克的不馬賽克，不需馬賽克的，偏又如此體貼？

像天燈、蜂炮、搶孤這類習俗常反映民間的風土人情、地理環境與生活智慧，即使其中具危險成分，也能因地制宜。天燈內底燃燒浸泡過煤油的金紙，熱空氣產生浮力而冉冉升空，暈黃光影加上祈安文字，頗具儀式效果，不過在空中飄流的天燈殞落時，殘骸也容易造成星星之火。因此，天燈以往只見於地形空闊、人煙稀少的山區農村，製作的尺寸、施放場地、參與者亦自然而然有所規範；人口稠密的城鎮少有此習俗，非不知或不能也，是不為也。

在現代文明人眼裡，天燈浪漫、神祕而壯觀，視覺效果強烈；加上製作、施放簡便，儀式作用立即可見。政府觀光、文化部門早已把天燈視為重要觀光資源，上行下效，短短幾年之間，快速推展。除了老字號的平溪，不分城鄉，也不管歲時節令、公司尾牙或同學聚會，都可能有放天燈的餘興節目，有特色的民俗隨時隨地可見，往往變成沒有創意的遊戲，這次降落在高速公路八堵段的天燈，有人依據當天風向與地形判斷，「兇手」不是來自平溪，而是某個也在大放天燈的地方。以目前各地「推廣民俗」的熱勁，天燈撞擊現代交通、科技的災禍，不會是唯一的意外。

放天燈是重要民俗，應了解其活動本質與地緣特性，不宜過度推展。平溪作為最具天燈傳統的聚落，可成為特殊民俗區域保存的範例，以節慶的在地性與在地參與為核心，從環境特質與人文活動做好規畫，為遊客多留品賞的空間，而非只偏重生意人的「商機」，更不應斤斤於天燈活動期程、施放數量與觀光客人數是否成長？平溪天燈活動近年規模不斷擴大，活動期增至二十天，分三處施放六千盞天燈，人潮激增。報載二〇一〇年元宵當天有二十五萬遊客湧入這個小鄉村，就「量」而言，觀光客的確「倍增」，然而，人擠人，活動品質未見提升，意義就不大了。

（原載《聯合報》名人堂，二〇一〇年三月十七日）

青少年家將

台灣社會議題形形色色，卻很少像「八家將」一樣，呈現正反兩面評價。刊登在媒體藝文版的八家將新聞既是民俗、文化資產，也是表演藝術，近年隨著「民俗」活動蓬勃，這種風格強烈的表演形式更受矚目，「美少女」八家將、兒童八家將，花樣推陳出新，哪天可能還會出現洋人八家將！目前台灣已有不少研究八家將的專家，可以細分八將、八家將、什家將、官將首之不同，也可以鉅細靡遺地說出家將的姓名與生平事蹟。公家部門反映「市場」，還經常舉辦八家將、官將首的陣頭大賽呢！

許多家將團的頭人認爲收留失學青少年，讓他們出陣頭打零工，不致流蕩街頭或誤入歧途，是在做好事，所以不時召募失學青少年，給予八家將表演技巧訓練，媒體也常針對這類事件做正面報導，讓人有「學八家將的孩子不會變壞」的感覺。然而，社會對八家將仍普遍存有刻板印象，視爲角頭幫派與小混混的溫床，青少年一旦被吸收入「團」，很容易沾染惡俗，荒廢學業。

前不久被板橋地檢署檢察官起訴的新莊「黃家尊聖會館」，算是近年「破獲」的八家將「大案」。這個團體是由三十二歲的黃姓青年帶頭，涉嫌透過網路，吸收新莊國中小中輟生組織「糖果屋」幫，除了裝扮八家將陣頭，在各地迎神慶典表演，沿途向店家、信徒收取紅包，還經營檳榔攤，暗中販售非法物品，以毒品控制手下青少年，禁止幫眾中途退出，並立下嚴格幫規：「兄弟如手足、女人如衣服、退出會流血」，糖果屋幫還經常在國中門口群集，向學生借錢，由於老師無力、也無膽管教，只得勞動員警出面驅離。

新莊發生八家將犯罪新聞，並不令人意外，這個老城鎮最近幾年因家將、官將聲名遠播，而有「家將巢」之稱，大大小小的家將、官將團體多達數十團，聖凰堂、振義堂、閻羅殿、聖龍堂、五龍殿、如意堂、清源軒、決勝堂、新莊街官將首、中港區官將首、頭前區官將首等等，連當地的輔仁大學也曾成立家將社團，參與迎神賽會活動，新莊各角頭上上下下似乎正為打造北部家將文化發源地而努力。

台北縣警方是趁新莊「黃家尊聖會館」的八家將準備參加當地迎神遶境時，兵分多路，逮捕主嫌及若干未成年男女。當時被逮捕的一行人還全副官將裝扮，遊街緝拿留在陽世間的孤魂野鬼，沒想到碰上眞警察，「陰差」碰上「陽差」，角色遜了一截，被帶回警局。「黃家尊聖會館」的案子在社會新聞版面並非絕無僅有，它與藝文版的八家將新聞就像鐘擺效應一般，一來一往、有正有反。

八家將的產生有其社會背景與環境因素，基本上是對所屬生活空間的文化參與，藉著家將的裝扮伴隨神祇（如城隍、東嶽大帝……）日夜出巡，驅除邪煞，參加者都屬義務奉獻。今日八家將之所以引發爭議，癥結在於參與者的身分業已變化，以前是庄頭自願性組織，參與者都有正當職業，地方作「鬧熱」時才放下工作，陪同神祇出巡，扮演掃蕩邪祟、保境安民的神聖角色。現代人以事業、工作爲重，留在地方迎熱鬧的人不多，迎神賽會的陣頭逐漸成爲某些人的副業，甚至賴以爲生的職業了。

青少年參與家將團體，聚眾打架、霸凌弱小，吸食毒品的情形時有所聞，但若因而把八家將與青少年犯罪畫上等號，或視爲參與廟會民俗活動的後遺症，卻是倒果爲因。青少年犯罪與諸多脫軌行爲反映現今社會生活型態、教育制度與人際網路諸多問題，任何青少年團體、娛樂場所、中小學校園都可能出現外顯與潛在的青少年問題。治安單位、執法人員不應先入爲主，把八家將與犯罪聯想；同樣地，現代社會面對這類民俗團體及其演出，最值得省思的是：如何積極投入社區人文活動，但也不必將八家將功能擴大解讀，讓它回歸本質，作爲民眾參與社會活動的非職業性、非商業性裝扮與儀式表演，是聚落社區文化醒目的一環。

（原載《中國時報》寶島大劇場，二〇一〇年十一月三日）

萬金迎聖母瑪麗亞

台灣村落、社區結合生活傳統而出現的產業或文化活動，常充滿活力與趣味性。南方大武山下的萬金與毗鄰的赤山隸屬屏東縣萬巒鄉，居民多數具馬卡道族血統，姓潘、講福佬話，信天主教。每年十二月第一個星期日的「無染原罪聖母」主保日與「廿四暝」平安夜，名聞遐邇，幾乎要與萬巒豬腳齊名了。

萬金、赤山是十九世紀六〇年代初，由西班牙道明會神父傳入天主教，百餘年來已成為典型天主教村落。萬金目前人口兩千四百多人，其中七成多是天主教徒，赤山二千餘人，教徒約占六成，每年主保日是兩村天主教徒最重視的節令。

二〇一〇年乃開教一四九週年，各地教友十二月五日一早陸續抵達萬金，團進團出的就有四十餘團。約一百公分高的聖母立像連同八人抬神轎，擺放在白色牆面配著紅磚窗緣的天主堂前。聖母頭戴后冠、面敷薄妝，水藍色服飾，外披白色蕾絲紗巾，戴珍珠項鍊，九頭身模特兒身材。穿著整齊服飾的教徒舉著註明教堂名稱，與「萬被聖寵者，主與爾偕焉」之類經句的旗號，依序進入廣場。每個人手執康乃馨向聖母獻花、祈禱。上午十點教堂後方露台舉行感恩聖祭，主教主導下，幾千個教徒坐在台前塑膠板凳上，時而唱聖歌、念經文，時而下跪祈禱。

與此同時，教堂裡外也在辦告解，幾位神父各據一隅，坐在板凳上，信徒排隊依序在神父旁板凳坐下懺悔。神父靜靜聽著，偶爾輕撫信徒頭頂，這種面對面的路邊「攤」，不同於在教堂內隔著布幔的告解亭。某位等待告解的信徒說，同一教區的信徒與神父彼此熟稔，神父光聽聲音就知道是誰，信徒難免心有罣礙，眼前路邊攤算命式的告解，信徒與神父互不認識，卻能多講些心事。

聖母神轎在下午一點半開始遊行，由一輛載著十字架的小貨車引導，依序有樂團、教區會旗、聖詩隊、兒童團契、主日神父、聖母神轎，在萬金、赤山主要巷道遶境，隊伍綿延一公里多，一個半小時後回到天主堂舉行聖體降福。遊行的信徒沿途口念經文或唱聖歌祈禱，向兩旁民眾呼喊「天主保佑」、「阿肋路亞」，所到之處，鞭炮聲不絕。家家戶戶在門口準備飲料、水果，供遊行者享用，有些信徒並安排酒席，接待外來親友。當天小山村到處看到打彈珠、抓娃娃、射水球以及販賣衣物的流動攤位，增加了民俗喜慶的氣氛。

萬金、赤山的天主教徒與非教徒一樣，多屬市井小民，有操外省腔、福佬腔、客家腔、原住民語，與都會區教堂濃厚的中產階級味明顯不同。二〇一〇年湧入萬金的教徒約四、五千人，比往年動輒上萬人的情形冷清，但出外人回鄉人數減少，外地人比例相對升高。慶典中不時聽到麥克風廣播：彌撒中不要抽菸、吃檳榔，也請關掉手機……

參與主保日聖典的教徒「心在聖母」，虔敬、嚴謹的態度與開放、鬆散、「有誠則靈」的民俗信仰大相逕庭。萬金與赤山非教徒稱主保日天主教徒遊行爲「迎聖母」，在他們心目中，彼「無染聖母」與此天上聖母（媽祖）應該都是保佑萬民的聖母吧！兩村非天主教徒分別奉祀三皇宮五穀先帝與慈濟宮媽祖，兩宮祭典皆三年一科，相互隔開，彼此支援鬥鬧熱。兩村的民選村長都姓潘、「拜神明」，其中萬金潘村長早年還是棒球教練，兩個兒子則是現役棒球明星。主保日這天，潘村長也跟天主教徒一樣，出現在遊行行列中，當地「多數教」與非教徒的互動，頗讓人玩味。

從一個非天主教友立場，旁觀台灣尾小平埔族村落教徒的朝聖之旅，及其所形塑的在地文化，十分欣喜，也很容易受到感動，這是台灣多元文化最鮮活的例證。另方面，萬金天主堂除了名列縣定古蹟之外，似乎少見近年各地喧騰的社區營造斧鑿痕跡。究竟是主保日活動本身就是社造精神的自然展現，還是這個天主村仍給「社造界」進一步整合資源、深化在地人文意涵的空間，值得觀察與期待。

（原載《中國時報》寶島大劇場，二〇一〇年十二月十五日）

青山王暗訪

國家三級古蹟台北艋舺青山宮，每年援例於農曆十月二十至二十二日，爲主神「靈安尊王」（青山王）舉行暗訪（夜巡）與遶境。職司陰陽兩界「業務」的青山王利用夜間以大陣仗採訪民情，驅除鬼魅，含有迎新除舊的象徵意義，算是「跨年」傳統版。往昔艋舺全境也藉由這個慶典，家家戶戶大宴賓客。

然而，「青山王」與艋舺居民的關係已日漸淡薄，尤其暗訪在夜間舉行，鑼鼓喧天、鞭炮、煙火聲此起彼落，常被居民抗議，不斷向市府投訴。青山宮總幹事無奈地說，去年已提早下午兩點半出發，但因信眾太過熱情，最後仍拖到凌晨兩點多結束。「主管單位」民政局長表示將對此做一致性規範，嚴格限制晚間十一點前結束。有趣的是，台北市文化局近年也因青山宮暗訪具有傳統性、地方性、歷史性、文化性與典範性等特色，且保存團體適任保護工作，因而登錄爲一般民俗及有關文物。「迎青山王」一方面是登錄的文化資產，高層政治人物也常來插花，另一方面卻又是噪音或其他不法活動製造者，十分矛盾，其實它所反映的，正是台灣廟會生態問題。廟會傳統上被官府與知識分子視爲迷信、浪費，因與社群生活關係密切，故仍綿延迄今。近三十年來政府重視文化資產，廟會搖身一變成爲民俗藝文活動，然而，其間少了文化省思的過程。現今的廟會，除了頭人、陣頭熱情參與，一般人與它極爲疏遠，它所製造出來的熱鬧聲響，有人視爲節慶特色，有人對其噪音恨之入骨。

寺廟及其祭典活動的管理機關在中央屬內政部民政司，地方則是市縣民政局，而寺廟建築、空間與呈現的活動又是文化資產的重要項目。近年台南西港慶安宮刈香、北港朝天宮、大甲媽祖、白沙屯媽祖進香與東港迎王都已成爲文化部文資局指定的重要民俗，艋舺暗訪如果上報中央，也可能榜上有名。何以前述的廟會活動成爲朝香、觀光景點，艋舺暗訪卻是民怨焦點，難道這就是城鄉差距？暗訪因爲噪音被抗議，豈只屬民政局「業務」，文化部文資局、台北市文化局難道沒有角色？廟會表面上有民政、文化部門關注，但行政人員對於祭典內涵大多觀念模糊，民政局只知「管」寺廟，文化部門卻又慣用藝術思維看廟會，兩邊皆採取鋸箭法，各自爲政，缺乏橫向聯繫。政府登錄民俗及文物，除了保存的意義，亦涵蓋傳習與教育，使民俗的核心內容得以延續，並讓社會大眾了解鄉土歷史。青山宮附近居民不滿「暗訪」擾亂生活秩序，與其說是廟方活動規畫與執行不當，毋寧說這項傳統沒有引起附近民眾的光榮感與認同感。

艋舺暗訪如何妥善規畫，讓「噪音」轉換成爲嘉年華的歌吹相聞，是台北市民政局、文化局當務之急，也是青山宮與當地社區的責任，而文資局亦不應置身事外，否則，政府登錄民俗及文物的美意就會大打折扣。

（原載《聯合報》名人堂，二〇一三年一月十日）

賭國仇城

最近坊間有一首歌手蔡秋鳳演唱的台語流行歌——〈問韓信〉，字字句句滿是麻雀經：「韓信發明麻雀這呢迷人，改換素衣甲人戰歸晚，歸手萬筒索啊，支支是槍牌……，一咖三十幾台啊，強欲抬去埋……」顯示麻將已升格「國賭」，「這呢迷人」。不過，唱到最後，還是不能免俗地「勸善」：「韓信使人傷身又破財」。

民間「韓信設賭」之說流傳極廣，為了預防軍士閒暇無聊、滋生事端，帶兵征戰的韓信發明賭戲「穩定軍心」。如何發明、如何賭法？無人能證明，但奉兩千多年前的淮陰侯為祖師爺，也算取得賭博許可書了。台灣民間還有一句俗諺：「韓信欲死哭三聲」，淮陰侯臨斬之際痛哭流涕，何故？他哭自己為何那麼聰明，以致功高震主、命喪未央。這句俗諺之後，通常接一句：「賭（音繳）得乎憨仔贏」，意指笨人賭博，常常手氣大順。這句俗諺只是押韻逗句，便於吟誦而已，真正讓憨仔去賭博，不輸得脫衫脫褲才怪。

三、四十年前的台灣人過年，到處可見民宅大剌剌地敞開大門，客廳即賭場，有時連廟口、公園也任憑江湖郎中擺設攤位，以「賭」會友。據說以前有不成文法，春節有五天賭博「假期」，讓鄰里的大人小孩賭成一堆，歡度新年。是否眞有此「法」，不得而知，但過去官府的確常在新年對民間聚賭睜一隻眼、閉一隻眼。現代社會除了麻將已成爲「家庭娛樂」，從年頭到年尾，可以天天過年，以往春節公然「聚」賭的天九、十胡、拾捌拉賭局則被嚴禁。這不代表民風轉向淳美，各種賭博也沒有滅絕，反而愈來愈精緻化與專業化，舉國藉股市、期貨拚經濟；玩樂透、運動彩券愛國家，連選舉、球賽都有賭盤，社會「轉型」成更大的賭場，形式與內容無所不在，且與國際連結，而政府就是信用可靠的莊家。

賭博堪稱漢文化傳統之一，曾有人編著《中華賭博史》，臚列先秦到民國時代各種賭戲、賭場，以及禁賭律令，洋洋灑灑，光怪陸離。清朝首任台灣知府蔣毓英編纂的第一部方志——《台灣府志》〈風俗〉提到當時的漢人賭風甚盛，「當令節新年，三尺之童亦索錢於父母，以爲賭博之資，遂至流蕩忘返……。」賭博被官府視爲首惡：敗壞風氣、助長盜竊，也常因群聚演變成分類爭鬥，西元一七八二年八月台灣中部大規模的漳泉大械鬥，就起因於雲林刺桐腳一場設在戲台邊的賭局糾紛。台灣各府州縣方志裡，「競賭博」與「好戲劇」、「信鬼神」、「惑浮屠」爲「全台弊俗」之最。「好戲劇」被當做「弊俗」，今日表演藝術界必然難以想像了。

現代政壇、工商界爲金權拚生命，賭得正氣凜然，連尋常的都更工程都有牽扯不完的恩怨，各有各的「一桶汽油與一支番仔火」。相較現代人上演的高尙版賭國仇城，傳統的賭債糾紛與地盤爭奪，或電影常見的黑社會賭場恩怨，已屬微不足道的扮家家酒了。

（原載《聯合報》名人堂，二〇一二年四月四日）

《水滸傳》的維基解密

家喻戶曉的小說拍成電影、電視劇，常有新的圖像與敘事結構，也讓觀眾有新的體會。《水滸傳》被傳誦數百年，歷久彌新，中共鬥爭史就常拿梁山泊大作文章，現代人至今樂此不疲，常透過舞台、影像對梁山泊做不同詮釋，翻案文章屢見不鮮。目前電視上演的《水滸傳》老調重彈，依然有高的收視率，而在維基解密沸沸揚揚之際，看《水滸傳》聯想「維基」八卦，別有一番滋味。

梁山泊傳奇出現在亂自上生、官逼民反的年代，《水滸傳》小說英雄好漢幾乎個個刺青，有人因犯罪受黥刑（如宋江），更多人出於英雄主義的黑色美學。第一個登場的九紋龍史進肩背胸膛刺了九條龍，浪子燕青也是遍體花繡，且出自「高手匠人」手筆，眞是當下流行刺青業先驅了。

《水滸傳》人物眾多，囿於三十六天罡、七十二地煞的「天命」，角色處理難以周全，梁山泊英雄個性鮮明者不過一、二十位。舞台與影像固然比平面的文字敘述具圖像效果，但人物造型、性格設計不對，反而少了小說的想像空間，也不易說服存有既定印象的觀眾。

電視劇《水滸傳》號稱台中港斥資五億的大製作，從演員與製作陣容來看，屬於中國作品，台灣只沾了一點點邊。整部戲的情節安排與人物處理四平八穩，少了些新意。電視劇裡的林沖造型笨重，很難讓人聯想小說《林沖誤入白虎堂》或舞台《夜奔》的「東京八十萬禁軍教頭」。智多星吳用角色太過稚嫩，入雲龍公孫勝面目模糊。演李逵的演員曾在《三國演義》飾演張飛，角色設計又無區隔，讓人有李逵戰張飛的錯覺。及時雨宋江表現平平，還好能撐住全劇敘事核心。日本電視劇常以偶像演員重塑歷史傳奇人物（如《利家與松》），啓發觀眾新的感覺，看來有其道理。

最早在梁山泊落草的白衣秀士王倫對雪夜上梁山的林沖並不重用，托塔天王晁蓋欲入夥，又妒才不留，最終死於豹子頭刀下。晁天王成爲新頭領，接著宋江加盟，天罡地煞陸續就位，高揭「替天行道」大旗，相互之間開口「哥哥」、閉口「哥哥」，然而，忠義堂上孰輕孰重？難道只憑天書或石碣文的「天命」，就不會出現現代政黨不分區立委的排名鬥爭？

林沖火拚王倫時，曾指責其笑裡藏刀、言清行濁，這種人在梁山泊已絕跡？從小說不難窺出水滸人物大口喝酒大塊吃肉背後，也少不了領導階層高來高去的算計，如那時也有類似ＡＩＴ私下訪談，會爆出什麼「內幕」？

晁蓋搶劫生辰綱被捕，當押司的宋江私下放人，還題反詩，惹下大禍，梁山泊人馬劫法場救人，晁天王大動作要讓位給這位恩人。玉麒麟盧俊義被逼上梁山，宋江也煞有其事地欲奉玉麒麟爲首。梁山泊這種謙讓的戲碼經常上演，緊要關頭卻又不了了之，也不在乎誠信原則。晁蓋在曾頭市中箭，遺言不是傳位以往謙讓的對象——孝義黑三郎宋公明，而是交代：誰捉住射死他的史文恭，誰就是梁山泊主。結果生擒史文恭的是盧俊義，宋江並未執行晁天王遺志，而以「天意」所在，自己不得不黃袍加身。

《水滸傳》小說原是元末明初的施耐庵據民間傳奇、曲本編纂。後來流傳的版本甚多。較通行的七十回本（外加楔子）最後一回忠義堂英雄排座次後，以盧俊義夜夢眾弟兄被官府處死做結束，爲水滸人物的悲劇預做伏筆。其他篇幅較大的百回本、百二十回本或各種「文簡事繁」的福建地方刊本，無盧俊義夜夢情節，直接銜接宋江接受招安，率領英雄好漢東征北討，落入說部傳奇窠臼，與前半部主要人物鮮活的性格強弱有別。最後，宋江凱旋回朝，皇帝御賜美酒，梁山泊英雄中計走向毀滅……

不管哪種版本的《水滸傳》，皆強調一○八好漢忠義不近女色、肝膽相照，也不計排名高低，等於不觸及人性本質與政治鬥爭的常態，展現一個有「危機」也不須解密的烏托邦世界。

（原載《中國時報》寶島大劇場，二○一一年九月二十一日）

見鬼的節目

最近幾年台灣電視頻道出現不少與靈異、鬼魂有關的談話性節目，主持人邀請演藝人員、媒體記者與江湖術士大談見鬼的經驗。有些上節目的「名嘴」爲了表現他們「獨到」的經驗，讓製作單位確認沒有「請」錯人，常常不自覺地神通起來，任何事情都扯到鬼魂與靈異，玄之又玄。談鬼的節目「看一個影，生一個囝」，製作潦草，出現在戲劇節目的鬼魂情節也多屬簡單、類型化的「勸善懲惡」，耽溺在說鬼故事，聽鬼故事的階段，戲劇結構、場景安排與演員化妝造型，往往缺乏創造性，也沒有說服力。

鬼魂與靈異現象成爲民眾生活中最畏懼、悲憫、好奇的禁忌與禮儀，跟人類歷史一樣久遠。面對大自然的奧祕，人從何處來，往何處去，原本就是哲學、宗教的範疇，並且成爲醫學、科學研究課題，與文學、藝術創作的重要題材。鬼魂是否存在，眾說紛紜，即使答案肯定，也不會那麼容易被看到，傳統社會認爲人看到鬼的時機，不是八字輕、陰氣重，就是與亡魂之間有所糾葛。

不談墾殖時期的「周成過台灣」或「林投姐」，半世紀前的台灣農業社會，放眼望去盡是黑白世界，少有五顏六色的霓虹燈與高科技的現代場景，人跡罕至的地方提供鬼魂與靈異的想像空間，不同年齡層也有不同的經驗世界，有些瞎子摸象，卻也提供幽明兩界、前生今世，喋喋不休、永不停歇的話題。

我童年的生活場景，最常「鬧」鬼的地方，就是老戲院的後台與小學靠近山邊老樹下的廁所，而且每年總有一、兩起小學女生被愛捉弄人的「魔神仔」牽去山上吃牛糞的傳聞。農曆七月鬼節一到，原來漆黑的夜晚爲了方便「好兄弟」飄來飄去，家家戶戶吊掛燈籠或五燭光的燈泡，微弱的火光與其說有照明的效果，不如說製造了鬼魅的氛圍，感覺更像進入人鬼雜處的世界。喝完路旁「信士」敬置的「奉茶」，才想起前一位拿著相同茶碗的是人，還是鬼？爲了預防來到陽世的鬼魂在接受普渡科儀之後，戀棧不走，道士或演員扮演的鍾馗祭煞、出煞科儀，猶如一場聖戰，民眾也盡量遠離儀式現場，一些村落在「跳鍾馗」驅鬼時，更沿村敲鑼提醒村民緊閉門窗，避免被孤魂野鬼沖煞。

不過，人與鬼神之間也常存在曖昧的角力，人表面上敬事鬼神，但在經濟發展的同時，卻毫不客氣地與鬼神進行無形的空間爭奪戰，結果證明鬼神沒有人可怕，也沒有人厲害。就算人世間還有鬼神，在科技化的聲光舞影強力播送之下，也無所遁形。神尚可安排到偏遠地段或住進高樓、公寓，鬼魂因塋域、野地流失，已「飄」得無影無蹤了。雖然如此，鬼神的觀念並未消失，喜歡講鬼故事的人也沒有減少，而且學歷普遍提高，帶有一種恐怖的浪漫，就像夏日夜晚開冷氣吹電扇、蓋棉被睡覺一般。

從前見鬼的人，都是根據傳聞，或是朋友的朋友轉述，極少親自目睹。現代資訊發達，自稱「眞的」見鬼的人增加。以往被視爲禁忌的「跳鍾馗」之類的祭煞、出煞儀式，表演者愈來愈善於裝神弄鬼，營造氣氛，吸引「民俗」愛好者的興趣，媒體每天出現驅鬼保平安的節目與廣告，顯示台灣靠「鬼」吃飯的人不少。傳奇小說常云：青天白日陽氣重，連鬼都隱藏起來，只有亂世，鬼才會比人多，而且容易被撞到，依照這種說法，是否也代表「寶島」進入亂世了？

鬼魂與靈異的題材其實可製作恐怖、淒美的娛樂性或教育性影視節目，提供現代人想像與省思的空間，傳聞中的鬼世界，甚至能發展相關的文化產業。不過，關鍵在於節目須有人文的內涵與嚴謹的製作，包括必要的資料蒐集與研究的過程，才能提升作品內容，吸引更多觀眾。如果只是隨便扯淡，消費鬼魂與靈異世界，不但糟蹋了好題材，也對不起「阿飄」了。這方面，國外經典電影與公共頻道針對這類題材的製作態度，以及所攝製的作品，值得台灣鬼節目參考。

（原載《中國時報》寶島大劇場，二〇〇九年八月十二日）

運動、祭典與表演政治學

高雄世運與台北聽障奧運先後熱鬧登場、圓滿落幕，對於行銷城市，提升國家形象，促進國際運動交流有重要意義。另方面，「迎鬧熱」般的表演場面，以及如影隨形的政治氣味，也在這兩項國際運動盛會中，充分展現出來。

運動會原本就具有表演性與政治性，近年變本加厲。北京藉奧運開幕式的超級大秀，誇耀「中國崛起」，讓台灣許多人豔羨不已。世運、聽障奧運在籌備階段，就把「奧運」級的開幕式奉為重要標的，不僅市政府全力以赴，新聞媒體、社會大眾也殷切期待。

高雄世運是以伊東豐雄設計的開口形運動場做號召，採螺旋式屋頂，工程經費六十億。開幕式由北藝大團隊策畫，表演內容偏重鄉土元素的再現，不以重量級明星為標榜，閉幕式更強調以港都為中心的南部各縣市全民參與。台北聽奧主場館則利用舊有田徑場改造，行銷策略是把台北放在華人世界的位置，聘請香港天王級歌手為代言人，由北藝大退休教授、著名的舞台劇大導演賴聲川操兵，具票房號召力的台、中、港表演團體與歌手在開閉幕式輪番上陣。

世運、聽奧兩大運動會開閉幕風格不同，都展現強烈的視覺效果，普遍受到好評，也是各界認爲世運、聽奧「成功」的主要依據。不過，南北開閉幕式的盛況，未必反映政府首長、媒體與社會大眾重視「表演藝術」的「共識」，至多顯現台灣藝文界舉辦「一次性」活動的功力，以及在媒體與商業機制操作下，主辦者與觀眾看演出的口味愈來愈「重鹹」。表演活動要成爲全國焦點，必須爲政治人物加分，才能一擲數億而不吝，進而吸引媒體，帶動民眾觀賞的興趣。

此次世運、聽奧碰巧連結在一起，主辦城市又分別由在野黨、執政黨主政，朝野兩黨與北高兩市藉開幕式相互較勁，連對岸也主動或被動地軋一腳逗熱鬧，讓運動會話題不斷。中國代表隊能否參加、以何種方式參加？竟然關係台灣舉辦國際運動會的正當性，也涉及朝野與南北城市對兩岸的認知。最後中國選擇在馬總統出席的世運、聽奧開幕式缺席，但仍親疏有別，薄高雄厚台北。在聽奧開幕式中，中國「千手觀音」成爲重頭戲；閉幕式中，對岸代表隊也「不吝」參加。除了地利人和，「天時」亦爲運動會成敗的關鍵，南北兩地舉辦運動會期間，皆曾飽受「天公」的威脅，排演多時的開幕式幾乎功虧一簣，幸好最後逢凶化吉，否則運動會光彩黯淡，主事者的大業也難以成功。

就運動會的屬性來看，世運與奧運或亞運相似，屬一般性的國際運動會。聽奧則屬特殊的運動競賽，與會的運動員皆屬有聽覺障礙者。台北市把「聽障奧運」簡稱「聽奧」，乍聽頗有文藝氣息，但一個「聽」字，究竟是指「聽人」、還是「聽障」，反而混淆視「聽」。聽障者（聾人）的外貌、動作與行爲能力與一般人無異，只是聽覺系統與聽人不同，卻常遭受歧視與誤解。

聽障奧運的精神在展現聽障運動員超乎常人的自信與堅忍，並藉此打開聽人心裡的另一扇窗，而非激起聽人對聽障者「殘而不廢」的同情。與高雄世運相較，台北聽障奧運更具挑戰性，也有較多環境營造與主題論述的空間。

爲了迎接聽障奧運，台北市區到處看到「支持聽障」的資訊，媒體也不斷打出「無聲的力量」。台北人看到市府辦「奧運級」運動會的氣魄，也看到名家主導的「國際級」開幕確實花團錦簇、光芒四射。然而，包括開幕式在內的聽奧活動，與世運或其他國際運動會在性質上差異不大，對「無聲的力量」也著墨不深。雖然節目中增加手語的解說，但這本來就是現代國家盛會應該表現的「無障礙空間」。

聽奧閉幕式功德圓滿，有三千六百人「吃桌」，頗合乎神誕必有祭祀，並演戲以慶、大吃大喝的民俗。但「拜拜」是感謝中元地官赦罪大帝、太陰娘娘，還是何方神聖？似乎不是「辦桌」的每個人都很計較。

（原載《中國時報》寶島大劇場，二〇〇九年九月二十三日）

十二年國教作文如何「作」滿分？

搖擺不定、擾攘多年，號稱免試入學的十二年國教，二〇一四年倉皇上路，此與馬總統限期推動，「一面走，一面修」的態度有關。國三應屆學生首當其衝，成爲十二年國教的第一批實驗品。讓人不可思議的是，中央、直轄市、縣市對國中會考及其評量標準不同調，亂成一團。

這次國中會考的作文計分及排序方式最被詬病，聯考時代作文屬於國文考題的一部分，基測的寫作測驗雖獨立一門，亦未居關鍵地位。首屆國中會考作文單獨成科，大部分地區作文也沒成爲關鍵科目，例如高雄市作文計分排在各學科之後，桃園地區甚至不予計分。唯獨北基作文成爲能否進入第一志願的決定性因素。換句話說，就算考生五科A++，作文未達六級滿分，考上第一志願的希望便會落空。雖只有北基實行這種排序計分方式，但台北市不是等閒之地，乃全國首善之區，菁英薈萃，國中會考作文凌駕所有學科分數之上，不但引起台北市眾多考生及家長的撻伐，也讓全國學生與家長再度進入集體焦慮。

作文不比數學、理化，有科學的計分方式，也不像歷史地理有基本的史地知識可作爲評分的標準。考生作文，除了字跡娟秀整齊者恆占便宜，有相當程度與閱卷老師的主觀意識，例如國家認同及其對性別議題、公共事務的態度有關，這些因素皆影響老師對考生作文內容的評斷。

我念中學的古早年代，作文以議論文爲多，講究理念正確，敘述通順，起承轉合妥適，如「時代考驗青年，青年創造時代」、「反攻必勝，復國必成」之類，就算抒情文，寫到最後也要加幾句「反攻大陸，解救同胞」的喊話。記得一九六五年東京奧運，台灣奪金牌熱門人物的十項選手楊傳廣，全國寄予厚望，臨陣失常，淪落第五名，舉國一片惋惜，國文老師當下就以「不以成敗論英雄」爲題，要同學作文申論。

我在中小學寫作文行禮如儀、按表操課，老師給的等級都在乙等以下，未曾得過甲等，更不要說甲上了。同班同學有幾位是老師認定的議論文高手，經常參加作文比賽，同學也常半開玩笑地、半欽佩地稱他們爲「大文豪」。有一次作文，題目已經忘了，大概仍是「暴政必亡」的議題，這次我沒寫傳統八股文，而用了「王師西指，躍馬中原」這個不知靈感來自何處的新八股，國文老師特別在這幾個字旁邊用紅硃筆畫了好幾個圈圈，得到「乙上」，算是我歷年最好的成績了。

高中畢業後，回頭看當年書寫的作文，形式僵化，內容空洞，幾乎看不到自己。大學同學也多有同感，談到「作文」、「作文比賽」，常語帶雙關，其一是好好寫篇文章，優秀者參加作文比賽；其二則帶有「做作」的性質，爲賦新詞強說愁，刻意擠出一堆文字，作文比賽更是看一個影生一個囝的競賽。

十二年國教的政策目標是提升學生能力，打破幾十年來根深柢固的明星學校思維，社區化的國、高中都有機會變成「明星」學校。立意良善，然過於一廂情願，容易流於形式主義。事實上，許多家長——包括國中小老師，從孩子念幼稚園開始，就想盡辦法（如遷移戶籍），讓孩子進入明星國中、明星高中，預先為進入明星大學鋪路。

這次國中會考的志願排序因為組距量尺寬，而且不夠精確，考生、家長無法了解別人分數的落點，因而塡寫志願得碰碰運氣，考生即便想「就近入學」念社區高中，也未必能如願以償。許多人下修志願，還傳聞有人「博杯」塡志願，有些家長急著送孩子到補習班拚七月特招。

我很難想像如何作文才能拿到六級分？難道僅依教育部頒布的寫作測驗評分規則：「立意取材、組織結構、遣詞造句……」就能滿分？國中會考評量方式，讓家長更關心孩子的作文能力，坊間因而作文補習班激增，據媒體報導，這一年寫作／作文類的書籍出版量大增，而在會考成績公布後三日較前三日的銷售量成長三倍，比去年同期成長一七五％。

學生寫作文某種程度代表其觀察、思考、邏輯及文字能力，也反映他的閱讀與生活經驗，學童上校外的作文班不始於今日。不過，以前是當作課後才藝班學才藝，現在卻變了調，成為像英數理化一樣的考試補習班了。有些家長則乾脆讓孩子直接報考私中，台北市的私中因十二年國教的紊亂而水漲船高，生意興隆。

十二年國教何去何從，明後年有何變化？不僅尚未上陣的國一、國二學生及其家長弄不清楚，國三學生、家長、老師也不見得全盤了解。執行此事的教育界大老再三強調，十二年國教

「政策是正確」，但接下來應有一句話：「執行有偏差」。台北市教育局長聲稱五科總分後，以作文決定考生成績，是教育部要求訂定。推動各項改革應有一套核心價值與執行策略，馬政府能把一個制度搞成這樣，實在有夠天才。

面對國中會考的亂象，教育部長蔣偉寧溫良恭儉讓地出面道歉：「……確實是很不好意思。」「責任到我為止」，說得雲淡風輕，空口說白話，難怪進一步激化家長怒火。少子化的時代家長望子成龍、望女成鳳，尤其是台北市的中產階級，平素希望社會安定，對學運、工運、民生議題未必關心，但對攸關孩子前途的考試制度、分數計算，斤斤計較，遇到不平，非跟你拚命不可。首度十二年國中會考考生逾二十七萬，如進一步計算，加上孩子的父母、爺爺奶奶、外公外婆、以及叔叔、姑姑、舅舅、阿姊，超過百萬的人數，足以動搖（國民）黨本了。

（原載「風傳媒」，二〇一四年六月十八日）

輯五、跨越M型文化

傳統戲文可以現代解讀

國光劇團近年演出傳統劇目，常以現代觀點設計主題，串連戲文，不但有利行銷，也讓演員、觀眾有重新詮釋與欣賞的空間。最近有一檔主題是「青龍白虎纏鬥」，以說唱貫穿相關戲碼，更是趣味橫生。

傳統小說戲曲中，重要人物都是星辰下凡，下凡的原因千百種，有因迷戀紅塵而投胎，有因身負重任來轉世。《月唐演義》一開頭就有青龍四轉世、白虎三投唐的因果：唐明皇遊月宮，調戲嫦娥，觸犯天條，被玉帝派遣青龍星下凡擾亂唐室江山，但青龍先前投胎，都是不得善終的青面獠牙，因而不肯受命。玉帝於是安排他投胎做武藝高強的玉面郎君安祿山；隨後玉帝想起唐祚尚未終了，再宣召白虎星佐唐，白虎也以二次投胎皆死於非命，拒不下凡，糊塗的玉帝又答應他得享天年，並有太白金星（李白）輔佐，於是有了七子八婿「滿牀笏」的郭子儀。

國光的主題設計有創意，但各系列名詞類似，部分劇目的安排未盡符合三世纏鬥的情境。以《青龍反唐．白虎歸天》系列來說，演的是白虎星羅成的故事，沒有青龍星的「份」。青龍單雄信因兄長死於李淵之手，拒不投唐，與瓦岡英雄分道揚鑣，但「擾」唐的力道微弱。從傳統戲文來看，單雄信舞台英雄形象不及羅成、秦叔寶，也不如流星人物李元霸、宇文成都、裴元慶。初代青龍白虎能反映雙方關係的戲碼是《鎖五龍》，演單雄信被行刑前，大罵三奠酒生祭他的羅成忘恩負義，這齣戲反未出現在這次的演出節目中。

羅成慘死淤泥河，其實另有宿命：以羅家槍聞名的羅成曾與擅使鐧法的表兄秦叔寶立誓互教武藝，一個說藏私則萬箭鑽身，另一個也說違背誓言將吐血而死。結果羅成藏了一招「回馬槍」，秦叔寶也保留「殺手鐧」，日後兩位英雄都慘遭橫禍，誓言得到應驗。

「掃北」的羅通步上父親羅成的後塵，曾對北番屠爐公主立誓，若負心將死於七八十老番狗手裡，後來爲報幼弟之仇，洞房花燭夜逼死公主。而後羅通征討北番蘇寶童，在界牌關「盤腸大戰」，栽在老頭手下，也反映「淡淡青天不可欺」的果報說。

《青龍轉世．白虎救駕》與《青龍白虎．三世纏鬥》系列，分別以薛仁貴與郭子儀爲中心，但青龍見首不見尾，僅《鳳凰山》蓋蘇文追殺李世民，薛仁貴救駕，兩「顆」星才有纏鬥的情節。《白虎平遼保大唐》與《白虎征西》、《白虎滅門，薛家反唐》系列，劇目凌亂，且多與青龍白虎無關，「征西」英雄已由白虎星轉到「二路元帥」薛丁山，他與樊梨花是金童玉女轉世。孽子薛剛反唐，纏鬥的敵人則是武則天。

從國光所安排的「青龍白虎纏鬥」系列中，觀眾可經由戲文得到啓發：眞正的敵人往往是自己人。羅成叫關不成，淤泥河萬箭鑽身，與青龍無關，而是被李世民三弟元吉陷害。薛仁貴跨海征東，與他「纏鬥」不休的，也非蓋蘇文，而是嫉妒賢能的主帥張士貴。

再則，傳統戲文以中原／漢族為中心，征東征西掃北平南，耀武揚威，對少數民族，或周邊國家充滿偏見。漢軍征討的蠻王、番將，從其民族、國家立場來看，往往是抵禦外侮的英雄。此外，觀眾對傳統戲文亦可嘗試以另類角度觀賞。例如《汾河灣》薛仁貴射「死」的薛丁山，早已有學者研究是否具伊底帕斯戀母情結。《樊江關》裡「移山倒海」的樊梨花弒父殺兄，其未婚夫楊藩被斬時，一股怨氣沖入樊梨花口腹中，生下薛剛，後來大鬧花燈、踢死太子，讓薛丁山一家滿門抄斬。樊梨花類似彌狄亞的悲劇色彩，提供現代人不同的看戲心情。

其實，看戲歸看戲，民眾對於五行、方位與祭典科儀有關的青龍白虎自有「理性」看法。他們永遠存在人的生活空間，青龍未必邪煞，白虎也不見得吉祥。就算舞台上白虎星輔佐天子，青龍星擾亂江山，也屬於「天上劇場」的角色安排，英雄、才子有人演，邪煞、小人也得有人「犧牲」。

（原載《中國時報》寶島大劇場，二〇〇九年五月六日）

國際大師的台灣創作應留下注腳

近年來，國際劇場大師來台展演或舉辦工作坊的情形十分普遍。兩廳院二〇一〇年二月下旬推出的《鄭和一四三三》，就是羅伯威爾森（Robert Wilson）的導演作品。台灣觀眾對這位劇場大師並不陌生，這已是他第三度在台灣的劇場呈現，參與這次《鄭和一四三三》製作的，除了常與他搭配的老班底，還包括著名華人服裝設計師葉錦添，以及台灣的優人神鼓、唐美雲等人。

羅伯威爾森一向善用燈光與各種異文化元素，以片斷、拼湊的形式與符號化，塑造劇場總體視覺效果。《鄭和一四三三》的舞台五彩繽紛，令人目不暇給。角色的造型有皮影戲、傀儡戲、漢磚畫的影子，也讓人與木乃伊、外星人、電動遊戲產生聯想。觀眾進入劇場，彷彿觀賞皮影戲、現代舞與太陽馬戲團混雜的舞台表演，也像在觀賞一場水墨、雕塑、版畫、攝影混合展。

不同於一般戲劇文本的敘述結構，《鄭和一四三三》除了說書人有口白、吟唱，其他角色皆默不作聲。在頻頻鼓聲、笛聲和薩克斯風中，透過光影變化、舞台轉換，片片斷斷的元素得以協調。唯一開口的演員唐美雲，以不同的面貌縱橫全場，原本沙啞的嗓音巧妙地變化角色，令人驚豔，也讓人看到本土演員的創造力與可塑性。

如同以往的威爾森作品，劇場觀眾對於他的戲劇處理容易產生不同的解讀，並引發正反兩面的評價。然而，即使舞台上的鄭和扁平化，並帶著異國情調，也不管觀眾喜歡、不喜歡，皆具正面的文化意義。可惜，製作團隊對這齣跨國跨界的大製作態度過於理所當然，忽略觀眾最想看到的，不僅僅是最後的舞台呈現，也包括大師的創作過程。

鄭和七下西洋的「發現世界」之旅，顯現十五世紀初期永樂、宣德皇帝的眼光與魄力，但初航（一四〇五）至最後航行（一四三三）之間，朝廷爭議不斷，甚至在宣德皇帝死後（一四三五），海禁成爲明朝政策，並被取彼而代之的清朝所沿用，可見大環境的複雜。五百多年前的鄭和下西洋，除了反映明初政治、國際關係與鄭和人格特質，當時的造船與航海技術、這支動輒萬人的寶船隊伍在每次長達一、兩年的海上生活與食物供給、敗血症與其他疾病的防治、船上人員分工，至今仍引發中外學者研究的興趣。

鄭和資料研究與創作題材豐富，以往卻鮮少被搬上舞台，由優劇場創辦人劉若瑀創作的《鄭和一四三三》算是首例。她從鄭和的最後一次航程，以回憶與現實情境交叉進行的方式營塑寶船下西洋始末。翻閱這本編排典雅、內容簡略的「劇本」，既無台詞，也沒有具體的場景描述，除了穿插一段鄭和與麗波公主的情緣，觀眾只看到鄭和下西洋的若干紀事，以及一些未署名的水墨畫場景，與缺乏說明、解讀的〈武備志．鄭和航海圖〉。以〈沒有名字的家譜〉這一場來說，「劇本」只是重複簡介鄭和幾次航行的過程與所到之處，比哥倫布發現美洲大陸早了六十年，比麥哲倫繞地球一周早了一百年……

導演如何根據這樣的「劇本」執導，令人好奇。

觀眾在劇場裡看兩個多小時的《鄭和一四三三》，以及手上的節目單或劇本說明，除了格式化的羅伯威爾森介紹，大概不易了解這齣戲具體的創作理念與導演過程。羅伯威爾森如何看待鄭和？編導演與技術劇場如何結合、呈現這段華人世界有泛泛印象的故事？串場的唐美雲角色如何被塑造？古今詩詞如何被選擇、安排到舞台上？皆付諸闕如。

重金禮聘國際大師來台製作大戲有其必要，不過，行銷策略與成本效益仍需妥善規畫。製作規模放在華人市場、台灣市場或僅是台北市的「劇場界」，應事先做好評估。劇場票房收入之外，無形的附加價值何在？能從國際大師學習到什麼，也應該重視。就製作的角度，讓國際大師開金口、多為台灣劇場留一些具體的注解應該不難，由大師親自撰寫當然最好，否則，也應透過訪談、筆錄方式，留下其在台灣劇場的寶貴經驗，而非只是放諸四海皆準的簡介。

（原載《中國時報》寶島大劇場，二〇一〇年三月十日）

經濟M型化，文化也M型化

近年台灣政府對「文化」的體認，頗具寬闊的視野，能化理念爲具體行動，並以籌辦比美奧運、世博規格的活動作爲呈現創意與藝文實力的標竿。大型藝文館舍持續興建，著名藝文團體、藝術家挾其國際聲望，創作力源源不絕，每一檔演出都屬豪華版大製作，蔚成藝文風潮。國際著名樂團、歌舞劇團公演是藝術界大事，更是社交界大事。不少熱愛藝文的企業家身兼藝品收藏家，經常「包」場贊助演出，甚至舉辦藝術大獎，蓋起博物館、音樂廳，參與藝文的新聞不下藝術家。

從另方面觀察，「砸大錢辦文化」似也成爲政府重視「文化」的表徵，並逐漸化約爲「數字」與「量體」，把文化預算提高至總預算的四％、成立三百億觀光發展基金列爲重大政見，出現在新聞媒體的「文化」也多屬巨型、絢麗的藝文活動。尤其文化創意產業成爲顯學之際，任何展演活動只要沾得上邊，就有無限做大的「軟實力」。與此同時，上億元豪宅一波一波推出，樣品屋打扮得像藝廊，掛滿藝術品，甚至展出價值連城的名畫，富而好禮的台灣社會彷彿已在政商生活圈與豪宅市場形成。

政府與社會菁英的藝文眼光愈來愈高遠，經費分配與文化內涵方面卻流於偏頗與形式主義。一場大型展演經費，等同培育藝術人才的藝大年度總預算；有形的硬體建設揭幕之後，政府編列的營運管理與維護經費極其有限。然而，名目不一的文化「特別預算」隨時都在增列中。

台灣當下的文化生態，已逐漸像社會財富分配所呈現的M型，不僅衣食住行生活文化反映貧富差距，屬於精神層面的藝文展演，亦呈現M型化趨勢：一端從創作、表演者到觀眾皆走高貴、精緻路線，即使傳統藝術、地方民俗也以此爲目標。喜歡看展演的人，再遠的路程也不辭辛勞，樂此不疲。著名表演團體演出的入場券動輒一、兩萬，仍然一票難求；另一端則爲沒有聲音、隨時有斷炊之虞的小型藝文團體與展演活動，以及失業無業、三餐不繼、沒有閒情接觸藝術，或成天慣性守在電視機前，極少主動參與文化與藝術活動的人。

目前國內藝文團體的展演能量與號召力參差不齊，循著正常程序，所能獲得的官方補助有限。絕大部分的展演團體演出機會不多，即使能參加政府部門、社會公益團體主辦的「藝術下鄉」，至校園、社區巡演，提供觀眾免費欣賞，也難引起共鳴，觀眾嚮往的還是著名的展演團體。處於今日的文化氛圍，藝文界知道靠死薪水（演出票房）難以維持，必須做好公關，獲得藝術大師加持，感動社會菁英、黨政大老，形成藝文大事件，才有包下政府文化工程、取得企業贊助，爬上M型精緻端高點的機會。

對今日的台灣而言，奧運、世博主辦國開幕典禮帶來的政治、經濟效益，雖不能至，心嚮往之。從文化創意產業的角度，舉辦大型國際藝文活動，帶動觀光產業，兼能整合藝文資源、落實人才扎根、改善國人生活品質，有其必要性，也代表一種進步。然而，大型活動的規模、內容與經費編列不能因此無限上綱，仍有其檢驗標準與討論空間，例如：活動的附加價值及與在地文化的連結點何在？籌辦一次性開幕活動的數億、數十億經費如何估算出來？禮聘大師來台「驚爆」一下，是否需要數千萬、甚至近億元的謝禮？

文化的本體本來就非一成不變，無法複製，更不是水龍頭，一打開就源源不絕。它雖能衍生大套理論，卻是尋常熟事，及由此歸納出來的經驗。現代台灣的文化走上M型化，民眾觀賞藝文的態度只分「要」與「不要」兩類，有興趣者一擲千金而不吝，沒有興趣或沒有能力者，則在M型的另一端，過著無「藝」生活，或無力發揮藝術熱誠，實爲文化之不幸。文化事務的推動必須掌握本質、了解生態環境，並具專業、創意與實踐能力，如何讓貧窮端的藝文團體、民眾脫離困境，正是建構健全文化環境的第一步。

（原載《中國時報》寶島大劇場，二〇一〇年四月九日）

在夏雪的舞台看見李行

高齡八十一的電影大師李行最近在國家戲劇院導演一齣敷演竇娥的舞台劇《夏雪》，備受各界矚目。

舞台上的竇娥最早見於元人關漢卿雜劇《感天動地竇娥冤》，這是念過中國戲曲史的人最熟悉的元雜劇。而後經過明人傳奇《金鎖記》、京劇與其他地方劇種的《六月雪》，竇娥故事廣為流傳。李行的《夏雪》不是根據現成劇本導演，而是自己找編劇創作，他同時還扮演製作人的角色：籌組技術團隊與劇組演員，張羅製作經費，安排演出場地與檔期……。以今日兩廳院或文建會、台北市都有自製節目的慣例，在影藝界資歷顯赫、人脈寬廣的李導演，何須拖著老命到處尋求協助？

然而，《夏雪》是李行多年夢想，他鄭重其事地找老搭檔編劇、副導演、音樂、美術指導合作，包括九十歲的莊奴作詞，年輕一點的翁清溪作曲，一步一腳印，所依循的是人情義理，也是彼此三、四十年影視合作的模式。

《夏雪》演出海報打出「一齣顛覆傳統戲曲的舞台劇」的宣傳口號，李行想顛覆什麼？爲竇娥平反什麼？我從他的談話或《夏雪》的戲劇結構，看不出創作者的創作動機。進入劇場，才慢慢體會李行的目的，單純在於闡明「活在世上，做人爲先」的勸善哲學，以及讓年輕人回到傳統劇場，現代劇場也應包容傳統戲曲的淺白理念。他還強調顛覆傳統戲曲是「手段」，宏揚傳統戲曲才是「目的」，而所謂「顛覆」不過是嘗試用京劇演員演舞台劇，不用京劇唱腔、身段，其實敘事方式仍很傳統，演員演起戲來也中規中矩。

李行製作《夏雪》的步驟方法與流程，如同籌畫一部電影，一齣戲九景二十一場的調度像蒙太奇般流動。尤其有了台灣戲曲學院京劇系、京劇團、綜藝團的「加持」，處理舞台畫面更像玩電影，也經常出現群眾戲的場景。戲劇一開場就是竇娥問斬、民眾圍觀的大場面，冤情驚動天上的鍾馗，惡霸張武男與竇娥分別倒敘，情節像羅生門般展開。惡霸指控竇娥虐待婆婆、毒殺其父張老爹，此時的「東海孝婦」是以惡毒潑辣的負面形象出現，李行導演的竇娥因而有正反兩種表現手法，可謂匠心獨具。

導演或者一心一意要爲傳統戲曲找出路，《夏雪》舞台元素多元混雜，虛擬與寫實縱橫交錯。京劇演員朱民玲扮演的竇娥演唱充滿《小城故事》風味歌曲，與《嫁妹》相同形象出場的鍾馗則保留戲曲念白與身段。鍾馗角色安排除讓原來就熱鬧場面更加熱鬧，並無太大作用。舞台設計以岩石作意象，卻常與寫實的家具並陳。再者，惡霸張武男在前半場惡劣囂張，脅迫醫生盧依文作僞證，後半場醫生受良心譴責，出現「竇娥群」幻影，並掉落深淵，巧遇在河上划舟的惡霸，兩人扭打。最後惡霸溺斃，醫生脫困，立即趕赴刑場爲竇娥喊冤，回到開場的情境，這樣的情節處理，也許適合電影畫面，舞台轉折則稍嫌簡化。

坐在國家戲劇院的觀眾席翻閱節目單，才知道李行老搭檔原來都對《夏雪》抱持懷疑態度，只是後來被其精神感動，「勉強」加入。其中副導演楊家雲的一席話讓人動容。她對這齣戲第一個反應就是婉拒，但自認若不跳進去，讓老人家獨立作戰，於心不忍，李行還因此在劇本上寫著「家雲對夏雪深具信心」，而後看著他每天深夜排完戲，從內湖坐公車到忠孝東路，再走路回仁愛路家裡的背影，好幾次濕了眼眶……

從當代劇場的發展趨勢來看，李行的《夏雪》堪稱逆勢操作的「另類」戲劇，年輕觀眾若用自己的劇場標準，可能難以欣賞充滿電影場景與敘述效果的《夏雪》。看李行《夏雪》不只是看竇娥故事，或看一齣像京劇又非京劇的舞台劇，而是看獻身影劇、舞台近一甲子的李行如何念茲在茲地完成自己的創作意念。從他的身上，我體會「老驥伏櫪」這句成語的眞正意義，也看到一位執著站在舞台上的藝術家，老邁卻高挺的身軀帶給後生晚輩的感動。

（原載《中國時報》寶島大劇場，二〇一〇年八月十一日）

英倫環球劇場

避開熱氣逼人的盛夏，跑一趟英倫，甫出機場，清風對面吹，天氣涼爽有如台灣初冬，身處喧鬧的國際都會，有著遠離世囂的山居感覺。參觀泰晤士河畔的環球劇場（Globe Theatre）是此行目的，雖非莎士比亞專家，但對這座一九九七年興建，歷史上溯十六世紀末的劇場心儀已久。它的營運涉及表演藝術、文化資產與教育、觀光等多重價值，任何人都可藉這個劇場與歷史、戲劇、文物對話，值得「攻錯」。

老牌環球在近四百年前演出《亨利八世》時發生大火，設備付之一炬。一年之後，用瓦頂替代茅屋頂的新劇場開幕，年方五十的莎士比亞此後就無新作，而於一六一六年在故鄉史特拉特福逝世，這座災後重建的劇院則於一六四二年被當時的清教徒關閉。現代的環球劇場是在原址附近新建的三層樓高圓形建築，開放式舞台與環狀觀眾席中間露天，有調節自然光線的功能。除了必要的現代化設備（如夜戲所需要的燈光與安全措施），劇場景觀、空間與建材大體上符合劇場原貌。

劇場約一千多座位，票價約十二英鎊（六百新台幣），若需坐墊得再付一英鎊。二、三層觀眾席左右各有二個隔間的包廂，上有布景、裝置，必要時也可成爲表演區。舞台與觀眾座席之間算站票區，「戲棚腳是豎（站）久人的」，只要五、六英鎊。戲劇開場時，例由樂隊站在舞台上表演，不斷更換樂器與表演地點，最後走過與平台連結的小木橋，登上大舞台二層樓的樂隊席，戲劇正式開演。

我初到英倫環球劇場看戲當天，夜戲演的就是歷史劇《亨利八世》，日戲則是喜劇《溫莎的風流娘兒們》。演員表演用「肉聲」，除了從舞台出入，也常由觀眾席通道進出，他們從舞台走向延伸出去的表演平台，等於「站」上觀眾之中。座無虛席與站成一堆的觀眾安靜看戲，沒什麼雜音，也少有人走動。

劇場之外還有展覽館、圖書館、教育與研究中心，全年開放。五至十月每天日夜演出莎劇，冬季則以教學爲主，與莎士比亞相關的海報、書刊、模型、肖像到T恤、影像，應有盡有，整個劇場及附屬空間構成一個生態博物館。進入劇場，令人不由得遙想莎翁當年，以及他的伊莉莎白時代，而十四、十五世紀的英、法歷史也不斷出現在《理查二世》、《理查三世》、《亨利四世》、《亨利五世》、《亨利六世》、《亨利八世》的戲劇情境之中。在環球劇場看莎劇，與在台灣或其他國家劇場氛圍極不相同。

看著劇場裡裡外外、上上下下，我第一個聯想是：台灣如何發展特殊類型的劇場？藝文界每隔一段時間總會高喊發展「定目劇場」，讓名劇能定期、長期演出。定目劇場原是一種劇目輪演制度，由一個劇團每週內每夜安排不同劇目，或一個演出季裡連續表演、更換幾個劇目。劇團除了既有的劇目，還需隨時排演新劇目，才能應付演出需求。發展定目劇場要有製作條件與演出環境，也考驗劇團功力，卻是值得努力的方向。

再者，台灣有些劇團擁有專屬劇場，演出重心多放在國家劇院或其他主要場地，無心經營自己的表演場所；沒有「家」的劇團沒有積極尋找新空間，也不願屈就小場地，只能仰望政府「德政」了。其實，劇團營造專屬演出場所，劇團、劇場合而爲一，攸關戲劇創作、演出與觀眾培養。即使劇場空間不大、觀眾席不多、地點偏遠，長期妥善經營劇場與空間環境，票房效益與附加價值必然可觀，這是文創產業表演藝術類最容易看到的「產值」。

當下台灣大小劇團中，不乏具發展定目劇場或專業類型劇場潛力者，國光劇團、台灣戲曲學院都有此條件。不過，尚未把國光劇場與復興劇場的空間營造列爲重要業務。另外，冬山河畔的國立傳統藝術中心有良好的空間環境與硬體設施，以及眾多的參觀人口，獨缺專屬表演團體，學術專業形象也待提升。如能積極改善，對園區經營與表演藝術發展皆具意義。

（原載《中國時報》寶島大劇場，二〇一〇年十月六日）

日本導演的法國悲劇台北青春秀

日本導演鈴木忠志來台，在台北、高雄演出小仲馬的《茶花女》，首演後觀眾討論熱烈，為台灣表演藝術界歷年所僅見。鈴木的創作常取材傳統劇目或素材，再重組、拼貼不同文化元素。他獨創的表演方法以日本傳統藝能為基礎，控制呼吸、能量，讓身體重心保持水平移動，在國際劇場界享有盛譽。

單從《茶花女》劇場來看，導演以男主角亞蒙在療養院寫作場景貫串全劇，並於真實角色之外，增加夢幻的重疊，在流行歌曲的網絡展開角色關係。他親自設計的舞台與燈光，讓劇場看來像座療養院，每個表演片段有簡約卻又雕琢的質感。短短九十分鐘的舞台流轉，節奏明快，青春洋溢。也許訓練時間有限，有些台灣演員的表演，時而像模仿偶戲，時而帶點早期舞台劇的誇張。

相對變化不大的戲劇情節，以及現買現賣的鈴木表演法，《茶花女》星羅雲布的十幾首台灣流行歌曲，成為全劇最醒目的架構，觀眾「散戲」後的爭論，也多在歌曲的運用及其演唱效果。

出現在《茶花女》的不同年代國台語流行歌，都非爲此劇而創作，詞曲內容亦未與情節契合，但導演仍界定爲流行歌音樂劇，並認爲這齣戲穿插的流行歌曲符合劇中情境，例如〈何日君再來〉歌詞表現了歡場聚散難測，也呼應了瑪格麗特「純粹的愛情其實很困難」的悲愁。

台灣流行歌——尤其是台語歌曲的創作與流傳歷經滄桑，反映台灣社會與台灣人在不同時空的心境，與政治、戰爭、族群、階級、貧富問題，其生態環境、演唱者、場地、聽眾皆在底層文化網絡之中，而在這個網絡外的演唱，便有不同的意涵，不只是被政治符號化、標籤化，或不同世代的感情投射而已。

《茶花女》有「氣質」的男女演員以接近美聲演唱，「氣口」不足，少了江湖味，卻別有一番風味，也引導一些觀眾感受劇場親切感。不過，這齣法國古典悲劇出現的台灣時空環境與音樂元素仍顯突兀，不似鈴木導演另一齣《特洛伊的女人》的古希臘戰場／戰後滿目瘡痍的東京街頭，容易讓觀眾產生連結與理解。導演處理台灣流行歌曲的手法，有人視爲反諷或陌生化作用，似乎過於理所當然。《茶花女》演出中，演員以流行歌或國台語吟誦悲慘的愛情，觀眾席笑聲不斷，「笑」果不是來自戲文的喜劇性或演員的喜感，而是莫名的現場氣氛。這是導演預期的效果？還是演員訓練不足，舞台張力不夠所致？

《茶花女》流傳一百多年，從法國經日本到台灣，「父親暗中勸阻子女不當交往對象、有情人終不成眷屬」的情節基型，至今仍常出現在通俗劇場。從本土觀眾的角度，《茶花女》說說唱唱的演出型態，接近歌廳秀、餐廳秀常見的歌中劇。沒有「鈴木商標」的本土歌中劇多屬遊戲之作，人物、情節簡單，不講究排場，表演風格俚俗，即興味道濃厚，製作經費也不高，不可能像國家劇院旗艦製作的層級，有豪華舞台，以及二十位「群眾」演員的「規格」。

鈴木導演此番來台現身說法，從工作坊到舞台呈現，一體成形，是台灣劇場界盛事。台灣演員能有機會面對大師，學習鈴木表演方法，更是難得的經驗。觀眾不論對《茶花女》有何質疑與討論，基本上都極具正面的意義。然而，《茶花女》事件的引爆點，追根究柢，其實與兩廳院製作這齣戲的主要目的與方向有關。如果這個「旗艦製作」是以劇場演出為主，何不直接邀請日本鈴木劇團完整呈現？那麼，日前《茶花女》的許多爭議可能不會出現，台灣觀眾也可以看到純正的鈴木劇場；如果兩廳院的重點是舉辦工作坊兼作教育劇場，也極具意義，但工作坊實作計畫、演出形式、內容、流程與經費預算是否得當，便有討論空間。

若未曾思考製作性質，只憑「大師創意，必有深意」，再根據結果，解釋其賦予的文化意義，花費一千五百萬元的「旗艦製作」就有些單薄與舉「輕」若「重」了。

（原載《中國時報》寶島大劇場，二〇一一年三月九日）

小劇場・城市空間與文化焦點

幾個月前台中 pub 一場大火，讓台灣小劇場安全問題浮出檯面。若干營運已久的小劇場，不是使用項目與原登記不符，就是消防安全有待加強，甚至尚未取得使用執照。要讓現有小劇場空間完全合乎規定，牽涉的層面包括建築、消防、防空避難及土地使用，十分繁雜，但話說回來，若安檢無法通過，小劇場營運必受影響。

數十年來小劇場能夠一脈相傳，多係自己努力的結果。它不只是展演空間，也不單指非營利的表演團體，或實驗性、批判性濃烈的呈現內容，而是合三者爲一的特殊劇場意象。以往它的屬性少爲外界注意，無所謂安檢問題，即便近年政府釋放若干公共空間作小劇場，並給予演出補助，亦未針對場地設置一套安檢、管理辦法。

至目前爲止，中央與地方文化部門對小劇場安檢問題的處理還算積極，且能與小劇場溝通，問題應不難解決。甚至小劇場的場地危機，也可能是它發展的一個轉機。尤其擁有最多小劇場的台北市，如能在檢討劇場空間的同時，審視它與都市表演——包括台北藝術節、藝穗節的關聯，將對改善城市藝文體質有所助益。

台北藝術節舉辦二十多年，形態年年不同，沒有連貫性，不易累積成果，更難塑造藝術節與城市空間、市民生活的一體性，進而帶動城市藝文發展。台北藝術節期間，行走市區大街小巷，感受不到一個藝術節慶正在發生，遑論有專程爲台北藝術節而來的外人。

台北藝術節之外，近年仿傚愛丁堡藝穗節（fringe）而舉辦的台北藝穗節亦是一個空殼子，同樣只學習國外案例的表面。愛丁堡藝穗節中，一個名不見經傳的小表演團體有機會與各國劇團、藝術家、藝評家交流，就算以自費方式參加，也獲益匪淺。台北藝穗節本身尚未建立口碑，少了藝術盛會的氛圍，單純讓熱愛表演的年輕人DIY演出，對主辦者、表演者幫助皆不大，也不容易吸引觀眾。

台北藝術節或台北藝穗節企圖整合藝文資源、獎勵藝術創作，爲城市行銷，構想甚佳，但應先建立品牌，探討國外藝術節何以能吸引各國藝術家、表演團體，揚名國際，也讓在地人以藝術節爲榮。台北市文化基金會這幾年成立藝術節專責單位，積極規畫展演內容，應該從「藝術節」對症下藥。否則以台北市的藝文資源與觀眾水準，安排國內外表演團隊演出原本就不困難，台北藝術節如果只是一般性展演的串聯，缺乏空間感與節慶感，就有違「藝術節」的積極意涵了。

台北市或可利用這次小劇場安檢事件，進一步評估小劇場、城市藝文空間與節慶的關係，確定台北藝術節慶運作的模式與經營目標，並研究以小劇場作爲切入點的可行性。根據台北市的藝文生態，應能整合更多的閒置空間作爲小劇場，讓它的場地、表演團體與演出活動，成爲都市的藝文焦點，傳遞文化的想像與創造，並成為城市景觀的一部分。台北市如果繼續發展藝穗節，亦應建立獎助年輕劇場人的機制。讓台北市民先看到小劇場，再看到藝穗節與藝術節，而後才可能吸引外地民眾與國外觀光客來台北看藝術節慶。

以小劇場的場地與表演活動融入城市空間，並以它為核心，讓更多人也能「小劇場」一下，並不妨害現有小劇場的創作風格與營運模式，反而更能累積渾厚的劇場能量。目前經常出現在大劇場或音樂廳的觀眾，昔日也可能是小劇場常客，如有機會回到沒有豪華建築物，沒有包廂，沒有舒適座位的小劇場，感受台上台下、觀眾與演員發出的呼吸聲，就能看到功利現實、擾嚷不安的台灣社會仍然存在著一股熱力。

小劇場的存在攸關表演藝術的創造，亦為社會活力的展現。它與城市空間的改造需要一些軟硬體條件，不可能一蹴而成。但確定目標，長期經營，就能逐步達到效果，而且絕對比放煙火式的慶祝建國百年活動更具實質意義。不止台北市，其他城鎮的空間與小劇場關係，基本上都可如是思考。

（原載《中國時報》寶島大劇場，二〇一一年六月十五日）

當代藝術的街談巷議

一位畫家友人十幾年前得廟會八家將靈感而創作的油畫，在法國巴黎參加「意象台灣」當代藝術展，主辦單位還以這幅作品做成大型海報，在巴黎公共場所張貼。畫家送了我一張，裱褙之後擱放在屋內一角。最近鑑於居所公寓格局老舊，廊道只擺置滅火器與大型塑膠桶，十分呆滯，特別把這張紅白黑色線條交雜，構圖繽紛的大海報拿出，掛在門口白色牆壁上，希望爲公共空間增些裝飾性。沒想到甫一掛出，廊道三十公尺那端的老太太立刻要求撤下，因爲她一開大門，遠遠就看到一張「鬼」畫，感覺被觸了霉頭。經過管理員轉述，我沒有多作解釋，「欣然」同意把這張大海報收回自家欣賞。

社會大眾對周圍環境與藝術品的看法，遠近高低各不同。左鄰右舍的互動以人爲本，任何影響鄰居生活的藝文展現，自當考慮他人感受。至若更多人進出的開放場所，所涉及的藝術創作議題、形式與公共性，就較爲複雜，既是藝術家的自由創作權，也攸關社會文化的創造性，卻又難以自外於庶民的生活秩序與倫理。然而，藝術的公共「輿論」從何而來？藝術家或策展人、藝術館如何與「外界」互動？是否有人表示異議，或「上級」出面，藝術品的內容或展示方式就應改變？

媒體曾報導台北當代藝術館前展出的《他玩妳死 Taiwanese》，被市議員王世堅痛斥「教歹囝仔大小」。這幅作品是「新台灣壁畫隊」應台北當代藝術館邀請，七月十二日至八月八日在廣場展出六十四幅作品中的一幅。雙角紅色猛男面帶微笑壓制狗頭綠色女體人身作交媾狀，女體的口中發出「他玩妳死 Taiwanese」的字眼，右手還比起大拇指，滿臉痛快。創作者姚瑞中解釋紅魔鬼象徵強權、邪惡勢力，綠色狗首女體代表沉默大眾，被強暴還比大拇指，影射台灣亂象。對於作品被批藉藝術之名「糟蹋別人」、「作賤自己」，姚瑞中感慨四年前在上海藝術博覽會參展的作品把 Chinese 翻成「踹你死」，一天就被迫下架，原以爲這是極權國家才有的怪事，沒想到回到台灣，依然如故。

「新台灣壁畫隊」是由一群本土藝術家組成，簡稱「新台壁（幣）」。他們用「蓋白屋」的形式結合創作、生活與拍賣會，也在民宅牆壁作畫，並以移地創作的模式，邀請當地藝術家一起「蓋白屋」、「搭戲台」，作爲建構台灣當代藝術「交陪」的空間。這次在台北當代藝術館正門「白屋」的展出，懸掛方式乍看如道場做功德的「天京地府水國陽間」或「十殿閻君」掛圖。《他玩妳死 Taiwanese》原掛在白屋外側，面對長安西路人行道，吸引許多路過民眾的注意。

台北當代藝術館原址曾是台北市政府所在地，市府搬離後，留下的「閒置空間」轉型成當代藝術館。既然標榜「當代藝術」專業美術館——而非作爲社區藝文中心或兒童美術館，就有「當代藝術」機構的角色定位與文化責任。在這裡展出的任何一檔「當代藝術」，即便不爲多數人所喜，也不應壓縮藝術創作空間，就如我的畫家朋友那幅被鄰居視同「看到鬼」的原畫，安排在美術館展出，就有其藝術創作的神聖性。

擔任「藝」警的王議員，幾年前當立委時，也曾出面踢爆身聲演繹社的《火鼓祭》讓華山藝文特區「淪爲戶外搖頭派對場」；隔年這個表演團體推出的《旋》，因爲舞者有五分鐘全裸，警察連續兩天闖入劇場錄影蒐證。當代藝術館在王議員施壓下，最後協調策展人、創作者，把這幅引發爭議的作品移至「白屋」內，讓路過的小朋友看不到，除非刻意走入「白屋」，才會「教歹囝仔大小」。

現實社會不是無菌的溫室，當代藝術即便議題涉及情色與暴力，已經非寫實手法重組、轉化的創作過程，展出形態亦通過策展人與藝術館的專業判斷，交由藝評家與觀眾公評。《他玩妳死Taiwanese》如對小朋友、青少年有所影響，其實未必多屬負面，極有可能啓發「囝仔大小」對社會現象的解析力。

（原載《中國時報》寶島大劇場，二〇一一年八月十日）

孤島與仙島

隨手打開電視，目光立刻被瞬間顯現的影像吸引。外國傳媒TLC的《瘋台灣》系列，正在播映馬祖特別節目。主持人一男一女，年紀很輕，男的是洋人，女主持人看起來像A.B.C.或A.B.T.，兩人一搭一檔，帶著鏡頭走訪馬祖，主持風格活潑自然。我幾天前才到馬祖列島轉了一圈，對於出現螢幕上的畫面記憶猶新，感覺親切，至少《瘋台灣》製作團隊行走的路線與觀看的景點，也有我走過的痕跡。

這個英文旅遊頻道的節目製作與台灣傳媒製作習慣不太相同，本地傳媒製作地方性節目，通常會讓縣市長、文化官員或地方頭人闡述政績、建設理念與介紹風土民情。這個馬祖特別節目只訪問在地的畫家、燈塔管理員。兩位「代表」幾天前都曾與我在馬祖見過面。管燈塔的陳先生當時除了介紹燈塔的歷史、相關器材特色與運作原理，還以社區發展協會理事長身分大談社區理念，而在這個旅遊節目，只看到他講燈塔，沒聽到他有關社區文化的抱負。

節目中聽不到官腔官調，聽不到有人談文化使命或抱怨地方問題，也很少帶到馬祖市井小民家居生活，看不到閒雜人等。鏡頭突顯的馬祖自然景觀、戰地工事、山居石屋，一切唯美、抒情。這當然是導演、攝影師詮釋鏡頭的觀點，選擇他們所要的畫面，隔絕不欲入鏡的塵世俗人。鏡頭中的馬祖不是遠離中樞的偏遠孤島，而是清新絕塵的海上仙境，頓時讓人聯想「忽聞海上有仙山，山在虛無縹緲間」或者「大珠小珠落玉盤」的白居易詩句。

如此馬祖，自然與我這個「俗人」看到的海島風光、戰地遺址與庶民生活交織的印象不同。我在列島遊走，所看到的馬祖人，不分男女老少，質樸古意，如同台灣廟口、街道隨處可見的婦孺老幼。

馬祖列島曾經有迷霧般的歷史，進出於大小島與浮渚暗礁之間的馬祖人，生活於漁撈、航運與戰火的縫隙之中。軍人、商旅與看出、看不出的海盜——海上冒險家，出沒其間，馬祖不盡然只有魚腥與煙硝，島嶼空間也因「市場」需要，增添了燈紅酒綠，海風中滲沁著脂粉味。

馬祖有幾十年時間扮演爲台灣而存在的角色，是反共抗俄的最前線，容納了數萬名來自台灣的年輕充員兵，人數遠超過「原住民」。台灣本島的人對於屬福州語系的馬祖，有著錯綜複雜的感覺——捍衛台灣、遠離文明；是聖地，也是險地。一旦親人調防到前方列島，便憂愁不已，彷彿看到親愛的子弟荷槍實彈，準備與敵人廝殺。也難怪馬祖人與「後方」憂慮，稍稍看看地圖，掉落在閩江口的馬祖形狀，有如一塊肥肉放在一隻張開大口的龐然怪獸面前，怪獸似乎還在思考如何處理這塊肉，留著它，還是吃掉它？

戰火下的馬祖因爲將官、士兵的娛樂與消費，展現氛圍詭異的繁華，當地人也發了小戰爭財，據說馬祖人的平均存款在各縣市中數一數二。這可是世代生活的浮雲海島，在「單打雙不打」的砲彈威脅下，犧牲正常生活與享樂，賺來的血汗錢。原來馬祖人最親近，也幾乎伸手可及的海洋，成了肅殺的管制區，籃球與任何飄浮的寸板不得下海；即便是在自己的土地上，宵禁期間不得在外遊蕩，出門得記住每天更換的口令；家裡燈火得用黑紅雙層布罩，裡層紅布渲染光暈，外層黑布則壓住亮光，防止外洩，而同時間的台灣人蓬拆蓬拆，正盡情享受五花十色、歌舞昇平的社會文明。

戰地政務解除之後，原來駐守馬祖列島的戰士大部分撤離，外來人氣銳減，當地人突然驚覺：原來眞正的馬祖人這麼少。大部分馬祖人在台灣有落腳處，甚至早已在都會落地生根。即使在家鄉定居、就業的馬祖人也常進出台北與彼岸福州，終年留在老家的人零落。幾條曾經熱鬧一時的街道變得蕭條、孤寂，車輛稀稀疏疏，見不到幾個行人，更見不到幾個年輕人。

我倒是常遇到活力無窮的馬祖文化人、藝術家，他們一如台灣各地的社區、文史工作者，關心公共事務，也對在地文化生態憂心忡忡，言談中卻又散發著對自家文化的驕傲。馬祖人民選出來的最高行政首長——縣長與民意代表——立法委員都很活躍，聲音也很大，跟台灣所有政治人物一模一樣。博學而健談的文化局長，一副苦幹實幹的工人模樣，他與台灣作家、文化界人士頗有往來，言行之中常引經據典，顯現出對馬祖與台灣與中國，甚至與國際之間的連結與觀照。

馬祖文化人、行政官員的思維與做事方法其實與台灣同行沒什麼差異，馬祖也如台灣花東、中南部，各種建設多以台北作標竿。具體的方案，不外是改善交通狀況、增加軟硬體設施、提升離島生活品質、縮小與都會的城鄉差距、發展觀光產業等等。近年馬祖人最關心如何能在兩岸交流中，藉地利之便，扮演重要角色，並以戰地的歷史遺址與自然景觀作號召，吸引兩岸與國際觀光客。

馬祖島嶼空間與自然景觀的確有吸引遊客的條件，從大小島上的高點往海面望去，圓塚形小山巒有如豹紋的花崗岩與粼粼波光輝映，海平面的小島、暗礁星羅棋布，遠近高低各不同。散落的民宅庭院臨近大海，卻又有幾分「雞鳴海色動」的農家氣息。芹壁聚落遠近馳名，閩東式石屋倚傍著山坡散落，恍如地中海地域風光，讓初來乍到的遊客驚豔不已。幾年來，馬祖遊客人數逐漸上升，馬祖推動的觀光旅遊業，顯然看到了成績。不過，還是有些人都還未到馬祖，就擔心惡劣的氣候影響歸程。

最終馬祖是要變成台灣或國際某一個市容繁榮、產業與藝文活動熱烈的城市之縮小版、海島版，還是讓它名副其實地當作孤獨的海上仙境，或者兩者中間——既具主體性、又能兩全其美地成為繁華的仙境，沒有絕對的答案，問題不在單純的硬體、軟體建設，而在情境的連結。

近年連江縣政府推出馬祖文學獎，鼓勵馬祖人或與馬祖有淵源的人，以地方題材從事文學創作，這也是最高明的文學行銷法吧！我因爲擔任馬祖文學獎評審沾了光，而有這一趟馬祖遊。不過，也可能是主辦單位擔心台灣評審不了解馬祖，特別安排兩天一夜的實際參訪活動，等於是評審行前訓練。這是我第二次來馬祖，幾年前到過南竿、北竿等島，原本還要到東引，結果臨時起大霧，飛機無法起飛作罷，見識了馬祖的風雲莫測。

TLC頻道出現的馬祖無風無浪、不食人間煙火，這不是我喜歡的調調，然而螢幕上的馬祖畫面卻又眼睛爲之一亮，也帶來不小刺激。藉由這些美麗鏡頭看馬祖，等於另一種角度看孤懸海上的小島與仙島，讓我跳脫往常的慣性思考。我眼前突然有一個畫面：來到馬祖就算因天氣變化受困，也應以豁達、閒致的心境，「君問歸期未有期」，既然天氣留人，就順其自然吧！我想到濱海的家鄉媽祖廟——南天宮正門的楹聯：

南望仙台悅見仙槎浮海上

天開聖域恭迎聖駕駐江濱

鄉賢製作這對楹聯時把「南」、「天」兩字嵌入上下聯的開頭，我幾乎從小看著聯句玩耍長大，至今仍能一口氣念出這二十二個字。此刻發覺，聯句的內容彷佛也在描繪與媽祖同名且有淵源的列島——它們的海上形象與人文角色。

（原載《文訊》第三一四期，二〇一一年十二月號）

死了一位討海人

因胃癌逝世的南方澳老漁夫林清山出殯，不是新聞的新聞上了媒體版面。二個月前，擔任「勝隆漁三十一號」輪機長的老漁夫，在台灣兩千公里外的海洋捕魚，便祕腹痛二十多天，情況緊急，被海巡署出動艦艇救回就醫。有人因而認爲國家花兩百萬元油料，千里迢迢專程營救一個「便祕」的人，有浪費資源之嫌，還有網友稱這是「史上最貴一坨屎」。

其實老漁夫在被救援前一個月已在海上發病，當時就要返航治療，但在同海域作業的友船因機械故障，以無線電求援，收到訊號的「勝隆漁三一號」即刻前往拖救，前後十天，延誤回航時間，導致身爲輪機長的老漁夫腹部、下肢腫脹，疼痛難耐，才聯絡蘇澳區漁會轉請海巡單位協助，外界不明就裡，竟懷疑他只是便祕。媒體報導「史上最貴一坨屎」的新聞，可能當作趣聞軼事，但出現在電視、報紙，「新聞有責」，對於林清山及其家人、親友，不啻罪證確鑿的法院判決。長年生活在漁村，一輩子不可能與網路、媒體對話的老漁夫被冤枉、糟蹋，投訴無門，內心的羞愧與忿憤可想而知，他後來病情惡化，很難說與此無關。幾天前，老漁夫終因癌末不治，家屬十分傷痛，說他是含怨而終。家屬氣憤地說：「出海捕魚本來就是拚生命賺錢，又不是遊山玩水，如果不是病情嚴重，誰會滾這款玩笑！」

在大海捕魚爲生的人稱爲討海人，以海爲生，靠天吃飯，不是三更半夜出海抓「現撈」，就是嚴冬清晨趁著東北季風掀起波濤時鏢旗魚，要不就是出海數日，拚一趟釣魚台、彭佳嶼海域，甚至至遠洋作業，一年半載始得回家。茫茫大海中，有時誤入外國領海而被拘押，倒楣的遇上海盜需要大筆贖金。尤其在海上，一旦身體發生病痛，漁船不比豪華郵輪，呼天不應、喚地不靈，這種賭命的討海人，不僅工作辛苦，生命更無保障，難怪一般家庭不願把女兒嫁給討海人。討海人遭遇海難時有所聞，如果屍首未能尋獲，只能列爲失蹤人口，不能開具死亡證明書。一年以後，證明失蹤人口確實仍在「失蹤」，才能由法院裁定這個人是否死亡。這種海難死亡證明法，或許是針對假性失蹤人口，避免產生弊端，但明明死難者已與波臣爲伍，甚至葬身魚腹，仍需三、五年，甚至七年，才能宣告死亡，期間所有的保險不能理賠，戶籍資料也不能註銷或更正，對於家屬無疑是長期的折磨。

討海人的眼淚與委屈，作田人、山頂人與苦役勞工或能體會，坐辦公室做決策、上網瀏覽天下事的人，以及裘馬輕肥的五陵年少就很難想像。

我不認識林清山這位同鄉，但心有戚戚焉。算年紀，老漁夫沒大我幾歲，從電視畫面看他飽歷滄桑的容顏，卻如同我上一代的長輩。這位老討海人的死亡，對他未嘗不是人生的解脫，也是「便祕事件」印證清白的唯一方法。

（原載《聯合報》名人堂，二〇一〇年六月十八日）

在農地種詩

最近苗栗大埔徵地與彰化大城國光石化設廠，引發農民與農運、環保，甚至社會各界的激烈抗爭。詩人吳晟先寫下〈我只能為你寫一首詩〉批判國光石化在濁水溪口設廠事件：「我的詩句不是子彈或刀劍／不能威嚇誰／也不懂得向誰下跪／只有聲聲句句飽含淚水……」，詩句尖銳深刻，道盡詩人面對土地可能被糟蹋的無奈與憤怒。而後大埔二十四戶農家農地被苗栗縣政府強制徵收，即將收割的一期稻作被推土機剷除，農民與支持者憤而夜宿總統府前凱達格蘭大道，也引發他的不平之鳴，痛批執政當局沒良心，還直指選前到農村 LONG STAY 的馬總統，選後只關心財團利益，眼中沒有農民！

認識吳晟的人都知道他生性恬淡、憨厚，平常待人也極為溫和。他長年在彰化溪州務農寫詩，關心農民、農業與弱勢族群問題，創作靈感也多來自田園生活的體驗與貼近土地的感動。他認為農民一輩子打拚，最珍惜土地價值，反對耕地被轉作其他用途。他們不願搬離不是坐地喊價，而是土地與人早已血脈相連，不是補償金可以換算的。

就像一般作家一樣，詩人心思敏感、細密，把創作當良心事業，心有所感，藉文字遣懷，對世事的不公不義則口誅筆伐。但他們發出的聲音，讓有權勢者畏懼的例子並不常見，大多屬於狗吠火車。尤其詩人這個行業無需執照，也沒有身分認定的問題，每個人對政治的看法各有立場，對社會的觀察也有不同角度，所謂見仁見智者也。政府亦知他們好發議論，三色人說五色話，如以文學或藝術的形式委婉、含蓄表現異議，流傳不廣，影響也不大，就能相安無事；進入民主時代，作家因作品、言論賈禍的情形更不易復見了。

當今社會開放多元，新聞資訊發達，詩人對時局的影響卻相對減弱，尤其政治議題與公共事務牽涉朝野政黨與政治人物，詩人寫情詩，寫心靈話語也許魅力十足，如對某項議題嗆聲或讚聲，很容易被視爲代表特定陣營，影響力會「自動轉彎」。不過，這一次詩人吳晟之怒，雖仍免不了被罵「涉入政治的假詩人」，但意義極爲不同。透過媒體畫面與版面，讀者、觀眾看到充滿泥土氣息的白髮詩人一字一句地說出他的憂慮與悲憤，也看到這首淺白詩句的戲劇性場景，因而引發廣大回響。

這次大埔農地事件的媒體效應亦值得政治人物警惕，馬總統到中南部農村學習耕種，原是美事一樁，雖屬走馬看花的選舉作秀活動，卻頗能爲其都會、外省形象增加土味與親民色彩。如今情境大異，媒體翻開舊帳，昔日捲起褲管、彎腰插秧的溫馨畫面完全走味，電視前的觀眾只看到總統說他突然想起李紳〈憫農〉詩，接著像小學生般一句一句背誦：「鋤禾日當午，汗滴禾下土，誰知盤中飧，粒粒皆辛苦。」十分辛苦，也顯得有些諷刺。

農業是台灣的根本產業，但戰後半世紀來重工商、輕農業的政策，使得耕地面積縮小、農村人口外移。連帶地，以農耕祭儀爲中心的農村文化也隨之解體。即使晚近重視農民休閒娛樂，動輒以規格化的都會、外地文化「下鄉」，驚鴻一瞥，農村文化依然虛無。今日農村外貌看起來風光明媚、街道整潔，家家戶戶擁有電器化設備，而在社區營造與文創產業推動的同時，也常湧入前來旅遊的外來客。但仔細觀察，不難發覺其中的空疏：生產者、參與者大多是外來人士或流動勞力人口，一般在地人與土地已經失去連結。

日前立院三讀通過《農業再生條例》引起各界疑慮，十分弔詭。因爲眞如政府所宣稱，將以一千五百億基金促進農村活化再生提升農村發展，建設富麗新農村，農民歡呼歌頌唯恐不及，何以引起反彈？顯現農民對政府信任感仍然不足，也反映政府的農業思維與社會期待有極大落差。

詩人吳晟以詩文爲弱勢農民發聲，讓不少人感受許久未曾感受的文學力量，而一連串因農業引發的問題，更值得政府與社會大眾再省思。

（原載《中國時報》寶島大劇場，二〇一〇年七月二十八日）

小琉球與南方澳

廣大興二十八號漁船的悲劇，讓台灣人都把目光集中在孤懸東港外海的屏東縣琉球鄉。

這個小島面積僅約六點八平方公里，台灣人叫它小琉球，這是相對日本沖繩縣的大琉球而言。小島最早的原住民是平埔族，十七世紀初被荷蘭人滅族，而後漢人移入，漸成漁村聚落，由於土地貧瘠，加上四面臨海，家家戶戶捕魚爲生，父傳子、子傳孫，男丁是重要的人力資源，許多男孩小學甫畢業，就隨著父執輩到各大小漁場作業，漂泊度一生。

小琉球人的海上傳奇是台灣近代漁業與漁民生活史的縮影：因風雲驟變引發的海難時有所聞，但比天災更可怕的是，遭遇外國官兵與海盜。廣大興事件讓「山頂人」認識「討海人」的悲愴，也見證了菲國海巡船的蠻橫、狡猾。然而，小琉球人的氣魄同樣在這個事件中顯露無遺，尤其老船長家屬認命卻不低頭，面對菲國官員與媒體，還能直指問題核心，相對我行政高層的顢頇無能，格外顯得小人物的不亢不卑。

廣大興事件發生時，南方澳漁民集體到台北召開記者會聲援，一來這是討海人對共同命運的悲憤，再則南方澳從一九二二年開港以來，先後湧入包括大琉球、日本九州宮崎、大分，四國愛媛、高知的移民，以及宜蘭縣各地與其他縣市漁民，小琉球人來南方澳的時間較晚（一九五〇年代），卻是人數最多的單一外地鄉鎮，也是在地的主要「族群」。

從台灣島的地理環境來看，南方澳與小琉球之間，一在東北、一在西南，堪稱金馬澎湖之外，台灣境內最遙遠的距離。四、五十年前南方澳優渥的生活條件與漁業環境吸引小琉球人，這條西南至東北海路也變成親密的海上熱線。我念小學的古早年代，鄰居、同學有不少小琉球子弟，成天玩在一起，他們學會操「進」水的宜蘭腔，本地孩童也誇張地學他們喊叫：「俺娘喂！」

小琉球人對南方澳漁業的貢獻，是改善本地的漁撈技術，把原來釣皮刀魚的「手釣」應用來釣鯖魚。天生捕魚能手的小琉球人藝高膽大，出港至少半個月，甚至一年半載，在遙遠的南海、印度洋海面做家庭。這種漁業型態也影響南方澳人的海上觀念，以往本地漁船海上作業，多是一日往返的「現撈仔」，從小琉球人身上，南方澳漁民學會多日的作業方式，例如七至十五天的「放流」。另外，小琉球漁船出海到漁場，船員從母船下海，划著竹筏散開，一定時間後，母船再把一、二十個漁民連同竹筏一一拉上船，這種捕魚方式成爲南方澳漁民仿效的「釣糟仔」，也是鯖魚季節「拚無人島」（釣魚台）的作業常態。在這次事件中包括小琉球移民在內的南方澳漁民，在台北訴說海上所受不人道待遇，也不忘幫成爲衆矢之的的菲律賓漁工、外配講話，「南方澳的菲律賓人有禮貌又很友善，不要欺負他們！」

只有討海人最能了解出外艱苦人的辛酸，此言不虛！

（原載《聯合報》名人堂，二〇一三年六月十一日）

南台灣表演場館的營運問題

新建的高雄衛武營藝術文化中心和台中大都會歌劇院，未來將與老字號的台北兩廳院同屬一「法」架構（行政法人國家表演藝術中心）之下。以一法人三場館的形式運作，應能改善現階段中、南部專業表演空間不足、藝術資源匱乏的困境。然而，未來結果仍看執行成效而定。聲望低落，常常被人看衰的馬總統日前訪問衛武營時，一開口就是：「會不會變成蚊子館？」此話一出，引起南部人一陣撻伐，其實總統的擔心並非完全沒有道理，只不過他忘了自己所站的高度。

劇場的興建有兩個主要原因，一是反映市場需要，例如城市藝文活動蓬勃，場地不敷使用，需要增建劇場；一是在缺乏劇場、表演資源貧瘠的城鄉，藉劇場的興建創造文化環境，培養藝文消費人口。不論因應那一種需求，劇場興建之後能否達到目標，關鍵在於是否有配套措施，並能有效執行營運計畫，尤其是大台北以外的地區，如何在規畫工程時，「軟」、「硬」兼施，攸關新劇場的功能。

以往公設表演場館（如各縣市的演藝廳）、地方文化館，先前的規畫與後來的營運往往落差甚大。最明顯的是設在民雄的嘉義縣表演藝術中心，最初負責規畫的台大城鄉所，著眼於地緣關係，包括民眾結構，表演藝術需求，再由內而外，決定表藝中心的空間配置與建築外觀。規畫報告如期上繳，縣府一直沒有採用，大概是當時的李縣長想到本縣擁有最富盛名的舞蹈家，沾他的光，國內外著名團體就會在台北演出之後，移師嘉義縣……。於是委請著名建築師直接設計新劇場，準備迎接將出現在嘉義縣的國際級表演。

表演藝術資源不足的嘉義縣眞要成爲國際級劇場，除非由林懷民親自擔任藝術總監，擘劃演出節目與劇場發展方向，並由雲門常駐兩年，帶動文化風氣，創造這個農業縣的藝術奇蹟。但是這件事並未發生，嘉義縣表藝中心雷大雨小，節目的安排也飄忽不定。

中、南部的國家級劇場與台北兩廳院，位階相同，但經營條件懸殊。台中大都會歌劇院問題極多，尚未移撥給國家表藝中心，姑且不論。工程預算高達百億元，預計於一〇四年完工啓用的高雄衛武營藝文中心，未來如何以南部爲基地，創造台灣劇場新典範，備受各界關注。台北兩廳院已經跑了二十幾年，享盡國家資源，衛武營開跑階段的軟體建設與營運經費，應特別寬列預算，給予至少十年的扶植期。

值得觀察的是，衛武營之外，南部還有幾個新建的表演場館，包括高雄大東文化中心、屏東演藝廳，以及甫動土的海洋及流行音樂中心，這幾個文化設施在爭取興建預算時，都有堂而皇之的理由，然而定位多半不清楚，營運績效也待觀察。特別是鄰近衛武營基地的大東文化中心，是當時的高雄縣政府堅持興建，正式啓用後，除了舉辦一些表演活動，並不容易看出它的方向與可能的影響力。

一般行政首長都希望自己任期內，在所屬轄區以一步登天的方式建設硬體設施，舉辦表演也要求熱鬧、曝光率。目前高雄、台南皆以競辦國際大型活動自誇，看起來鬧熱滾滾，參與人數似乎也有成長，但在活動策畫上，大多安排已有市場基礎的活動（如流行音樂會），或安排國內外團體亮相。商業色彩濃厚或深受普羅大眾歡迎的節目，理應回歸民間的運作機制，兩個院轄市都得將主要資源投注在需要長期規畫、執行，而民間無力辦理的活動，並積極培養表藝人材，創造民眾觀賞的環境。

文建會時代在衛武營藝文中心計畫確定時，立即推出「南方表演藝術發展計畫」，期能扶植南台灣在地表演團隊，開發藝文人口，培育劇場技術與管理人才，並鼓勵具潛力的劇場新秀在南部成立演藝團體。可惜這個需要經年累月藝術扎根的計畫現已無疾而終，不知原因何在，係主管機關認爲目標已達成？或認爲本計畫無明顯績效？不管原因爲何，最大的可能是執行方向出了軌。

劇場是有機的文化觀照，衛武營的營運，與長期深受西方／現代／都會／菁英影響的台北兩廳院相較，猶如一塊未經雕琢的璞玉，如果經營得當，可能創造出獨特的台灣表演文化。草創初期的衛武營最緊要的是建立表演藝術地位與劇場風格，不能只是提供國內外團體在南部的表演平台，或成爲本地團體的專屬劇場，衛武營不能複製台北兩廳院節目，或收編南方現有民俗表演，也不是兩者拼湊、折衷，而未來文化部督導的衛武營如何與高雄市政府主管的大東文化中心分工，也是需積極面對的問題。

衛武營首任藝術總監由簡文彬擔任，是一個好的開始，這位傑出的指揮家、鋼琴家能快速增加新劇場的知名度。文彬有寬闊的國際視野，但對台灣——尤其是南部文化根柢的掌握可能需要一點時間。如果從經營策略來看，當下的衛武營應盡快規畫、成立表演藝術資料館（或中心），一方面蒐集、保存散失的表演藝術資料，再方面突顯衛武營有別於台北兩廳院的空間特色，與典藏、展示、研究、教育的博物館功能，讓專業人士、社會大眾熟悉這個表演藝術館，進而樂於參與衛武營藝文中心的各項活動。

（原載「風傳媒」，二〇一四年五月二十一日）

國家表藝資料館的建立

台灣各類型藝文場館中，博物館起始於日治時期，目的在容納殖民帝國的在地蒐藏，並宣揚帝國霸權與殖民地統治成果。蒐藏自然史、工藝產業與歷史文物的台灣總督府民政部殖產局附屬博物館（今國立台灣博物館）就是明顯的例子。三十多年來針對美術、影像、原住民文物、常民生活器物做常態展覽的博物館、美術館頻頻增設，電影有國家電影資料中心、縣市影像博物館（如新竹），文學有國立台灣文學館與縣市文學館（台中、台南），工藝有國立台灣工藝中心、新北市立鶯歌陶瓷博物館，分散各地的區域性文物館蒐藏、展示的對象更是琳琅滿目。

唯獨表演場館（劇院），無論官方興建或民間經營，皆只作爲演出空間，並未建立資料館的功能，百年來台灣的表演藝術演出雖然不斷，卻少見蒐藏演出文本、樂譜、舞譜、手稿、導演與演出紀錄、舞台模型，燈光、服裝設計圖與實體衣物，以及海報、傳單與相關評論的資料館（中心）。

單以創校三十多年的台北藝大來說，舞蹈、戲劇、音樂、傳統音樂四系每年演出製作質量可觀，尤其戲劇系每學期至少兩檔大型演出。然而，所有的公演都隨著最後一場演出後的拆台，布景、舞台裝置、服裝，大部分被毀棄，殊爲可惜。

筆者在台北藝大校長任內，明知空間、員額與經費匱乏，仍把表演藝術館列爲重大目標，爲此還從外界延聘一名博物館專家，並與國立自然科學博物館合辦博物館研究所，可惜所託非人。加上筆者被借調至政府部門工作，此事不了了之，與國立自然科學博物館也已分道揚鑣，台北藝大所謂表博館至今仍是虛擬、數位化的「籌備」階段。回首前塵，個人難辭其咎，而在擔任行政法人中正文化中心董事長期間，鑑於國家戲劇院、國家音樂廳成立近三十年來，國內外著名團體、表演藝術家來演出者不計其數，這些演出資訊並未有系統保存、分類建檔或作常態性展示，因而要求當時的藝術總監正視此事，總監也認眞推動，唯因空間限制，只成立一個小型的表演藝術圖書館，典藏音樂、戲劇、舞蹈、舞台、劇院管理等資料，以及兩廳院主辦節目的海報、節目單、錄影帶及數位光碟，並以建置多種數位資料庫，提供民眾網路查詢使用。不過，就兩廳院的歷史與角色功能來說，表藝圖書館仍有極大發展的空間。

長期以來，表演藝術資料小部分保留在表演藝術家或文物蒐藏家手裡，大部分流失散佚。此時此刻談創辦表藝資料館已嫌太遲，然而，亡羊補牢，猶未爲晚，也是當下刻不容緩的文化建設。

針對表藝資料館的設立，可從兩個面相著手，其一是表演場館、團體各自做系統典藏，最好能經常性展示。即便再小規模的團體或場館，也有足以保存、展示的資料，遑論兩廳院、新舞台、縣市演藝廳這類中大型表演場館，或雲門、優人神鼓、朱宗慶打擊樂團等著名表演團體，更有成立資料館的條件與必要性。

其二是設立國家級的表藝資料館，全面蒐集、典藏、展示表演藝術資料，兼具研究、教育功能。表藝資料館除硬體建設，最重要的是文物典藏，而且是豐富的典藏，能作常態性展示與定期的特展，並長期有效營運，換言之，國家表藝資料館首要之務在於建立其在表演藝術界的專業性與權威性。

表藝資料館的出現，多數人應樂觀其成，但願意而且有能力推動、投入者少之又少。具規模的表藝資料館遲遲未能出現，反映一般表演團體對資料蒐集與展現的重要性認識不多。表藝資料館的設置需要跨界整合，忙於創作、展演的表演藝術家無暇處理這類「瑣事」；也不能完全交給博物館專家，它們或許熟悉一般展覽事務，對於表演藝術實質內涵未必在行。表藝資料館需要表演藝術工作者（或藝術行政人才）、博物館專家與建築或空間設計師的密切合作，在典藏內容、展示空間與營運各方面妥善規畫。

環顧國內藝文環境，最適合推動國家表藝資料館者，非衛武營藝文中心莫屬。文化部、國家表演藝術中心董事會可評估成立國家級表藝資料館的必要性，以及設置在衛武營的可行性。如果確立衛武營可扮演這個角色，便應即刻協調相關部門編列預算，展開籌備工作，而在硬體尚未完工啓用前，應同步致力表藝資料的蒐集、建檔，以及擬定未來的展覽內容與執行策略。國家表藝資料館硬體未完成前，可利用衛武營都會公園內保存的若干舊營區空間加以整建，作為典藏或展示空間。

國際間不乏典藏豐富、營運成功的著名表藝資料館，例如紐約的公立表演藝術圖書館（The New York Public Library for the Performing Arts）典藏音樂、舞蹈、戲劇、電影、藝術行政、劇場技術等文獻，包括舊時的錄音錄影資料、信件手稿、樂譜、舞台設計、戲服、演出新聞剪報、海報節目單等，該館所蒐集範圍不僅限美國本土，也包含國際重要的表演藝術資料。

又如日本早稻田大學坪內逍遙紀念演劇博物館，係日本近代文學大家坪內逍遙發起創立，外觀仿十七世紀英國莎士比亞時代的吉星劇院（The Fortune）建築型制，典藏豐富的日本藝能、浮世繪、戲劇期刊、專書與世界劇場活動資料，也是全日本表演藝術資料展示的重要機構。演劇博物館爲一百二十多年歷史的早大校園平添特色，也見證這所名校與日本近代戲劇文學發展史的淵源。

前述美國的公立表藝圖書館、日本早大坪內逍遙紀念演劇博物館的實例，可做爲台灣興建表藝資料館的他山之石。

（原載「風傳媒」，二〇一四年六月六日）

文化的社會底盤

《夢想家》事件引爆，藝文界組織「文化元年基金會籌備處」，提出「總統候選人說明文化政策」在內的九大訴求。若在往常，要「準」總統談文化，套句幾年前中國衛生官員在WHA那句「名言」：「誰理你呀！」但在「夢想家」風頭上，三黨候選人卻願意親自披掛上陣，闡述文化政策並回答問題，讓藝文界受寵若驚。近日「夢想家」議題逐漸退燒，這場總統級的文化盛事有雷大雨小的趨勢，但仍具象徵意義，對社會大眾亦有鼓舞作用。不過，若視為台灣的文化轉機，言之過早。

《夢想家》之所以釀成大事件，是因兩天兩億一千多萬的花費，內容又受專業人士批判，讓士農工商、婦孺老幼都看得懂，才迅速流傳，成為負面教材，但不代表文化行政生態有根本的改變，因為這齣音樂劇演出時，馬總統與黨政高層還深受感動呢！主事者也認為何錯之有，而視整個事件為綠營政治操作，或少數人國家認同偏差所致。

藝文界九大訴求還包括文化預算提升至百分之四、文化部門經常性補助應以固定比例編列預算、文化政策重視培養文化生產者、暫停並全面檢討所有文化園區發包案等等，基本上都反映現階段藝文問題，也等同民間版的文化「政策」。就社會結構而言，這些訴求多屬於文化的技術層面，而非本質問題，就算高層被迫照單全收，也會「下有政策，上有對策」，執行起來仍易流於形式，或選擇特定案例作爲樣板，並可能導致文化行政人員矯枉過正，資源分配一味注重齊頭式平等。

文化最容易唱高調，以往競逐大位者常公布文化白皮書，後來證明只是擺擺門面，能視文化爲百年大計，必須優先處理者幾希。目前台灣文化的根本問題，不是缺少哪個機構或哪條法規，癥結也未必全在經費，而是黨政高層選舉掛帥，缺乏文化觀照，要求文化事務立竿見影，文化商品化凌駕文化本質。幾年來文化預算固然未達馬總統競選時的承諾，卻遠比往年高，而經費增加的成果，則是政府的數億元活動一個接一個，並以數大爲美或藝術無價作說詞，交互使用，隨心所欲。

文化問題不單純是文化部門的職責，各層級行政系統都有「份」，也不能只仰賴菁英主義，需要深厚的社會底盤。文化的「作品」基本上是「人」，人的成長沒有速成劑，唯有以人文爲本，潛移默化，才能健全發展，既不能政治化，訴諸法律也未必看到核心問題。政治人物所謂「重視」文化，有時比不重視還糟糕，官僚民代受請託爭取經費，理不直而氣甚壯，「禮遇」藝術家，也常愛之適以害之。如果政府體制完備，行政效率高，官僚與多數國民具文化素養，很多問題必然迎刃而解。

因《夢想家》事件引發眾怒的文建會，成立之初的組織結構是仿經建會體制，重點在文化政策制定與部會間文化業務協調，其大委員會由相關部會首長參與。然而長期以來，各部會多由處長級甚至專委代表出席，大委員會流於形式。尤有甚者，文建會各項計畫需冠上公共建設之名，有一定比例的硬體經費，通過經建會審查，才能編列相對的軟體費用，甚至需有自償性，臨時、外加的業務與經費，常超越常態性。因此，就算文化部上路，經費大幅增加，事權統一，除非政治生態改變，否則基本問題仍然存在，客委會、觀光局與其他部會文化活動也依然熱鬧滾滾。

台灣的「文化」平常乏人問津，只有形成「事件」，一窩蜂炒作，才會引人注意，三黨總統候選人談文化政策何嘗不是這種氣氛下的遊戲。他們要通過文化「高」考不難，因爲提問人不會出「百萬小學堂」的題目，幕僚也能兩三下就讓「主帥」了解文化ABC。但根本問題在於，新任總統如何把文化概念內化成信念，身體力行，影響行政團隊與社會大眾，四年任期才能成爲關鍵的文化四年。否則，就只是一句新的歇後語：總統候選人談文化——聽聽就好。

（原載《中國時報》寶島大劇場，二〇一一年十二月十四日）

定目劇場

最近「舞鈴」劇團以一齣《奇幻旅程》在舞蝶館演出，爲北市府定目劇打頭陣，原定演出三個月，結果票房奇慘，難以爲繼，經傳媒披露，驚動總統與政府高層，傳達了搶救「舞鈴」的聲音，這個國人原本陌生的名詞因而頻頻出現於新聞版面。

國際劇場界常有一種「Repertory theater」的製作模式或演出制度，劇團擁有若干隨時能上演的保留劇目，或重視經典名劇，或以新生代作品爲主，或採各種輪演方式。這英文名詞中文常翻譯爲劇目劇院、輪演劇目劇院或定目劇。文建會、北市府屬意的定目劇，偏重表演團體以同一個劇目作定點長期演出，這種演出製作的優點明顯可見：單位成本降低，製作經費相對增加，且與整個表演環境產生良性互動。問題在於定目劇的出現，反映的是劇場藝文生態、表演市場與國際化程度，是水到渠成的結果，無法硬性打造，更非揠苗助長。歐美劇場（如紐約百老匯）一齣戲可連演數月、數年，甚至數十年，原因在於它的劇場大環境，而非名叫定目劇的緣故。

文建會與台北市府近年推動定目劇，視爲發展觀光與文創產業的重要環節，俾便迎接可能

「倍增」的國內外觀光客（尤其是陸客），理念甚佳，但對定目劇的劇場概念與執行策略、步驟卻有待釐清。文建會二〇一〇年頒布「補助民間推動文化觀光定目劇作業要點」，並未規範定目劇演出是在一般劇場或遊樂場、夜總會，三者都與「文化觀光」有關，但劇場定位、觀眾層次與演出條件不盡相同。事實上，劇場環境不健全的國家、城市，也不太可能推出觀光遊樂式的定目劇。

文建會選出四個表演團體演定目劇，各給予五百萬元補助，接著由北市文化局承接，戰略、戰術同樣模糊，沒有做好可行性評估，亦未精算檔期、場租、表演長度與票價，或及早建立行銷管道。也許官方的印象還停留在花博期間「舞蝶館」一席難求的盛況，忘了觀眾逛花博看表演「一兼二顧」的心理。一旦「舞蝶館」單獨運作，劇場屬性與交通偏遠、飛航噪音問題便顯露出來。

北市府在「舞鈴」出現票房危機時，放寬定目劇申請門檻，演出檔期調降至四週、場次從每週最少四天五場改為三天四場，民眾可憑市府相關館所票根享七折優惠，演出團隊如有公益回饋計畫，場租三折優惠。這些措施在定目劇演出一、二個月之後，「朝令有錯，夕改又何妨？」邊做邊「喊價」似地調整，對於解除眼前「舞鈴」的困境固然有益，但對定目劇的未來營運卻極為不利。

北市府既已啓動定目劇，就不宜以當下的票房現象作為主要衡量標準，如欲彌補「舞鈴」損失，應採用其他可行方式。劇場演出期間隨機性地變更票價與實行優惠，徒然自亂陣腳，又與文建會定目劇補助要件——一週表演五天，至少以三個月為一個檔期的規定不符，讓還在萌芽階段的定目劇概念更加混亂。其實，表演藝術的票價高低並非影響觀眾觀賞意願的唯一因素，許多演出採高價位，仍然一票難求。相對地，低票價或免票入場的表演，未必就會爆滿。表演團體能否吸引觀眾，端視其以往的劇場評價、節目內容安排，以及臨場表演水準而定。

定目劇（場）不是孤立的表演活動，重點也不在形式與定義，需要的是，成熟的製作條件與表演環境。報載北市府計畫在未來的士林台北藝術中心推出定目劇，以台北市的藝文資源而言，當然有其可行性，但仍需文建會（文化部）、觀光局密切配合，也應與其他縣市建立夥伴關係，逐漸建立定目劇（場）的生存空間。

台灣現階段發展定目劇（場），實非一個城市或幾個表演團體所能完成，政府應先建構更多正常營運的劇場，鼓勵劇團創作，培養更多的觀眾。「推動」階段所欲「補助」的定目劇，屬於何種類型？哪幾個團隊領銜主演？應了然於心，而非訂個公平、防弊的一般性「作業要點」，被動地接受外界「報名」而已。

（原載《中國時報》寶島大劇場，二〇一二年三月十四日）

文化預算加碼壯觀的儀式表演

台灣社會平常不重視文化議題，但每逢重大政治事件，或發生社會危機，總有重要人士出面呼籲重視文化，對社會大眾而言，也算是一種「展演」，儘管很快就會落幕，但已然成爲我們的文化「傳統」。

經常引起熱烈討論的政府文化預算問題，其實是老生常談，政府高層幾年來常信誓旦旦宣稱要增加預算，只是始終未見執行。因爲預算偏低，有些人把文化問題（如表演場地不足、經費補助匱乏）歸咎於此。一九七九年六月廿八日前蘇聯藝文界人士抗議文化預算僅占全國預算1.2％，許多地方缺乏劇院、博物館，在文化部長古班柯（N. Goubenko）領導下舉行示威集會，當晚所有劇場表演中斷五分鐘「致哀」。事隔卅年，台灣文化界人士如有類似抗爭，也不足爲奇。經過這陣子的議題炒作之後，提高文化預算似乎已成爲朝野共識，兩位總統候選人猶如酒席間划拳拚氣魄，一個主張提高到總預算4％，一個加碼到5％，可謂最壯觀的儀式表演了。

但台灣文化的根本問題並非在於文化預算不足，主要還是文化大環境。畢竟文化是一種思維，也是生活方式與社會行動，雖然歷年來政府制定文化法規、興建藝文設施，推動社區營造，但如何長期有效執行，累積文化資源，一直未能具體落實。今日的台灣上自總統下至市井小民，「文化」二字念茲在茲，所謂「文化」多偏重短暫「呈現」的活動。

六〇年代之前，台灣經濟尚未「起飛」，民衆的文化生活反而充足，即使窮鄉僻壤的男女老少，平日縮衣節食，也踴躍贊助地方文化活動，並到戲院買票觀賞表演，這些勞苦大衆所創造的票房，讓幾百個職業表演團體得以長期演出，也未聽聞有場地不足、經費匱乏的問題。可惜六〇年代後期到七〇年代，隨著社會經濟發展，生活型態改變，加上政府忽視這種民間傳統，處處是劇場的年代因而中斷。

如何建立文化發展機制，恢復民衆文化參與的熱情與信心，政府責無旁貸，也應是現階段最基本的文化發展策略。不過，這種理念說來簡單，執行上十分困難，因爲生態環境已被破壞。卅年前的執政者志在恢復中原，對台灣文化常帶偏見，解嚴以來的政治人物則處處選舉至上，只關心立竿見影的文化政績。在地方首長與民意代表爭取下，各地以藝術節、文化季爲名的藝文活動多如牛毛，比比皆是，藝文活動頻繁並非壞事，但多倉促成軍，熱鬧有餘，內容貧乏，未能就五年、十年的節目內容與發展方向作妥善規畫。

以台灣電影產業而言，近年來跌入谷底，政府雖然不斷研擬對策，卻遲遲未能發揮影響力，恐怕與找不到「立即」看到效果的切入點有關。反觀日本、韓國經由長期規畫，透過歷史小說、電視大河劇、漫畫或電玩產品，傳達文化傳統與價值觀，不但教育下一代的本國人，也行銷到國際，成爲文化創意產業。台灣人在欣羡之餘，一定想到「有爲者亦若是」，但有誰相信政府願意花十年以上時間，長期投資這方面的編寫、繪畫及製作人才？

再以一個文化展演空間來說，完工啓用只是跨出第一步，未來營運計畫，包括組織定位、人事、財務管理、發展策略，以及創作展演人才的培育，才是每天面臨的挑戰。一座新的文化空間，最少要十年，甚至三十年、五十年才能建立文化風格與聲譽，但在政府主計、研考、經建部門眼中，文化機構往往只是一個「單位」，最好的經營策略就是委外經營（OT、ROT、BOT），在三、五年內自給自足。眾所周知，教育是百年大計，文化又何嘗不然？文化藝術行業依賴市場機制或藝術贊助而存活，在文化社會成熟的國家猶有可能，但台灣目前環境不同，豈能一概而論。

除了提高文化預算的議題之外，成立文化部也被視爲政府重視文化的表徵。就台灣現實文化環境而言，成立文化部，有助於統一事權，整合資源，不過，文化體質能否提升，與成立文化部無必然關係，先進國家未成立文化部，而成爲文化大國者比比皆是（如美國、日本）。台灣目前的文化策略必須有清楚的目標導向，擬定長期執行策略，針對可能遭逢的文化困境，提出具體解決辦法。如此，增加文化預算、成立文化部才能相得益彰。否則，以目前的政治與文化生態，可以想見，文化預算增加之後，只是更「刺激」政治人物努力爭取「地方建設」經費而已。

（原載《中國時報》，二〇〇八年二月二十六日）

人間國寶

文建會所屬文化資產總管理處（後改制爲文化部文化資產局）依「文化資產保存法」，公布「重要傳統藝術保存者暨保存團體」，由總統親自頒獎。透過媒體，國人看到國家再度宣示重視文化資產。

一九八○年代與九○年代前期，教育部曾先後推動「民族藝術薪傳獎」、「重要民族藝術藝師」，踏出「重要傳統藝術」保存的第一步，也代表以往政府視如敝屣的民間（包括福佬、客家、原住民）藝術都是值得保護的文化資產。「民族藝術薪傳獎」、「重要民族藝術藝師」有其階段性的意義與功能，但就執行層面而言，往往事倍功半，原因很多，不同時間也有不同的問題。較早是缺乏專責的主管機關，未能改善傳統藝術的展演環境，甚至破壞它的生態。後來則因許多單位業務重疊，一再做相同的事，而最困難的部分（如生態環境）卻不容易使上力。

台灣文化資產保護制度，基本上源自日本的「人間國寶」、「文化財」概念，其內容大致分爲物質文化與非物質文化兩大部分，與「傳統藝術」有關的項目包括戲曲、音樂、歌舞、雜技、工藝、美術。二十多年來，榮獲「民族藝術薪傳獎」或「重要民族藝術藝師」的名單一大串，也創造一些「巨星」，但對整個文化資產大環境的維護仍有極大的努力空間。文化資產總管理處公布的「重要傳統藝術保存者暨保存團體」，代表台灣的文化資產維護進入新的階段，也讓國人有更多的期待，值得肯定。

然而，何以在工藝與其他項目名單未確立前，「片面」公告戲曲音樂「保存」名單，又乏論述，令人難以理解。主管機關似乎太注重依「法」行政，行禮如儀，未能在新法上路之際，針對這個獎項的完整意義與相關配套（如文化資產保存傳習與人才養成辦法）多做闡述，十分可惜。因爲外界除了看到戲曲音樂類幾個老面孔再度獲得榮銜之外，並不了解其保存與傳習的執行步驟，以及後續相關問題。

例如「重要傳統藝術保存者暨保存團體」是否有名額總數？以往由教育部推動的「民族藝術藝師傳藝計畫」雖有年限，但榮銜應屬終身，已列名的藝師可否視同「重要傳統藝術保存者暨保存團體」，繼續執行傳藝計畫？第一批公布的名單何以是歌仔戲（廖瓊枝）、布袋戲（陳錫煌）、台灣說唱（楊秀卿）與兩個北管團體（漢陽與梨春園），第二批何時產生？木雕、彩繪、大木作的藝師名單何時出現？

二十年前教育部推動「民族藝術薪傳獎」與「重要民族藝術藝師」時，鑒於當時京劇（國劇）有國家保護的機制（如劇校、劇團），因而除了侯佑宗的「京劇鑼鼓」列爲傳藝項目，京劇演員被排除在外。事隔三十年，京劇仍有豐富的資源，但晚景寂寥、甚至生活艱困的資深京劇藝師大有人在。他們能否成爲重要傳統藝術保存者，如何執行，亦可重新思考。

依據現有「文化資產保存法」由下而上的精神，重要傳統藝術保存者根據各縣市提報名單，委由審議委員會審查通過後公布，面對不積極提報的地方政府，有何補救及因應措施，讓台灣各地重要的傳統藝術有保存及傳習機會？作爲台灣重要文化瑰寶的原住民藝術，在「傳統藝術」的位階如何？未來中央主管機關如何與其他部會（如原民會）或地方政府協調整合，並實際執行？此外，文化資產總管理處又把慶安宮的「西港刈香」列爲重要民俗，如何保存？

上述問題並不複雜，不難做完整而清晰的論述，尤其是進入新階段的願景。文化事務有延續性，也有機動性，目前文化資產總管理處是法令制定兼「重要傳統藝術保存者暨保存團體」選拔執行單位，位階相當的傳統藝術總處主要業務也是「傳統藝術」，兩大單位職權難分，橫向聯繫應更加強。除了要有周密的計畫與執行能力，也要明瞭生態，才不致讓原本國人會眼睛一亮的良法美意在執行過程中，大打折扣，或如一縷清煙，無聲無息。

（原載《中國時報》，二〇〇九年五月二十日）

縣政府「請」媽祖

彰化縣政府舉辦媽祖聯合遶境，三千萬元經費，除了支付表演團體，參與的媽祖廟各補貼五十萬，村里民被安排坐著遊覽車進香兼免費遊覽。迎神遶境原屬廟宇、信徒自發性活動，民政單位最多站在督導的立場。日本時代曾有迎神配合重大工程的例子，如一九一六年台灣總督府新廈落成，一九一九年北宜鐵路宜蘭蘇澳段完工舉辦祭典，因民間參與感強烈，表演陣頭堅強，也能營造熱鬧的氣氛。如今時空環境迥異，「官」辦媽祖遶境，在觀念、做法上皆有可議之處。

彰化民間原本就有歷史悠久的媽祖祭祀傳統，並與彰化縣開發息息相關。南瑤宮媽祖祭典與各「會媽會」尤具特色，每個會媽會各有自己的信仰圈，祭典活動跨越中部四縣市，還曾有專屬戲曲子弟團，例如老大媽會的梨春園、老二媽會的集樂軒、老三媽會的繹如齋、老四媽會的月華閣。各會媽會會員從百餘戶到七千餘戶不等，採世襲制，並依地緣分成若干「角」。會媽每年輪流到各「角」遶境，值「角」的村民有宴客、表演及祭祀活動。因此，單是南瑤宮祭祀圈每年就有十個會媽會值「角」的民俗活動。彰化縣政府如果願意參與，何不就既有的民間基礎，予以協助或配合？

彰化縣是台灣本島面積最小、人口最稠密的農業縣。近年彰化市努力都市更新，但狹小、彎曲的街道，以及不同元素拼湊產生的景觀，相對其他城市，進步緩慢。廟宇前的舊街，豎立具現代感的暗褐色壓克力古蹟簡介，旁邊卻擺個橘色大塑膠垃圾桶。廟裡到處是顯目卻與空間尺寸不協調的霓虹燈，與LED跑馬燈……。彰化縣能做的事其實很多，如果經費充裕，何不針對外籍配偶、勞工，或「出外彰化人」主題規畫藝文活動，彰顯農業縣走向多元化社會的面相。即使要官辦迎媽祖，也應縝密思考活動形式、內容與參與者，了解官辦與傳統祭典有何不同，並找出非辦不可的理由。

這次的聯合遶境，十一個媽祖廟的神駕、陣頭與一般迎神所見相同，參與者也以身穿制式紅衣褲，戴棒球帽，口裡咀嚼檳榔的老年人與青少年爲主，只是規模較小，人數較少。媽祖神轎所到之處，有住戶擺香案，也有人跪伏地上穿轎腳。遶境中有一支警察志工隊伍，舉著「媽祖有交待，小心扒手」之類的警告牌子，算是別開生面，不過參與者是年長婦女，而非雄糾糾的警察。整個遶境活動既無傳統節慶的熱鬧氛圍，也無現代嘉年華的歡樂氣息。

彰化縣政府請媽祖最明顯的成果，也許就是提供縣長於遶境期間，每日可在不同寺廟擔任主祭官，並在「文化場」致詞。不過，彰化縣有二十六鄉鎮，遶境只經過十四鄉鎮，縣內數以百計的寺廟中，也只十一家媽祖廟參與，鹿港天后宮與溪州后天宮的媽祖並未「出境」。單從行政層面來看，這個由上而下的活動不但沒有意義，操作手法也不高明。

（原載《聯合報》名人堂，二〇一〇年十月二十二日）

藝術大學主管機關應為文化部

「藝術大學」一如綜合大學藝術科系，長期以來，一直是教育部理所當然的業務。

現有大學法明定國立、私立大學之設立、變更或停辦，是由教育部依「法」執行。教育部「統率」全國學校，關注整體教育，並未針對「藝術」設立司局處，另外，有一部藝術教育法，內容涵蓋學校藝術教育與社會藝術教育，教育行政人員面對「藝術」，亦有其一貫的教育立場與制式思考，直至一〇二年才設立的師資培育及藝術教育司，也不是以專業藝術教育爲主。

現有藝術大學的組織結構、員額編制、課程設計、師資資格與人事、會計制度，以及行政管理，皆比照一般大學。可以想見，數百所公私立綜合大學、醫學、科技大學排排坐，分門別類，學生人數不多的藝術大學只算理工醫農商之外，「其他」類的小學校，專業性、特殊性不易被凸顯。

幾十年來，台灣的專業藝術教育怎麼走，一直沒有明確目標與執行策略。八〇年代初在「藝專」之外，設立唯一的「國立藝術學院」，不過數年，「藝專」升格爲「學院」，台南縣官田鄉也出現另一所藝術學院，三所學院先後又「變」成藝術大學，在教育部屬高教司業務，與綜合大學藝術科系的界線極為模糊。另外，技職司主管的台灣戲曲學院從中小學體制一路「升格」，跟藝大的性質也愈來愈接近。

中小學藝術教育方面，除了戲曲教育從小做起，具音樂、美術、舞蹈天賦的青少年若不出國接受訓練，只能選擇中小學附設的實驗班，其教學環境較普通班優異，往往成為家長眼中的特殊升學管道，一校也常出現兩制的情形。相反地，現有幾所私立藝術學校因教學資源不足，很少被學藝術的青少年列為主要志願，新成立的國立新港藝術高中也只算重視藝術教育的普通高中。

文化部已經成立兩年，分散各行政部門的文化業務能否有效整合、提升，仍待觀察。至少表示政府重視文化，對社會大眾有宣示與鼓舞作用。同樣地，中央政府組織改造之際，讓文化部設立大學，雖不能讓國內文化環境立刻脫胎換骨，起碼能對藝術教育問題有所釐清，很可惜，行政高層與教育部未必注意到藝術大學改隸文化部的現實意義。

藝術大學改隸文化部，非因國際已有先例（譬如法國）而託「外」改制，主要因應國內藝術環境需要。事實上，教育部之外的部會，如國防部、內政部皆因業務需要，設置軍事大學或警察大學。文化部與藝術大學無論藝術文化觀念或實質業務內容，皆有較多的關聯性與共同性。從文化部看藝大，或從藝大看文化部，都是親密的夥伴關係。藝大改隸文化部所涉及的學籍與課程問題，可依教育部現行法規酌以修正，而在完成藝大的主管業務調整後，文化部也應針對中小學藝術教育體制做通盤檢討。

從台灣現有文化生態來看，文化部「主管」藝術學校，確實較能發掘藝術教育問題，並予以改善。同時，也讓這個新部會從文化政策擬定、業務執行到專業附屬機構、藝術學校，文化行政網絡更爲周全。

本人曾於立法院審查文化部組織法之際寫了「藝術大學主管應爲文化部」乙文，建議中央政府進行組織改造之際，應同時正視藝術類大學歸屬，以及青少年藝術教育問題，引發藝文、教育界若干回響。當時立法委員翁金珠在立法院提出主決議案，除了認同藝術大學主管機關應由教育部改爲文化部，還要求行政院研議三藝大整併爲國家藝術大學的可能性，並讓關渡成爲表演專業學院，板橋發展視覺專業學院，台南官田則變成音像專業學院。

三所藝大整合成國家藝術大學的不同校區，就事論事，有其討論空間。美國加州的公立大學有三個不同系統，各有不同校區，單單加州大學（University of California）系統就有十個分校，包括著名的柏克萊與聖塔芭芭拉、洛杉磯、聖地牙哥、河濱、舊金山、戴維斯等校區。但以台灣目前的教育環境，要把三藝大整併成一所大學，並不容易，外加台灣戲曲學院，更是重大工程，也不是當務之急。

至於規範現有藝術大學分別重點發展表演藝術、視覺藝術或音像藝術，更不可行。翁委員的原意是目前三藝大同時涵蓋三個藝術專業領域，各校爲招生而互相對陣廝殺，無助於提升競爭力及發展差異化的辦學特色，整併之後，三個校區可彰顯各領域的藝術特色，避免教育資源重複浪費。言之似乎成理，實際卻忽略三藝大的教學系統與生態環境，根本無法推動，因爲每所藝大各有創校的背景與傳統，也各有表演、視覺與音像相關系所以及教學、創作、展演的空間、設備與教學資源，貿然改變其教學目標與發展方向，成為單一專業藝術校區，結果適得其反，造成現有空間與教學資源的浪費，而且容易引起各藝大校友與在校師生的反彈，徒增困擾。

再者，當代藝術學門早已跨界交流與合作，相互之間的界線也日趨模糊，隨著科技藝術發展及不同元素的運用，同一座校園空間呈現不同的藝術類型，提供創作者更多元的視野與創作空間，有其必要性。

現有藝術大學、戲曲學院由教育部改隸文化部的合適性與制度性，是相對而非絕對，更非貴文化賤教育的是非曲直之辯。現階段教育部主導下的重要大學競爭趨勢，富者愈富、貧者愈貧。藝術大學年度預算依人頭計算，區區數億元，而且，依教育部的傳統思維，藝大走創作、展演路線，缺乏學術性，與五年五百億完全無緣，要多分一杯羹，都得動用各種關係、費煞苦心。

與文建會或文化部相較，教育部如同氣勢龐大的名門正派，資源充足，各大學都須仰賴其鼻息，有辦法的校長各顯神通，打通教育部人脈。藝術大學校長不思考專業藝術教育現況，著眼於透過關係，爭取預算，先至教育部宣誓效忠，不主張藝大應改隸文化部。反對藝大改隸文化部者，擔心文化部預算遠遠不及教育部，若由文化部主管，經費會因而短少，也失去爭取「卓越計畫」或「頂尖大學計畫」機會……。其實，文化部成立後員額增多，預算與業務內容更數倍於文建會，如兼管藝大業務，原來列在教育部相關經費及資源須同步移撥到位。文化部第一次當大學的「老大」，自然需要學習如何善盡主管機關責任，承接教育部移交的業務並不複雜，也不困難，但亦非從左手轉到右手那麼簡單。文化部仍需就整個人事、主計以及教學與行政系統做縝密的規畫，並及早擬定一套獎勵所屬藝術類大學發展計畫，一如教育部的「卓越計畫」，讓各藝大（包括戲曲學院）既合作又競爭，而非齊頭式平等，攻讀藝術文化的學生也能獲得照顧（如獎助學金），不只是把藝大納入管轄、予以「收留」而已。

（原載《聯合報》名人堂，二〇一一年五月十四日）

橘化為枳

橘與枳形狀相似，味道不同，枳「果小而酸」，不若橘甜美。上古中國曾以「橘踰淮而化爲枳」形容果樹水土不服，良種變成劣種；人受不同環境影響，也會「生於齊不盜，入楚則盜」。事隔二千多年，「橘化爲枳」這則寓言仍是台灣許多文化問題最確切的註腳。

台灣社會文化常從歐美日本「先進」國家引進經驗，又因時因地因人制宜，以至七折八扣，形成拼湊式的文化形貌。相對其他專業領域，文化內容廣泛，上窮碧落下黃泉，無所不在，卻也散形、抽象。既不像高科技、財經、產業，有客觀分析的指標，也不像衛生、交通、教育問題，一有爭議，因涉及民眾基本權益，難以遁形。文化問題極少急診，多屬慢性病與營養不良症，社會大眾也不太關注，檢驗文化成果很難立即性一判高下。今日飽受批評的大小蚊子館，如果拿出當年的企畫書，那一館不是充滿理想性與可行性？數年之後，問題才陸續浮現。

現在的台灣人思想觀念遠比早前開明，但面對文化事務，普遍還是講求簡單而有明白答案，可以看、可以摸、可以拿的「物件」。談文化問題也先確定其形狀、顏色，再據以旁徵博引。其實文化的本質有如海水，不單是藍色，也不單是黑色、土色或綠色，而是多層次而又混合的顏色。放眼台灣當今藝術、文化界，最聰明的人才不是從事藝術創作，就是經營藝文團體，公家單位也常需借重他們的經驗與能力。有些藝文人士在公部門、學校專職，又能安心創作或經營事業，這是台灣特別的生態環境，與企業界、工程界至少表面嚴守分際的情形大不相同，是好是壞，很難一概而論。有私人事業的藝文人士被力邀在公部門、學校服務，捨私從公，開創新局，受人尊重者有之；但汲汲營營，呼群保義，公私不分者亦非絕無僅有。

文化問題何者重要，何者不重要，常屬主觀價值判斷。「有力者」認爲重要，或上層交辦，疾疾如律令，奔走遊說，視爲個人的志業，而在折衝過程政治化處理，「文化」往往愈變愈複雜。相反地，當事人沒有興趣的議題，像打太極拳般，化解於無形。既不多作無謂的討論，也不必一口回絕，交給研發單位研發即可。文化事務確實需要一套制度，也要有明確的政策與方向，多元開放的台灣並非欠缺文化政策、理念，也不短少文化行政幹才，「人」的問題才是最大的變數。歷來與文化相關的爭議點，多不在政策與制度層面，而出於人爲因素。

文化落實生活，可以劇場做個比喻：一齣戲從構想到寫成劇本（或演出本），搬上舞台，有漫長而繁複的過程，也需要一組人或跨界合作。台灣官場難免有頭殼僵硬的文化官員，連執行小小業務，都荒腔走板，招惹風波。不過，極少數身兼公家職務的藝文人士慣用商場手法，爲自己量身打造，毫不避諱，也是現今文化現象之一。

（原載《聯合報》名人堂，二〇一一年六月十一日）

藝術的太陽花

海峽兩岸服務貿易協議去年中引發各界爭論，抗議行動逐漸升高，馬政府錯估情勢，不但未能有效消弭各界疑慮，反而激起更多人反服貿黑箱作業的憤怒。國會內政委員會執政黨籍召集人以突襲方式，將原需委員會審查討論的條文，「視同已審查」，逕自宣布協議送院會存查，前後不過三十秒。在野黨杯葛無效，卻意外引爆學生、社運團體的公民意識，各大學紛紛響應，站在政黨之前，直接對抗當局，以太陽花爲象徵的學潮於焉展開，連一向不問人間「俗」事的藝術科系學生都「撩」下去，試圖讓藝術改變現狀，北藝大學生尤其義無反顧地熱情參與。

北藝大是台灣頂尖的藝術大學，學生素質極佳，具創作、研究潛能。他們的校園生活、學習型態與參與社會方式，不同於一般大學，除了學科之外，更須持續專注於創作、展演技巧或劇場呈現，將熱情轉換成藝術動能。北藝大學生曾經以爲創作、展演就是磨練技術、表達自己，對校外的黨政鬥爭、社會運動，大多採取敬而遠之、不理不睬的態度。

北藝大各系所中，美術系學生個人自主性強，較有以藝術行動表達社會關懷的「前科」，戲劇系、劇場設計系、舞蹈系則藉表演反映社會議題，相較之下，學音樂的學生秀麗、端正，在課程之外的時間，大多花在練習技巧、聽音樂會。整體而言，一般北藝大學生並非對社會冷漠，而是有些潔癖，厭惡政治的庸俗與紛擾，所以台灣社會歷年來引發的學運、社運，很少看到藝大學生的影子。如今卻挺身而出，提出「藝術干預社會」的口號，確信藝術不能只展示在美術館、劇場及各種藝術殿堂內，必須能跟人民共同奮戰，守護國家。

北藝大學生這些年較常在社運中顯露，部分原因是來自外校的研究生不乏熱心社運、學運者，他們把社會參與理念在校園散布。美術學院跨藝術領域研究所學生更強調藝術進入生活，也需關注公民社會議題；來自香港的劇創所張姓研究生，台灣近年大大小小的抗爭行動，如文林苑都更、華光社區拆除、大埔農地、美麗灣事件，幾乎無役不與，並因而拖延了學習年限，把碩士班當成博士班在讀。

推動兩岸服貿協議的執政黨菁英，一再強調這項協議利大於弊，有助台灣未來經濟發展，然與中國的談判過程，以及事前與台灣產業界的溝通從未公開，弱勢大眾不能了解政府採取什麼配套或補償措施。兩岸服貿協議固然可能促進台灣經濟活動，可是各行各業生態不同，民間普遍認為獲利的是財團、大企業，某些中小型行業則面臨被取代、消滅的困境。以往馬政府面對各界的反服貿聲浪，經常提出：「你們懂服貿協議的具體內容嗎？」一般人的確不容易知道協議的文本，但看到執政黨權力的傲慢。更重要的，兩岸服貿協議攸關國家安全，以及台灣主體性，馬政府的親中路線也讓社會大眾無法安心。

參加太陽花學運的學生並非反服貿，而是要求程序正義，引起弱勢產業、藝文界與一般民眾的共鳴。他們的訴求其實很簡單：要求退回服貿協議，重啓談判，並於這個會期制定兩岸協議監督條例。其中，重啓談判乃服貿爭議最具關鍵性的部分。因爲，以目前朝野立委比例，縱使逐條審查也難以改變事實。

在這次學運中，北藝大的老師、學生結合不同藝術領域進行創作，在青島東路現場設立工作區，戲劇系、美術系、舞蹈系、劇場設計，加上新成立的電影系、動畫系學生，以藝術行動強化了學運視覺效果與文化價值，並沖淡政治、社會運動容易出現的激烈、暴戾氛圍。

動畫系第一屆學生花了二十個小時從分鏡前製到繪製動畫、後製作，完成「黑箱宅急便—服貿與黑箱」動畫短片，在網路流傳，美術系校友以畫筆在立院現場寫生，畫出議場實況，以及反服貿夥伴的身影，藉以反映學運現場氛圍、保留歷史場景；電影系學生則與其他學校音樂系學生發起「用音樂爲民主發聲」行動，透過社群媒體集結超過八百名音樂專業師生，爲場外的群眾教唱〈你甘有聽到咱唱歌〉。

北藝大師生同時以瓦楞紙太陽花做裝置藝術，連夜在街頭合作趕工製作印有太陽花的頭巾，分送給現場參與者。數十朵大型黃色太陽花在立法院議場內外，既醒目又動人，猶如梵谷筆下燃燒的靈魂，也象徵太陽花的小種子，已在各地發芽。舞蹈系、戲劇系、劇設系、電影系學生再以黃色長布條做爲民主護城河，從立法院兵分兩路，一路沿著青島東路舞動，一路則在濟南路展開，最後在青島東路側門匯集。

一位畢業於南京大學的中國小女生，後來嫁給台灣人，並考入北藝大劇創所，傳來簡訊，說她與班上同學人在行政院，隔天下午的關渡講座課程能不能請假，她會盡量趕回來上課……

大學生與社運人士聯手以具體行動關心社會、批判政治，讓日益衰退的台灣社會力出現希望，值得嘉許。北藝大的太陽花們，在學運中必須保持冷靜，維持以藝術參與社會的動力。此時此刻，身爲曾任近九年校長的北藝大老教授，對吾校學生的勇氣與表現，與有榮焉。

（原載「風傳媒」，二〇一四年三月二十六日）

九歌文庫 1179

寶島大劇場

作者　邱坤良
責任編輯　羅珊珊
創辦人　蔡文甫
發行人　蔡澤玉
出版發行　九歌出版社有限公司
臺北市八德路3段12巷57弄40號
電話／25776564・傳真／25789205
郵政劃撥／0112295-1
九歌文學網　www.chiuko.com.tw
印刷　晨捷印製股份有限公司
法律顧問　龍躍天律師・蕭雄淋律師・董安丹律師
初版　2015（民國104）年1月
定價　350元

書號　F1179
ISBN　978-957-444-978-1
（缺頁、破損或裝訂錯誤，請寄回本公司更換）

國家圖書館出版品預行編目(CIP)資料

寶島大劇場 / 邱坤良著. -- 初版. -- 臺北市
: 九歌, 民104.01

面； 公分. -- (九歌文庫 ; 1179)

ISBN 978-957-444-978-1(平裝)

1.文化評論 2.藝術評論 3.文集

541.2607 103024887